나눔·교제·치유가 있는
지구촌교회의 목장(셀) 이야기

나눔·교제·치유가있는
지구촌교회의목장(셀)이야기

2018년 7월 20일 | 제1판 2쇄발행
2021년 11월 3일 | 제1판 3쇄발행

지은이 | 이동원·진재혁 외
펴낸이 | 이요섭
펴낸데 | 요단출판사

주   소 | 07238 서울특별시 양천구 국회대로 76길 10
기   획 | (02)2643-9155
영   업 | (02)2643-7290 FAX (02)2643-1877
등   록 | 1973. 8. 23. 제13-10호

ⓒ 이동원·진재혁

편집기획 | 박찬익
디 자 인 | 권기용
제   작 | 이인애
영   업 | 정준용 김승훈 이대성

값 13,000원
ISBN 978-89-350-1491-0

이 책의 성경 구절은 개역개정을 인용하였습니다.

이 책의 한국어판 저작권은 저자가 소유하고 있습니다.
출판사와 저자의 사전 승인 없이 책의 내용이나 표지 등을 복제, 인용할 수 없습니다.

나눔.교제.치유가있는
지구촌교회의 **목장** cell 이야기

contents

「지구촌교회의 목장(셀) 이야기」를 펴내면서 _07
여는 이야기 - 셀(목장) 사역에 대한 목회적 성찰 _09

1장 목장교회로의 전환

GUIDE_01 목장교회로의 전환은 어떻게 하는가? _22
사례(간증문) _27

2장 목장교회 모임

GUIDE_02 목장교회 모임인도는 어떻게 하는가? _32
GUIDE_03 목장교회와 중보기도 사역 _39
GUIDE_04 목자를 위한 목자 클리닉 _43
GUIDE_05 목장모임에 사용되는 나눔지는 어떻게 작성하는가? _49
사례(간증문) _55

3장 리더 양육

GUIDE_06 마을장이란 누구인가? _126
GUIDE_07 목자란 누구인가? _131
GUIDE_08 부장이란 누구인가? _136
GUIDE_09 예비목자란 누구인가? _146
GUIDE_10 목자훈련이란 무엇인가? _150
사례(간증문) _154

4장 목장 전도

GUIDE_11 전도지향적 목장교회 사역이란 무엇인가? _186
GUIDE_12 전도소그룹이란 무엇인가? _191
사례(간증문) _199

5장 목장 배가

GUIDE_13 목장배가는 어떻게 하나요? _228
GUIDE_14 배가식은 무엇인가? _236
사례(간증문) _241

6장 봉사 사역

GUIDE_15 목장교회와 사회봉사는 어떻게 진행되는가? _262
GUIDE_16 목장교회와 국내전도는 어떻게 진행되는가? _269
GUIDE_17 목장교회와 해외선교는 어떻게 진행되는가? _275
사례(간증문) _281

「지구촌교회의 목장(셀)이야기」 읽는 방법

이 책은 지구촌교회의 목장(셀) 사역의 노하우를 소개하고 성도의 삶 가운데 실질적으로 어떠한 체험이 있었는지를 증거하는 귀한 간증을 담고 있습니다. 읽기에 앞서 이 책의 활용법을 숙지하시면 효과적일 것입니다.

이 책은 목장(셀) 사역을 주제별로 설명하는 6개의 장으로 나누어져 있습니다. 1장 목장교회로의 전환, 2장 목장교회모임인도, 3장 리더 양육, 4장 목장 전도, 5장 목장 배가, 6장 봉사에 대한 이해와 실제를 지구촌교회의 목장(셀) 사역 실무를 담당하고 있는 목회자들이 Q & A형식으로 작성하였습니다. 또한 각 주제 설명 이후에는 성도들의 간증을 실어 목장(셀) 사역이 어떻게 성도들에게 하나님의 은혜를 전하는 통로가 되었는지를 소개하였습니다. '

이 책을 통해 여러분은 각 사역에 대한 실제들을 확인할 수 있으며, 각 사역에 참여하였던 성도들의 은혜의 간증을 통해 사역의 결과와 열매를 확인할 수 있습니다.

「지구촌교회의 목장(셀)이야기」를 펴내면서

진재혁 지구촌교회 담임목사

급변하는 세상 속에서
경쟁에 지친 바쁜 하루를 살아가다가 문득,
하나님께서 우리를 위해 선물해주신
시편 23편의 축복을 떠올려 봅니다.

따스한 햇살이 내리고
푸르른 풀밭이 펼쳐진 초원에서
양떼들이 한가로이 풀을 뜯습니다.
바로 푸른 초장의 축복입니다.

주님께서 목자가 되어 주시고
부족함이 없게 인도해주시는 축복입니다.

지구촌교회는 주님께서 주신 가장 아름다운 축복의 원형인
푸른 초장의 모습을 목장(셀)교회에 담고자 하였습니다.

2001년부터 시작된 목장교회를 통해서 한 사람의 인생이 변하였고,
공동체가 변하였고, 교회가 변하였고, 세상이 변하였습니다.
목장에서 나눈 말씀과 기도와 찬양 속에서
성령님을 만나서 상처가 치유되고, 믿음이 회복되고,
땅 끝을 향해 나아가는 기적이 일어났습니다.

예수 그리스도의 십자가 사건이 교회의 설교로 끝나는 것이 아니라
목장교회의 예배와 교제 속에서 실제로 살아 움직이고 있는 것입니다.
지구촌교회 목장에서 일어난 하나님의 작은 기적들을 나눔으로써
많은 사람들에게
동일한 기적들이 일어나길 소원합니다.

지구촌교회는 목장교회의 작은 기적들이 모여서
하나님의 큰 기적이 만들어져 간다는 것을 믿습니다.
이 책을 읽는 모든 분들이 그런 하나님의 기적에 함께 울고 웃으며
주님께서 주신 축복을 누리시길 기도합니다.

셀(목장) 사역에 대한 목회적 성찰

이동원 지구촌교회 창립·원로목사

여는 이야기 하나......

1973년 10년여의 이민 목회를 마무리하고 교회 개척을 위해 귀국하는 내 자신에게 던진 가장 중요한 질문은 '이 땅에 이렇게 교회가 많은데 또 하나의 교회를 더 추가하는 것이 무슨 의미가 있는가?' 라는 것이었다. 그때는 이미 이 땅에서, 개신교회가 천덕꾸러기, 말썽 많은 종교 집단으로 전락하기 시작할 무렵이었다고 회고된다. 한 지역에 교회가 들어서면 주민들의 저항이 만만치 않았다. 나는 속으로 자문자답해 보았다.

'만일 한 지역에 좋은 병원이나 좋은 학교가 들어선다 해도 주민들이 그렇게 반대할 것인가?'

'아니다.'

'그러면 지역교회의 존재가 좋은 병원이나 좋은 학교보다 못한가?'

'아니다. 주님의 몸으로서의 한 지역교회의 존재의미는 좋은 병원이나 좋은 학교와는 비교조차 될 수 없는 공동체다.'

'그렇다면 그런 교회를 어떻게 세워나갈 것인가?'

나는 이 질문에는 명쾌한 답을 내리지 못했다.

그러나 내 마음속에 성경공부와 제자훈련에 힘쓰는 건강한 성경적 교회를 세우리라는 열정만은 항상 가득하였다. 빠르게 7년여의 세월이 지나가고 있었고 개척된 지구촌교회는 2,000년을 앞두고 순전히 주님의 은혜로 교인 출석만 1만 명을 돌파했다. 그러나 당시의 교회가, 내가 교회를 개척할 때 열망했던 그런 건강한 교회였는지는 정직하게 확신이 서지 않았다.

여는 이야기, 둘 ･･･････

그러던 어느 날 잠실야구장 근처를 지나다가 야구게임이 끝난 후 밀려 나오는 인파를 마주하게 되었다. 그 많은 사람들은 지난 몇 시간 동안 야구장에서 목소리를 높여 응원의 함성을 보내고 열광하며 게임의 재미를 만끽하던 군중이었을 것이다. 그러나 '그들이 지난 몇 시간을 야구장에서 보냈다는 사실 때문에 그들이 돌아가는 가정이나 일터에서 그들의 삶에 어떤 괄목할만한 변화가 있을 거라고 과연 기대할 수 있을까?' 라는 다소 엉뚱하지만 심각한 물음이 떠올랐다. 그리고 연속하여 제기된 물음은 '우리 교회는 과연 다를까?' 라는 것이었다. 한 시간 또는 한 시간 반 동안 교회당 안에서 주일 예배나 수요 예배라는 형식으로 예배에 참여한 청중들이 때로는 그 시간에 받은 설교나 찬양의 감동으로 눈시울을 적시고 때로 웃기도 하면서 교회당을 빠져나가지만, 문제는 '그들이 가정이나 일터로 돌아간 후에 그들이 참여한 예배로 인해서 진정으로 변화된 삶의 모습들이 일어나고 있을까?' 라는 의문이었다. 또 나는 '지난 7년간 우리 공동체는 야구장이나 극장처럼, 사람을 모으는 일에만 성공한 것은 아닐까?' 라는 물음으로 한동안 제법 심각한 고뇌에 빠져 들어갔었다. 그래서 〈21세기 교회 비전 연구회〉를 발족시키게 되었다.

여는 이야기, 셋 ● ● ● ● ● ● ●

교회 각계각층을 대표하는 남녀 20여 명(기획팀 10명, 중보팀 10명)으로 구성된 이 위원회는 매주 모여서 그동안의 교회 족적을 반성하며 교회의 미래 방향설정에 헌신하게 되었다. 그리고 한 달에 한 번 정도 담임목사로부터 담임목사의 미래교회 구상을 청취하고 담임목사와 질의응답하는 대화의 시간을 가졌다. 그러던 어느 날, 이 모임에서 한 위원이 유머로 던진 조크가 내 영혼을 더 깊은 번민 속으로 빠트렸다. 그것은 "이제 우리 교회는 목사님이 마음대로 목회하실 수 있는 왕국이 되었습니다"라는 멘트였다.

'정말이지 나는 지금까지 랄프 네이버가 말한 '하나님의 나라'(Kingdom)가 아닌 '나의 왕국' 혹은 '나의 성'(Castle) 쌓기를 위해 헌신해 온 것이었단 말인가?' 한 달여 동안 나는 이 질문과 함께 치열한 고뇌의 시간을 가지면서 '그럼 이제부터 어떻게 할 것인가?' 라는 구체적 과제와 씨름하게 되었다. 그리고 당시 읽고 있었던 랄프 네이버의 책

「셀 교회 지침서」(Where do we go from here?)[1]를 통해 21세기 우리 교회의 방향을 셀(목장) 교회로 가겠다는 결정과, 나는 목회자의 은퇴연령 70세가 아닌 65세에 은퇴하고 나머지 5년은 민주적 절차에 의해 세워지는 후임자 멘토링에 헌신하겠다는 마음의 결정을 내리게 되었다. 그것은 담임목회자만 의존하는 교회가 아닌, 그리스도의 몸으로서의 기능이 가능한 공동체 형성으로, 교회 비전을 다음 세대로 이어가기 위한 선택이었다. 2010년 12월 31일 밤 12시, 약속대로 담임목사직을 내려놓고 집으로 돌아오면서 우리 교회의 셀(목장) 교회가 과연 얼마나 성공했었는지에 대한 객관적 평가를 떠나, 만일 셀(목장) 사역을 하지 않았더라면 훨씬 더 회한 속에 맞이할 수 있었던 목회 마무리를 그래도 감사한 마음으로 마무리함을 감사할 수 있었다.

여는 이야기, 넷 • • • • • • •

2000년, 안식년으로 얼마간의 휴가를 얻은 나는 휴스턴으로 날아가 '셀 교회의 아버지'로 불리던 랄프 네이버를 만나 며칠동안 교제하며 많은 질문을 던졌다. 그리고 셀(목장) 교회에 대한 모든 책들을 구입하여 나름의 연구에 몰두했고, 귀국 즉시 2001년 한 해를 부목사들과 셀(목장) 목회로의 전환을 위한 토론과 연구를 하며 셀(목장) 교회로의 전환을 준비하기 시작하였다. 2002년, 셀(목장) 목회로의 전환을 선포하고 2002~2003년 셀(목장) 교회의 목자훈련을 시작하였다. 이미 좋

---

1) 랄프 네이버 저(정진우 역) 「셀 교회 지침서」, (경기도 고양시: NCD,2005)참고.

은 소그룹 지도자(목자)가 이끄는 목장을 모범 목장으로 지정하여 셀(목장) 사역의 이상적 그림을 적용하고자 하였다. 2003년, 교회 모든 조직을 목장센터를 중심으로 통합하였고, 교회 내 모든 성경연구 프로그램도 목장에 합한 것은 통합하여 목장사역에 장애가 없도록 조정하였다. 이 기간 동안 나는 외부 집회를 최대한 자제하고 매주 수요일 가장 좋은 오전 10시에는 자매목자훈련을, 수요 예배 후에는 형제목자훈련을 시작하였다. 그리고 2004년 5월, 랄프 네이버와 셀 교회 연구 신학자인 박영철 교수 그리고 국내외· 교회 대내외 목회자와 평신도 지도자 약 1,000여 명을 초빙, 제1회 셀(목장) 교회 컨퍼런스를 개최하여, 지구촌 교회가 시작한 작은 실험을 한국 교회와 지속적으로 나누기로 하였다.

지구촌교회가 셀(목장) 목회로 전환하며 기대한 교회상 ・・・・・・・

1. 건강한 교회

교회성장운동의 대부로 불리는 도날드 맥가브란(Donald McGavran) 박사가 인도 선교에서의 교회개척 경험후 미국으로 귀환하여 1960년대부터 풀러신학교 세계선교대학원과 교회성장연구소(Institute of Church Growth)를 근거로 펼친 교회성장연구는 전 세계적으로 약 40년에 걸쳐 '성장하는 교회'라는 화두를 던졌다. 아마 한국 교회는 이 운동의 최대의 수혜자요, 성장 모델이었을 것이다. 그러나 2000년대에 근접하면서 우리는 이 운동의 역기능이 적지 않았음을 미국(대표적인 실례는 로버트 슐러 목사의 수정교회)과 한국에서 목격하게 되었다. 교회성장

운동이 전도와 선교에 적지 않은 긍정적 기여를 했음에도 불구하고 이제는 이 운동에 대한 성찰을 요구받게 된 것이다. 이 무렵, 정확하게는 1996년을 기점으로 소개된 독일의 크리스천 A. 슈바르츠의 NCD(Natural Church Development) 운동은 새로운 화두인 '건강한 교회'의 논의를 촉발시켰다. 우리는 이 운동이 건강한 교회의 질적 특성 8가지[2]를 언급하면서 '전인적 소그룹'을 주목한 것을 유의해 보고, 지구촌교회는 폭발적으로 늘어가는 교인들을 교회 구경꾼이 아닌 교회 일꾼을 육성하기 위해서는 목장(셀) 교회로의 패러다임의 변화가 절실하다고 본 것이다.

2. 크지만 작은 교회

종종 사람들로부터 지구촌교회가 셀(목장) 목회로 전환한 것이 양적 성장을 위한 것이 아니었냐고 질문 받는다. 지구촌교회를 개척한 개척자로서의 대답은 우리가 셀(목장) 목회로 전환하지 않았어도 현재와 같은 3만 명 출석목표는 달성되었을 것이라고 생각한다. 그러나 셀(목장) 목회로의 전환이 없었더라면 주로 이동성장을 의지해야 할 것이었지만 셀(목장) 목회로 전환한 이후 셀(목장) 목회가 어느 정도 자리를 잡은 2005~2009년까지 5년간의 성장에서 나타난 것처럼 '회심성장' (conversion growth)의 숫자가 '이동성장'(transfer growth)의 숫자를 크게 앞서는 변화는 일어나지 않았을 것이다. 무엇보다 사도행전이 보여주는 '하나님의 집'으로서의 교회(딤전 3:15)를 성도들은 경험하지 못했

---

2) 1.사역자를 세우는 지도력 2. 은사 중심적 사역 3.열정적인 영성 4.기능적인 조직 5.영감 있는 예배 6.전인적 소그룹 7.필요 중심적인 전도 8.사랑의 관계

을 것이다. 셀(목장) 교회로의 전환은 지구촌교회가 건강한 교회가 되고 싶은 갈망이 기초가 되었으며 주일의 대그룹만의 목회 경험이 아닌 셀(목장)을 통한 작은 그리스도의 몸으로서의 따뜻한 교회를 경험하도록 하는 것이 그 중요한 전략 목표였다. 그것은 크지만 작은 교회의 이상을 실현하고자 한 것이다. 셀 교회 신학자인 빌 빅햄도 그의 저서 「제2의 종교개혁」에서 '주일에 대그룹이 초월자이신 하나님을 경험하게 하는 것이라면 셀(목장)의 소그룹이 내재자이신 하나님을 경험하게 하는 것이 셀(목장) 교회의 이상이었다' [3] 고 말한 바 있다.

3. 평신도 사역자를 육성하는 교회

신약성경은 모든 그리스도인들을 '왕 같은 제사장'이라고 부르고 있다.(벧전2:9-10, 계1:6) 이 '모든 신자의 제사장화'(Priesthood of all believers) 혹은 '만인 제사장론'은 이미 종교개혁을 통해 천명되었지만 그 적용과 실천은 오늘날까지 미루어져 왔다. 문제는 어떻게 모든 성도를 성도다운 성도, 제사장다운 제사장으로 육성하느냐이다. 이것은 신학화의 작업문제 못지않게 목회 실천적인 과제이다. 오늘날의 교육은 '인지적 교육'(cognitive learning)의 한계를 지적하고 있다. 이런 한계를 극복하는 대안이 바로 모델링의 교육이다. 우리는 '들음'으로 배우기보다 '봄'으로 훨씬 더 잘 배운다. 유능한 전도자가 전도하는 모습을 보고 배운 사람들은 보다 신속하게 전도자로 태어난다. 그리고 가정을 기반으로 목자를 통해 그리스도인의 가정생활을 관찰한 성도

---

3) 빌 백햄 저(터치 코리아 사역팀역), 「제2의 종교개혁」(경기도 고양시: NCD,2010),137-143.

들은 훨씬 효율적으로 성도의 행동과 삶을 모방할 수 있다. 셀(목장)이 야말로 그런 의미에서 평신도 사역자 육성의 가장 효율적인 모태라 할 수 있겠다. 담임목사가 가르치는 교육만으로는 평신도 사역자를 준비시키거나 키우지 못한다. 여러 지도자와 성도들이 소통하는 현장에서 성도들은 '온전해진다'(equipping)고 믿는다.(엡4:12)

4. 전도 지향적 교회

성경은 은사로서의 전도자를 언급하기도 하지만(엡4:11), 동시에 모든 제자의 소명으로서의 전도의 과업을 가르친다.(마28:19) 바울은 새 언약의 일꾼으로서의 자신에 대한 복음의 제사장 직분을 고백하고 있다. "이 은혜는 곧 나로 이방인을 위하여 그리스도 예수의 일꾼이 되어 하나님의 복음의 제사장 직분을 하게 하사 이방인을 제물로 드리는 것이 성령 안에서 거룩하게 되어 받으실 만하게 하려 하심이라"(롬15:16) 나는 가장 정상적인 그리스도인은 전도하는 그리스도인이고, 가장 정상적인 교회는 전도의 명령에 순종하는 교회라고 믿는다. 이런 모범적인 현장을 보여준 것이 사도행전의 초대교회 현장이었다. 그들은 '날마다' 성전과 집에서 모이기를 힘썼고, 그 결과로 '날마다' 구원받는 사람들이 그들의 모임에 더해지게 되었다.(행전2:46-47) 그것은 그들이 부정기적으로 모이는 성전의 대그룹 모임만 의존한 것이 아니라, 날마다 이웃을 접촉하는 '집에서의 모임'을 가지고 있었기 때문이다. 그리고 사실상 대부분의 초대교회는 '집에서 모이는 교회'였다. 이것이 초대교회를 역동적인 전도 지향의 교회가 되게 한 비밀이라면, 이런 교회의 회복은 얼마나 절실한 것인가!

5. 평신도의 은사를 활용하는 교회

역동적인 그리스도의 몸으로서의 교회는 구경꾼이 최소화되고 모든 지체들이 일꾼들이 되어 섬기는 모습일 것이다. 이런 상황이 구성되려면 모든 지체들의 은사 활용이 전제되어야 한다. 사람은 누구나 자신의 은사(karisma)를 활용하지 않으면 기쁨(kara)이 없다. 그렇다면 교회 공동체는 지체들에게 자신의 은사에 맞는 섬김의 기회를 제공해야 한다. 그러나 교회가 주일 대그룹 교회의 환경만을 의존하고 있다면 구조적으로 그 교회는 구경꾼을 양산할 수밖에 없다. 나는 구경꾼이 아닌 일꾼을 만들기 위한 교회의 효율적인 대안이 바로 목장(셀) 교회라고 믿는다. 일반적으로 아주 건강한 교회도 평신도 자원의 약 20퍼센트 정도만을 활용한다. 나머지 80퍼센트는 구조적으로 구경꾼일 수밖에 없다. 그러나 10명 미만의 소그룹으로 구성된 목장에서 선교활동이나 섬김의 봉사활동을 나갈 경우 최소 80퍼센트인 8명은 참여할 것이다. 대그룹 구조 교회와 정 반대의 현상이다. 그러나 이 80퍼센트의 참여가 극대화되려면 은사배치 점검을 게을리하지 말아야 하고, 목자는 모두가 참여할 수 있는 환경을 제공해야 한다. 지구촌교회는 은사에 따라 모든 목장원에게 부장직을 맡긴다. 그리고 교회적으로 은사배치 세미나를 정례화하고 있다.

6. 온 성도가 12 제자 비전을 갖고 사는 교회

랄프 네이버는 예수님과 그의 12제자들이 형성한 공동체를 가르켜 '기독교 기초 공동체'(Basic Christian Community) 혹은 '그리스도의 기초적인 몸'(Christ's Basic Body)이라고 불렀다.[4] 혼자 모든 것을 할 수 있으신 신성을 지니신 예수님은 홀로 사역의 길을 선택하시지 않고 팀 사역의 모범을 남기셨다. 예수님이 12제자를 부르시고 그들을 제자 삼아 훈련하시고 다시 그들에게 전도의 과업을 맡기시며 "가서 제자 삼으라"고 하신 것은 오늘의 우리를 향한 원형적 모범으로 믿는다. 오늘을 사는 모든 그리스도인들이 예수의 제자이며 예수를 따라야 한다면 제자 삼는 사역은 선택이 아닌 필수적 소명이다. 그런데 이런 소명 성취의 가장 효율적인 마당이 바로 셀(목장) 사역의 현장이다. 셀(목장)은 12명 미만으로 구성되며 리더 목자는 바로 이들과 삶을 같이 함으로 선한 목자가 되어야 한다. 목자 없이 방황하고 고생하는 양 무리를 긍휼히 여기시고 추수할 일꾼들을 보내 달라고 기도해야 한다고 가르치신 주님은 바로 그 후 12제자들을 부르셨다(마9:36-10:1). 그렇다면 제자의 사명은 목자가 되는 일이다. 사역을 시작한 이래로 나는 '지구촌교회에는 현재 목자와 미래 목자가 있을 뿐'이라고 강조해 왔다. 온 성도가 12제자 비전을 갖고 사는 교회, 이것이 바로 지구촌교회의 비전이다.

7. 주님의 지상명령을 성취하는 교회

그리스도인 공동체의 존재 이유는 곧 사명이다. 오늘날 새삼스런 화두로 강조되고 있지만 주의 몸 된 모든교회는 '미쇼날 쳐치' (Missional Church), 곧 선교적 교회가 되어야 한다고 믿는다. 한국의 경우에는 더 이상의 인구증가가 없는 것이 국가적 딜레마로 대두되고 있지만 여전히 온 세상을 보면 인구증가는 폭발적이고 기하급수적이다.

---

4) Ralph W. Neighbur, Jr., 「Christ's Basic Bodies」 (Houston, TX: Touch Publication, 2008), 14.

이런 인구증가에 대한 선교의 대안은 폭발적인 전 세계 복음화가 유일한 대안이다. 셀 교회 연구가와 운동가들은 그 대안이 바로 '셀 폭발'(Cell explosion)이라고 믿는다. 셀은 분화되지 않고 뭉쳐 있으면 암 세포가 된다. 한 사람이 한 사람을 전도하는 것은 매우 중요한 모습이지만, 12명의 제자 공동체에게 이 '복음화'의 지상명령이 주어진 것이라면, 12명이 다시 12명을 낳는, 즉 셀이 셀을 낳는 셀의 분가야말로 복음화의 가장 생산적 대안이다. 마28:18~20의 지상명령은 개인을 향한 명령이라기 보다 교회를 향한 명령으로 보는 것이 더 적합하다. 여기 성부와 성자와 성령의 이름으로 베푸는 '밥티스마(침례)'의 명령과, 지속적으로 제자들을 가르쳐 지키게 하는 '양육의 명령'은 그리스도의 몸인 교회 공동체가 준행해야 할 명령이다.

마무리 성찰 • • • • • • •

오늘 한국 교회의 양적 성장은 사실상 정체기에 들어섰다. 이런 정체기를 돌파하는 전략은 갱신과 성숙의 비전뿐이다. 그러나 갱신과 성숙은 이론적 대안 제시만으로는 이루어지지 않는다. 서로를 용서하고 서로를 사랑하는 초대교회적 삶의 구현이 일어나지 않으면 갱신과 성숙은 공허한 구호일 뿐이다. 셀(목장) 공동체는 그런 의미에서 아직도 한국 교회의 질적 희망이라고 믿는다. 선교학자 로스 해스팅스(Ross Hastings)가 '미쇼날 쳐치'의 회복이 서구 교회를 다시 복음화할 수 있는 희망이라고 믿은 것처럼 말이다. 그는 그의 저서의 결론에서 신학자 뉴비긴(Newbigin)의 말을 인용하여 다음과 같이 마무리 도전을 남긴

다: "그의 사명이 우리의 사명이 되어야 하고 그의 영이 우리의 영이심을 알자. 이제 우리 교회가 보내심을 받고 있다. 하나님의 왕국을 선포하는 사명뿐 아니라, 왕국의 현존을 몸으로 살아내기 위해 우리는 부름을 받고 있음을 기억하자"[5] 셀(목장) 목회와 셀(목장) 사역은 그런 의미에서 오늘의 교회의 희망이며 대안임을 믿는다.

---

5) Ross Hastings,「Missional God, Missional Church」(IVP,2012),321

1장
목장교회로의 전환

GUIDE_01 목장(셀) 교회로의 전환은 어떻게 하는가?

사례(간증문)

GUIDE_01

목장(셀) 교회로의 전환은 어떻게 하는가?

2000년 지구촌교회는 이동원 목사님의 목회 철학에 따라 목장(셀) 교회로 전환할 계획을 수립하였다. 이에 따라 목장사역센터가 만들어졌고, 이를 중심으로 목장(셀) 교회 모델을 연구하고 목장(셀)사역을 교회에 어떻게 적용할 것인지 등 다양한 방면으로 토론하고 준비하는 시간을 가졌다. 일년 여 간의 준비와 기도 끝에 2001년 지구촌교회는 목장(셀) 교회에 대한 구체적인 비전을 가지고 본격적으로 목장(셀) 교회로의 전환을 착수하였다.

1. 교회 프로그램들은 어떻게 변화하였나?

지구촌교회가 추구하고자 했던 목장(셀) 교회의 모델은 목장(셀)이 있는 교회[6], 즉 프로그램들을 지양한 목장(셀)만 있는 교회[7]보다는 교회의 모든 프로그램이 셀을 중심으로 통합된 두 날개의 교회[8]이다. 목장을 교회의 모든 사역의 중심에 놓았고 무조건 프로그램들을 없애기보다는 프로그램들이 목장(셀)에 도움이 될 수 있는 방안들을 강구하였다.

예를 들어 목장사역을 하다보면 가정의 어려움을 겪고 있는 목장원들을 만난다. 목장모임을 통해서 가정적인 문제가 해결되고 하나님의 응답을 경험하는 경우도 많지만, 가끔은 목장에서 도움을 주기가 벅찬 경우도 있다. 이런 경우에 목장에서는 이들이 가정사역팀의 〈새가정훈련학교〉나 〈사랑의 순례〉와 같은 프로그램에 참여하도록 독려한다. 이런 프로그램에 참여한 성도들이 그 안에서 치유와 변화를 경험하고 목장에 돌아오게 된다.

남녀 선교회(여전도회, 남전도회)도 목장으로 전환하였다. 다만 다수가 모이면 목장모임의 나눔이 충분히 이뤄지지 않기 때문에 한 목장이 12명이 넘지 않도록 지침을 주었다. 이런 과정을 통해서 각 선교회들은 서서히 연령별 목장모임[9]으로 전환되기도 하고, 각 지역목장으로 재편되기도 하였다. 지구촌교회에서는 이런 변화를 급격히 주기보다는 3년간의 충분한 시간을 주고 교우들이 새로운 변화에 적응할 수 있도록 하였다.

---

6) 교회의 다양한 프로그램 중의 하나로 셀이 있는 교회를 말함. 교회마다 셀을 부르는 명칭은 속회, 목장, 구역, 순, 다락방 등 다양할 수 있는데, 이런 교회에서는 셀이 있지만, 셀이 교회의 중심점이 되지는 못한다. 지구촌교회가 셀 교회로 전환하기 이전에도 목장이란 이름을 가지고 있었지만 목장은 교회의 다양한 사역 중의 하나였다.
7) 랄프 네이버(Ralph W. Neighbour Jr) 목사가 그의 책 「셀 교회 지침서」에서 강조한 셀 교회의 유형으로 그는 온전한 셀 교회가 되기 위해서는 교회는 프로그램들을 지양해야 한다고 주장했다.
8) 두 날개 교회라는 표현은 빌 백햄(Bill Backham)의 「제2의 종교개혁」에서 하나님이 원래 고안하신 교회는 대그룹과 소그룹의 두 날개로 비상하는 교회라는 표현에서 온 표현이다.
9) 지구촌교회에는 자매목장, 형제목장, 부부목장, 특성화 목장, 연령별 목장 등 다양한 형태의 목장모임이 있다.

2. 교회조직은 어떻게 변화하였나?

목장을 중심으로 모든 사역을 통합하는 셀 교회 목회관을 구체화하기 위하여 목장사역센터를 중심으로 교회조직의 변화가 있었다. 교회 모든 사역의 중심에 목장사역센터를 위치함으로써 목장사역이 교회활동의 중심이 된다는 것을 가시화하고, 각 사역부는 목장사역과 연계하고 지원하는 방안들을 모색하게 되었다. 예를 들어 선교부에서는 선교사들을 지원함에 있어서 각 목장과 선교사를 연결하고 각 목장은 입양된 선교사를 위해 기도하고 후원하며 지원하도록 했다.

지구촌교회가 목장(셀) 교회로 전환하면서 장년에게만 아니라 어린 아이에서부터 대학 청년에 이르기까지 모든 교육부서에도 목장사역을 적용하기 원했기 때문에 교육목장사역센터를 만들고 각 교육부서에서 목장사역의 방안들을 강구하였다.

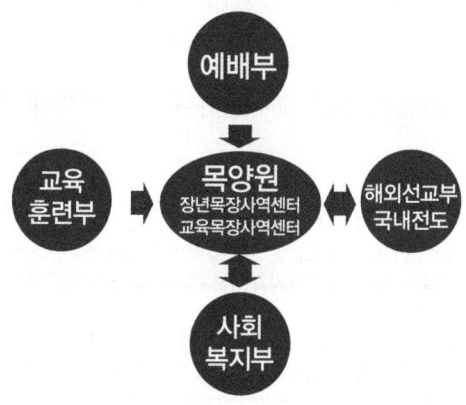

3. 담임목사님의 설교는 어떤 역할을 하였나?

목장(셀) 교회 전환에 있어서 담임목사님의 설교만큼 교우들의 인식 변화에 큰 영향력을 주는 것은 없다. 셀 교회 출범과 함께 셀 교회에 대한 3개월에 걸친 집중적인 담임목사님의 설교가 있었고 그 이후에도 정기적으로 목장(셀) 교회를 강조하는 시리즈 설교 말씀들이 있었다.[10] 이런 설교들을 통해서 교우들은 목장(셀) 교회를 보다 분명히 이해하고, 목장(셀) 교회로 가고자 하는 교회의 의지를 확인하고 목장사역에 헌신하게 되었다.

4. 오픈하우스는 무엇인가?

초기 3개월에 걸친 셀 교회에 대한 설교시리즈가 끝나갈 즈음, 오픈하우스 행사를 갖고 교회 내에서 아직 목장모임에 참여하지 않는 이들에게 교회의 여러 목장들을 탐방할 수 있는 기회를 주었다. 교회에는 각 목장을 소개하는 부스를 만들고, 목장 참여 신청서 등을 구비하여 목장에 참여할 수 있는 기회들을 마련하였다. 이 오픈 하우스 행사는 이후 매년 시행하고 있다.

---

10) 이동원 목사님의 셀 교회에 대한 설교를 모은 설교집이 「우리가 사모하는 푸른 목장」, 「우리가 사모하는 공동체」「우리가 사모하는 건강한 교회」「하나님의 나라 비전매핑」 등이다.

5. 목자교육은 어떻게 하였나?

지구촌교회는 목장(셀) 교회로 전환하기 전에도 목장이 있었고 매주 수요일마다 목자교육이 있었고 성경공부 과목 중에도 「목장론」이 있었다. 그러나 목장(셀) 교회로 전환하면서 3년간 담임목사님의 집중적인 목자교육이 있었다. 이런 교육을 통해서 목자들은 목장사역의 근본적인 취지를 깊이 이해하게 되었고, 목자로서 훈련하는 시간들이 되었다.

목자가 되기 위한 제자훈련과정이었던 「목장론」은 재편하여, 모든 교우들이 목장사역을 이해하고 목장모임에 적극적으로 참여하도록 돕는 「목장교회생활」과 목자가 되기 위한 훈련과정인 「목장교회모임 인도법」, 「목장교회사역」, 「목자의 삶」으로 나누었다. 그리고 행정상 지구촌교회의 정교인[11]이 되기 위한 필수과정으로 「목장교회생활」을 추가하고, 제직이 되기 위한 필수과정에는 「목자의 삶」을 추가하여 지구촌교회의 리더십에서 섬기는 이들이 목장사역에 본이 되도록 하였다.

6. 모범목장과 클리닉은 무엇인가?

빌 백햄은 셀 교회의 전환에 있어서 원형 목장의 중요성을 강조했다. 지구촌교회에서는 이미 목장모임을 잘 인도하고 목장사역을 잘 하는 목장들을 모범목장으로 지정하여 이들의 사례 혹은 간증을 발표하게 함으로써 다른 목장들에게 도전을 주었다. 또한 목장들이 자신의 목장을 점검하고 발전시킬 수 있도록 돕는 클리닉 과정을 두어 목장의 성장을 도모하였다.

---

11) 침례 혹은 세례 교인으로 지구촌교회의 '새생명', '새가족', '목장교회생활' 강의를 이수한자

사례(간증문)

하나님의 사랑에 동참하는 목장
사랑의 징검다리 • • • • • • •

김수형 목자

저에게 목장은 삶의 중심이요, 믿음의 바탕이요, 성장의 시작입니다. 그만큼 제 삶과 믿음의 순간순간마다 목장이 징검다리가 되어주었습니다. 하나님께 안전하게 가도록 영적 징검다리가 되어주었고, 사람에게 더욱 가까이 가도록 사랑의 징검다리가 되어주기도 하였습니다.

십자가에 못 박혀 죽으시기까지 나를 사랑하신 그 예수님을 그리고 부활하신 예수님께 받은 그 사랑을 마음껏 전할 수 있는 곳이 바로 저의 목장입니다. 목장 안에서 예수님을 알아가는 풍성한 삶을 누리는 특권에 대해 하나님께 감사하고, 그 기쁨과 사랑을 목장 식구들과 함께 나눌 수 있어 정말 행복합니다. 제가 목장 식구들을 사랑할 수 있는 것은 오직 예수 그리스도 때문입니다. 예수님께서 십자가에서 죽으시기까지 낮아지신 것에는 감히 비교할 수 없지만, 하나님께서는 예수님의 낮아지심을 본받아 저에게 낮은 마음과, 목장 식구들이 예수님만 바라보기를 소망하는 마음을 갖게 하셨습니다. 저를 목장 식구들을 섬기는 통로로 사용하여 주시는 하나님께 영광을 올려드립니다.

저는 목장 안에서 목장 식구들이 자신들의 마음을 하나님께 올려드릴 때마다 하나님께서 목장 식구들의 마음을 큰 믿음으로 채워주시는 것을 체험합니다. 하나님께서는 목장 식구들에게 다양한 은혜를 베풀어 주셨습니다. 식구들 중에 시부모님의 눈치를 보느라 주일 성수를 못해 기도하는 자매가 있었습니다. 그녀의 큰 딸이 제가 섬기고 있는 유아촌에서 푸른 목자로 섬기길 원해서 12시 유아촌 예배에 참여하게 되었습니다. 그 딸의 10시 예배가 끝나면 12시 예배가 시작될 때까지 시간이 남는데 그 시간 동안 함께 있어주며 식사를 했습니다. 그러면서 자연스럽게 둘째 딸도 유아촌 예배를 드리게 되었고 자매님도 주일 성수를 할 수 있었습니다. 지금은 시부모님의 갑작스러운 방문 전화에도 예배를 드려야 한다고 말씀드릴 수 있는 용기를 갖게 되었습니다. 목장 나눔을 하는 가운데 기도 응답의 간증을 들으면 가슴이 벅차오릅니다. 이제 자매는 목장 식구들이 긴급 기도제목을 문자로 보내면 샤워를 하다가도 바로 무릎 꿇고 기도하는 기도의 용사가 되었습니다.

또 다른 자매는 15개월 된 딸을 두었는데, 그 동안 아이가 어려서 차일피일 미루었던 〈새 생명 교육〉, 〈새 가족 교육〉을 듣기로 결심하였습니다. 그래서 저는 자매님과 함께 〈새 생명 교육〉에 들어가 두 차례 자매의 아이를 돌보아 주었는데, 나머지 수업도 참여해서 과정을 마칠 수 있었습니다. 지금은 〈새 가족 교육〉을 함께 듣고 있습니다. 〈새 가족 교육〉을 처음 듣는 날 그 자매가 간증을 했는데, 〈새 생명 교육〉을 받을 수 있도록 제가 아이를 봐 준 것에 대해서 감사 고백을 했습니다. 그때 제가 오히려 감사하고, 가슴이 설레었던 기억이 납니다. 자매가 교육받은 내용이 너무 감동적이라며 그 내용을 나눌때 마다 목장 식구들은 함께 감동을 받습니다. 순종하여 말씀으로 자라가는 자매의 모습이 너무 예쁩니다. 자매는 이제 말씀으로 딸을 양육하기로 결단하였습니다. 하나님이 얼마나 귀하게 아이를 양육하실지 기대가 됩니다.

또한 하나님은 목장 식구들에게 자신들의 구원을 점검하고, 구원의 은혜를 믿지 않는 가족과 이웃에게 나누는 은혜를 경험하게 하셨습니다. 한 자매는 어려서부터 신앙 생활을 했지만 언제부터인가 공동체에 속하지 않고 주일 예배만 드렸다고 합니다. 그런데, 목장 탐방 기간 때 목자님에게 붙들려서 꼼짝없이 목장에 등록을 했습니다. 하는 수 없이 목장생활을 시작했지만, 그 자매는 공동체 생활을 너무 힘들어했습니다. 어느 날 개인적인 나눔을 하면서 복음을 전했습니다. 자매는 복음을 들은 날 밤, 예수님이 십자가에서 자기의 죄 때문에 죽은 것이 마음이 아파서 눈물을 흘렸다고 합니다. 그 자매는, 다른 사람들이 목장 간증에서 예수님을 믿고 세상이 완전히 다르게 보인다고 고백할 때 가식처럼 들렸었는데, 마음속에 뭐라고 설명할 수 없는 기쁨과 평안이 생겼다며 좋아했습니다. 그녀는 그전에 알았던 예수님이 아닌, 구원자 예수님을 만나게 된 것입니다. 지금은 그녀가 목장생활을 하고 있는 것이 기적이라고 고백합니다. 지금은 아직 구원의 확신이 없는 그녀의 남편을 위해 기도하고 있습니다. 아내가 영생의 기쁨을 누리는 것이 부럽다고 말하는 그 남편에게도 동일한 은혜가 임하길 소망합니다. 또 그녀는 전도대상자를 마음에 품고 기도하고 있는데, 그들이 예수님을 믿어 누리는 기쁨과 평안을 경험했으면 좋겠다고 말합니다. 하나님 나라와 의를 구하는 목장 식구들에게 모든 것을 넘치도록 채워주실 하나님을 찬양합니다. 이처럼 하나님께서는 우리 목장을 하나님 나라를 확장하시는 기초로 쓰시는 것을 체험합니다.

목장은 목장원들의 삶에도 귀한 징검다리가 되고 있습니다. 하나님과 멀리 있던 이들에게 징검다리가 되어 한 걸음 한 걸음 주님께로 가까이 나가고 있습니다.

하나님께서는 목장 안에서 기도와, 말씀 훈련과, 구원의 은혜로 목장 식구들을 섬세하게 변화시키셨습니다. 목장 식구들 한 사람 한 사람이 모두 걸어 다니는 간증인데 모두 소개해드리지 못해 아쉬움이 남습니다. 어느덧 목장 식구들이 14명이 되어 2010년 6월 25일에 배가 하였습니다. 그리고 쑥스럽지만 제가 목자가 되었습니다. 예수님의 사랑이 가득한 새로운 목장 안에서 저와 목장 식구들이 또 다시 새롭게 빚어지려 합니다. 오직 말씀과 기도로 목장 식구들 전부가 예수님을 닮아 변화되어 세상에 하나님의 사랑을 뿌리는 일에 적극적으로 순종하며 동참하는 목장이 되기를 소망합니다.

2장
목장교회 모임

GUIDE_02 목장교회 모임인도는 어떻게 하는가?

GUIDE_03 목장교회와 중보기도 사역

GUIDE_04 목자를 위한 목자 클리닉

GUIDE_05 목장모임에 사용되는 나눔지는 어떻게 작성하는가?

사례(간증문)

GUIDE_02

목장교회 모임인도는 어떻게 하는가?

1. '목장교회모임' 이란 무엇인가?

'목장교회모임' 이란 목장교회모임의 앞 글자를 말하며 정기적으로 집을 오픈하여 집에서 하는 나눔을 의미한다.

1) 순서

목-목장원들을 환영(10분), **장**-장맛비와 같은 찬양(15분), **교**-교제를 통한 삶의 나눔(40분), **회**-회원들간의 기도(15분), **모**-모든 목장원이 사역에 참여(10분), **임**-임재하신 성령 안에서 마무리(5분).

이렇게 6가지의 순서를 가지고 각 순서를 담당하고 있는 부장들(예: 환영부장, 찬양부장, 목자, 기도부장, 각 사역담당부장)이 목장교회모임을 진행한다.

2) 모임 요일

목장교회마다 다소 차이가 있지만 보편적으로 자매는 금요일 오전, 직장에 다니는 자매는 평일 저녁 또는 주말 오전에, 형제나 부부는 주말에 주로 모임을 갖는다.

3) 모임 시간

약간의 차이가 있지만 보통 90-100분정도 소요된다. 이 시간 동안 다과를 먹으면서 삶을 서로 나눈다. 이렇게 목장교회모임이 끝나고 나면 경우에 따라서 간단하게 식탁의 교제를 서로 갖기도 한다.

2. 목장교회모임은 어떻게 준비하는가?

목장교회모임을 준비함에 있어 각 부장의 역할은 무엇이며 어떻게 준비하고 있는지 살펴보도록 하자.

1) 준비

목장원들이 모두 모이면 서로 둘러앉아 모임을 시작한다. 집 주인이 간단하게 다과와 커피 등을 차려놓고 편안하게 나눔을 할 수 있도록 환경을 만들어 놓는다.

2) 환영

1)번이 완료되면, 환영부장이 제일 먼저 하는 것이 바로 '목-목장원들을 환영(Icebreaker)하는 것이다. 이것은 단순히 환영 그 이상이

다. 가령 지난 주일에 받은 메시지가 '교회'에 관한 설교였다면 환영을 담당하는 부장이 "'교회' 하면 제일먼저 떠오른 것은 무엇인가요?"라는 질문을 함으로서 자연스럽게 목장교회모임에 집중할 수 있도록 한다. 목장원들을 환영하는 단계가 잘 이루어지면 다음에 찬양과 말씀 나눔에도 더 깊은 성령의 터치하심을 경험할 수 있게 된다. 그러므로 목장원들을 환영하는 처음 단계가 매우 중요하다.

3) 찬양

두 번째는 '장-장맛비와 같은 찬양' 이다. 이때는 찬양부장이 그날의 나눌 말씀의 주제에 맞게 충분히 기도하면서 찬양을 4-5곡 정도 준비한다. 찬양은 대부분 주제에 맞게 그리고 코드순으로 준비함으로서 물 흐르듯 연속해서 부를 수 있도록 찬양을 선곡한다. 목장원이 악기로 반주도 하고 때로는 박수치고, 손도 들고, 온전히 하나님을 찬양하는데 집중하도록 한다.

4) 말씀 나눔

찬양이 끝나면 목자가 '교-교제를 통한 삶의 나눔(말씀 나눔)' 을 진행한다. 목자는 목장교회의 리더로서 목장교회모임을 통해서 하나님께서 말씀하시고자 하는 내용이 무엇인지를 충분히 기도하며 말씀 나눔을 준비한다.

삶의 나눔시간이 되면 목자는 목장원들에게 지난 주에 말씀을 어떻게 적용하였는지를 확인한다. 그리고 삶 가운데 적용하면서 경험한 에피소드를 한두 명 정도 간단히 나누도록 한다. 이렇게 하는 이유는 목장교회에서 삶의 나눔이 고민을 푸념하는 곳이 아니라 말씀에서 방향을 찾고 말씀이 나를 변화시키도록 하는데 있기 때문이다.

삶의 나눔 후에는 본론으로 들어간다. 주일 예배를 통하여 받은 말씀이 오늘 나의 삶과 어떻게 다른지, 어떻게 하면 그렇게 실천할 수 있을지를 말씀을 가지고 나눔을 한다. 그리고는 한 주 동안 어떻게 살아갈 것인지를 각자 결심하도록 한다. 여기에서 주의할 점은 목자의 역할은 성경교사나 설교자가 아니라는 것이다. 목자는 단지 목장원이 삶 속에서 말씀과 부딪힌 내용들을 서로 잘 나눌 수 있도록 안내자 역할을 할 뿐이다. 받은 말씀을 가지고 이렇게 서로 나누다보면 이안에서 자신의 문제의 원인을 발견하며 치유와 회복을 경험하게 되는 것이다.

5) 중보기도

말씀나눔이 끝나면 중보기도부장의 인도로 '회-회원들간의 기도와 돌봄'의 기도시간을 갖는다. 우선 지난주에 기도응답을 체험한 회원은 간증을 하게 한다. 그리고 나서 목장원이 기도제목을 서로 나누도록 한다. 이렇게 기도제목을 나누었으면 이제 실질적으로 기도한다. 기도는 나라와 민족, 교회를 위하여, 사역들을 위해, 그리고 서로의 기도제목을 가지고 뜨겁게 기도한다.

6) 안내

기도가 끝나면 '모-모든 목장원이 사역에 참여' 하도록 각 사역을 담당하고 있는 부장들이 안내한다. 예를 들면, 다음과 같다.

-전도부장: 각자 자신이 품고 기도하고 있는 VIP를 어떻게 접촉하고 있으며 현재 그의 마음 상태는 어떤지 서로 보고하도록 안내한다.

-사회부장: 목장교회가 품고 기도하는 사회봉사기관 등의 사역들을 언제 봉사하는지 안내를 한다.

-선교부장: 국내선교부장은 개척교회나 국내선교의 날짜와 기도제목들을, 해외선교부장은 해외선교의 날짜와 사역, 기도제목 그리고 선교사의 기도제목들을 서로 공유한다. 특별히 사역을 위해 함께 기도하고 전략을 세운다고 할 수 있다.

7) 마무리

끝으로 목자는 '임-임재하신 성령 안에서 마무리' 한다. 마무리하는 방법으로는 찬양이나 기도로 마칠 수 있고, 또는 '허그', 주기도문, 감사의 고백 등으로 자연스럽게 성령님 안에서 마무리한다.

3. 목장교회모임이 왜 사람들을 변화시키는가?

목장교회모임을 통하여 성도들이 변화되는 가장 중요한 요인들이다.

1) 목장교회의 핵(DNA)이 예수그리스도이기 때문이다.

'예수그리스도의 임재하심이 없다' 면 그것은 목장교회가 아니라고 단언할 수 있다. 교회 밖에도 수많은 모임들이 있다. 그러나 그 모임에 예수그리스도가 없다면 의미도 없다. 그렇기 때문에 목자뿐만 아니라 각 부장들도 각자 자신이 맡은 사역 가운데 그리스도의 임재하심을 위하여 한 주간 기도로 준비하는 것이 중요하다. 이렇게 기도로 준비하며 성령님을 의지하기 때문에 목장교회모임에서 놀라운 변화와 함께 간증들이 일어나는 것이다.

2) 자신의 삶을 진솔하게 고백하기 때문이다.

기독교상담학자인 제이 아담스(Jay Adams)는 골로새서 1:28절의 '병 고침' 대신에 '각 사람을 권하고' 라는 표현으로 대치하면서 그의 권면상담의 근거를 찾았다. 목장교회 안에서 서로 삶을 나누며 고백하는 것 자체가 일종의 동료 상담(peer counseling)이라고 할 수 있다. 이 동료상담 안에는 그리스도가 우리를 조건 없이 받아주셨듯이 우리도 서로를 조건 없이 받아줌이 있다. 서로의 이야기를 들어주고 함께 아파하고 함께 고민하며 때로는 말씀으로 권면하기도 하지만 함께 기도하기에 놀라운 치유와 회복들이 일어나는 것이다.

3) 단지 모임으로만 끝나지 않고 일상 생활 가운데서도 교제가 연결되기 때문이다.

진정한 목장교회모임은 일상생활까지 연장선에 있어야 한다. 목자는 주중에 목장원의 안부도 묻고 때로는 아픈 자가 있으면 찾아가 위로하고 기도하며 목장원을 돌보는 것이다. 더 나아가 목장원과 주중에도 식당이나 카페 등에서 함께 교제의 시간을 별도로 가짐으로서 진정한 목장교회를 경험하는 것이다. 그래서 목장교회를 가고 싶은 곳, 오고 싶은 곳, 떨어져있으면 서로 만나고 싶어지는 곳, 함께 있으면 헤어지기 싫은 곳이 되도록 만들어야 한다. 이렇게 사랑을 받아 변화되고 회복을 경험하였기 때문에 이웃에 잃어버린 영혼들을 자연스럽게 목장교회로 인도하게 된다. 자신이 그 동안 돌봄을 받은 것처럼 VIP를 돌봄으로서 또 한 명의 헌신된 그리스도인이 되도록 양육하는 곳이 목장교회이다. 그러므로 목장교회를 하나의 천국이며 작은 교회라고 일컫는 것이다. 우리에게 목장교회를 주신 하나님을 찬양한다.

할렐루야!

GUIDE_03

목장교회와 중보기도사역

1. 중보기도사역이란 무엇인가?

1) 중보기도사역은 주님이 친히 우리에게 나누어주신 소중한 사역이다.

기독교 복음의 가장 중요한 것은 십자가와 부활이다. 그리고 그 부활하신 주님은 하나님의 보좌 우편에서 우리를 위하여 중보기도의 사역을 하고 계신다(롬8:34). 우리도 주님의 도우심을 통하여 이웃들을 위해서 기도하는 자리에 동참할 수 있다는 의미에서 중보자이다.

2) 중보기도는 모든 성도들이 우선적으로 감당해야 할 중요한 사역이다.

바울은 딤전2:1에서 "그러므로 내가 첫째로 권하노니 모든 사람을 위하여 간구와 기도와 도고와 감사를 하되"라고 말씀하고 있다. 이것은 물론 논리적으로 첫째, 둘째의 의미보다는 삶의 우선성의 문제라고 생각한다. 그리스도인들이 삶의 우선순위를 가지고 감당해야 할 사역이 바로 중보기도이다.

3) 중보기도는 놀라운 상급이 약속된 사역이다.

기도에 대한 놀라운 보상은 기도의 응답 그 자체일 것이다. 그러나 더 놀라운 상급은 우리가 하나님의 영광을 나타내는 삶을 살 수 있다는 사실이다. 중보기도는 때로는 한 도시, 한 민족을 구원하고 세계의 역사를 변혁하는 엄청난 사건을 초래하기도 한다. 그래서 기도응답의 결과로 우리의 사회, 우리의 가정, 그리고 우리의 내면에 삶의 고요와 평안을 누리게 되는 은혜가 있다.

4) 중보기도는 성도의 특권이며 의무이다.

인간이 지닐 수 있는 최고의 특권은 여호와 하나님께 가까이 갈 수 있다는 사실이다. 물론 죄인인 인간에게는 하나님의 용서와 자비를 전제로 해야 한다. 실로 우리가 왕 중의 왕이신 하나님께 나아가 우리 이웃들의 연약함을 탄원할 수 있는 기도를 할 수 있다는 것은 놀라운 특권이다. 그러나 이런 특권과 동시에 중보기도는 성도의 마땅한 의무이다. 아브라함은 소돔과 고모라인들의 용서를 위해 기도하는 것을 포기할 수 없는 도덕적 의무로 수용하고 있었다. 이 백성들을 위한 용서의 기도야말로 아브라함의 가장 절실한 사랑의 실천이었다.

2. 목장교회 안에서 중보기도사역은 어떻게 하는가?

1) 목장교회내 중보기도의 내용

(1) 개인적인 기도의 제목(개인, 가정, 자녀, 이웃 등)을 나눈다.
(2) VIP(전도대상자)의 구체적인 기도제목과 성령님의 인도하심을 위한 기도제목을 나눈다.
(3) 교회의 공동의 기도제목을 함께 나누고 간절히 기도한다.
(4) 목장교회에서 후원하는 선교사와 선교지, 사회봉사 대상자를 위해 기도한다.
(5) 우리나라와 북한 및 열방을 위한 기도제목을 나눈다.

2) 목장교회 중보기도 시간의 유의점

(1) 기도제목 나눔의 시간이 너무 길지 않도록 한다.
(2) 필요에 따라서는 중보기도 부장이 사전에 기도제목을 파악할 수도 있다.
(3) 다양한 방법으로 중보기도 시간을 인도한다. (합심기도, 통성기도, 릴레이 기도, 짝기도, 침묵기도, 집중기도, 안수기도 등)

3) 목장 식구들과 함께 받는 기도의 훈련

(1) 교회 내 중보기도 세미나
(2) 주일 예배 정병단 사역
(3) 금요 심야기도회, 목요기도회, 각 기도단, 새벽기도회 등
(4) 목장교회내 중보기도 노트를 작성하여 사용

목자를 위한 목자 클리닉

'목자 클리닉'이란 목자 자신과 목장교회가 목장교회의 비전과 사명 그리고 특성을 제대로 이해하고 목장교회 주기에 따라 건강하게 성숙하고 있는지를 객관적 기준을 통해 진단하며 재교육하는 과정이다.

목자 클리닉의 과정은 다음과 같다.

① 각 지구 교역자들이 목장을 실제 탐방하면서 클리닉을 실시한다.
② 정기 목자훈련(자매: 매주 수요일 오전 10시 - 11:30, 형제: 격주 토 6:40 - 8:00)을 통해서 실시한다.
③ 매년 5월 셀컨퍼런스를 준비하는 과정에서 셀컨퍼런스 탐방 오픈목장과, 신임목자가 세워진 목장을 중심으로 4월 한 달간 매주 화요일 오전 10:00- 12:00에 진행된다.

1. 지구교역자의 목장탐방을 통한 클리닉이란 무엇인가?

1) 기본 지침

지구교역자의 목장탐방을 통한 클리닉은 지구교역자가 담당한 지구의 목장을 연중 정기적으로 탐방하는 동안 목장교회모임 탐방 관찰일지를 기본지침으로 평가가 이루어진다. 탐방하는 교역자는 목장교회모임이 매뉴얼의 순서에 따라 적절하고 자연스럽게 잘 이뤄지는지를 중점으로 관찰하여 기록하며 그 결과에 따라 목자와 목장원들에게 필요한 권면과 제안을 한다.

이때 목회자는 먼저 목자와 목장원들을 격려하는 시간을 갖는다. 그리고 모든 목장원들이 공통적으로 숙지해야 할 사항들을 구체적이고 실제적으로 제시하여 목장교회 구성원 모두가 목장에 대한 깊이 있는 이해와 실제적 적용이 가능하도록 권면한다.

목자에게 권면할 사항이 있다면 목자를 존중하며 그 권위를 세워주기 위하여 별도의 시간을 마련하여 개인적인 권면을 하는 것이 바람직하다.

2) 클리닉 담당 목회자의 주의할 점

첫째, 목회자가 목자는 목장원들에게 권위적으로 비쳐지거나 판단하고 비판하는 모습으로 비쳐지지 않도록 클리닉을 실시하는 내내 겸손하며 온유한 태도를 끝까지 유지해야 한다. 목자와 목장원을 축복하며 클리닉을 마무리하는 것이 가장 좋은 방법이다.

둘째, 본래의 사명을 잊지 말고 탐방자로서의 자세를 견지해야 한다. 목장교회모임 중간에 자신의 의견을 제시하거나 가르치려는 태도는 지양해야 한다. 그렇게 되면 목장교회모임의 흐름을 방해할 수 있으며 목자의 권위를 존중하지 않는 것이 될 수 있으므로 조심해야 한다. 같은 이유에서 예배나 기도회를 인도하는 것, 상담을 진행하는 것도 바람직하지 않다. 특별한 이유에서 진행되어야 한다면 목장교회모임을 마친 후에 별도로 진행해야 클리닉의 목적을 제대로 이룰 수 있다.

2. 정기목자훈련을 통한 클리닉이란 무엇인가?

1) 목적

특정한 목자나 목장원에 대한 클리닉을 실시한다기보다는 전체 목자들에게 목장교회모임의 실제 진행사항들을 구체적으로 제시하는 시간이다.

2) 진행 단계

(1)첫 번째 단계: 먼저 나눔지를 통한 교육(40분)은 담임목사가 전체 목자들을 대상으로 실시하시거나 각 지구담당 목사들이 지구별로

실시할 수도 있다. 나눔지를 통한 클리닉은 무엇보다도 이번 주 설교 내용을 다시 한 번 상기시키고 그에 따른 나눔 질문을 하나하나 설명하여 목장교회모임에서 구체적으로 나누고 적용할 수 있도록 한다. 그 내용은 매주 목자들에게 제공되는 나눔지에 상세하게 기록되어 있으며 지구촌교회 홈페이지에서 다운받을 수 있도록 제공하고 있다.

(2) 두 번째 단계: 담임목사가 직접 준비한 교재로 전체 목자교육을 진행하고 계신다. 이 과정은 목자들의 영적성숙과 성서적 이해를 높이는 시간으로 활용되어 목자들이 성숙되고 구비되도록 돕는 과정이다.

3. 셀컨퍼런스 탐방 오픈목장과 신임목자 중심의 클리닉

1) 이 과정은 매년 5월에 지구촌교회의 목장교회를 국내외 교회들에게 소개하는 셀컨퍼런스를 준비하기 위한 목적을 갖는다. 지구촌교회의 셀컨퍼런스가 갖는 가장 큰 장점이요 독특한 점이 바로 목장을 직접 눈으로 보고 체험할 수 있다는 점이다. 이를 위해 셀컨퍼런스 탐방오픈목장을 선정하여 클리닉을 실시한다.

2) 지구촌교회의 셀컨퍼런스는 외부 교회에서 참여하시는 분들만을 위한 것만이 아니라 지구촌교회의 내부 목장교회들이 자신이 속한 목장교회에 대한 객관적 시각을 갖게 하고 건강하게 성숙하도록 클리닉하고자 하는 목적도 동시에 갖고 있다.

이는 셀컨퍼런스 탐방 오픈목장교회로 선정된 목장을 중심으로 클리닉을 실시하되 이 목장교회들이 다른 목장교회들에게 건강한 영향력을 지속적으로 미치도록 하는 것이다. 실제로 이 과정에서 탐방 오픈 목장교회들은 다시 한 번 목장교회의 비전과 사명을 회복하며 목장원들 간에 아름다운 연합을 경험하고 있다. 뿐만 아니라 이러한 경험은 다른 목장교회에도 건강한 자극이 되어 이번에 탐방 오픈목장으로 참여하지 않았던 목장들도 다음에는 함께 참여하여 감동과 은혜를 경험하게 하는 동기부여가 되고 있다.

3) 셀컨퍼런스를 위한 클리닉에 목장교회에 대한 이해가 부족한 신임목자나 재교육이 필요한 목자들을 적극 참여시켜서 다시 한 번 사명을 고취하는 기회로 삼는 것이 좋다. 그래서 지구촌교회에서는 목장탐방을 위한 클리닉 4회 교육 중 2회는 전체 목자와 목장원들까지 참여하는 기회로 적극 활용하고 있다.

4) 셀컨퍼런스를 위한 클리닉의 내용은 목장교회에 대한 전반적인 내용을 담고 있으며 진단 질문지와 목장교회모임 점검표를 통해 지구촌교회의 비전과 목회철학으로부터 목장교회모임의 세부적인 사역들을 스스로 진단할 수 있도록 한다. 또한 목장교회 탐방에 대한 구체적 일정과 절차, 준비사항 등에 대한 안내를 실시한다.

5) 목자와 목장원들을 교육하고 권면하며 목장교회 탐방을 통한 클리닉을 실시하는 것은 목자교육을 통해 배운 이론적 토대와 목장교회

모임에서 경험하는 실제 상황 간의 간극을 좁히기 위한 적극적 노력이라 할 수 있다. 따라서 목자와 목장교회의 상태를 객관적 시각으로 지속적으로 점검하여 모든 목장교회가 건강하게 성숙하고 배가하도록 돕는 필수적인 과정이며 지구촌교회의 목장교회가 지속적으로 성장하면서도 건강성을 유지하는 비결이 되고 있다.

"내가 온 것은 양으로 생명을 얻게 하고 더 풍성히 얻게 하려는 것이라" (요 10:10下)

GUIDE_05

목장모임에 사용되는 나눔지는 어떻게 작성하는가?

1. 목장교회모임 진행 및 나눔지란 무엇인가?

① 목장교회모임은 성경의 초대교회 가정모임을 모델로 한 것이다.
② 지구촌교회의 목장교회모임은 기본적인 4W(Welcome, Worship, Word, Work)에서 추가 및 세분화시킨 것이다.
③ 지구촌교회의 목장교회모임은 순서는 아래와 같이 진행된다.

Welcome	아이스브레이커	목_목장원들을 환영
Worship	찬양	장_장마비와 같은 찬양
Words	말씀나눔	교_교재를 통한 삶의 나눔
	기도나눔	회_회원들간의 기도와 돌봄으로 섬김
Works	사역나눔	모_모든 목장원들의 사역에 참여
	소망나눔	임_임재하신 성령 안에서 마무리

④ 이 순서로 진행하는 이유는 그리스도를 깊이 경험하고, 교회공동체의 기본 사역에 충실하게 하며, 공동체로서의 관계의 성숙을 위함이다.
⑤ 목장교회모임 나눔지는 목자들에게는 목장교회모임을 쉽게 인도하고, 교회적으로는 모든 교회 목장(셀)들이 목장교회모임을 통일되게 인도하기 위한 가이드의 역할을 한다.

2. 목장교회나눔지는 어떻게 작성하는가?

1) 목장원들을 환영 - 얼음깨기(Ice-breaker), 환영

(1) 목자가 참고할 수 있는 아이스브레이킹 질문 1~2가지를 작성한다.
(2) 경우에 따라서는 다양한 방법을 제안할 수 있다.(주로 생각이나 느낌 나누기 방식을 사용한다)

* 아이스브레이킹의 종류
① 생각이나 느낌 나누기 방식
- 주로 질문 형식의 주제를 갖고 서로의 생각과 느낌을 나누는 방식이다.
- 너무 무겁고 신중한 주제보다 누구나 쉽게 이야기할 수 있는 단순한 주제를 선정하면 좋다.
- 창조적이며 재미있는 방법으로 서로에 대한 기본적인 정보를 얻을 수 있을 뿐 아니라 친밀감을 느끼게 할 수 있다.

② 행동으로 표현하는 방식
- 간단한 율동이나 손동작 게임처럼 몸을 움직이는 방식이다.
- 몸을 재미있게 움직여 보면 마음의 긴장도 풀리게 된다.
- 가벼운 스킨십(신체 접촉)을 통해 서로의 어색함을 풀게 할 수 있다.

③ 팀웍을 조성하는 방식
- 주어진 시간에 하나의 작업을 완수하도록 하는 것을 통해 동참자들의 협동심을 유도할 수 있다.
- 전체 혹은 2~3명씩 몇 개의 그룹으로 나눠 진행할 수 있다.
- 시간이 많이 소요됨으로 자주 적용하는 것은 바람직하지 않다.

(3) 주로 생각이나 느낌 나누기 방식의 아이스브레이킹을 진행하도록 하며, 전도축제를 위한 준비주일로 목장을 통해 전도를 독려하는 주간에는 행동으로 표현하는 방식 또는 팀웍을 조성하는 방식의 아이스브레이킹의 구체적인 예를 소개해 줄 수 있다.

2) 장맛비와 같은 찬양과 경배 - 찬양

(1) 몇 곡은 지난 주 설교주제와 맞는 곡으로 선택한다.
(2) 복음성가와 찬송가를 나누어서 각 4곡 정도로 선택한다.
(3) 곡의 코드를 고려해서 선택하면 좋다.
(4) 너무 어려운 곡을 선택하는 것을 피하고, 쉽게 부를 수 있는 곡으로 선택한다.

3) 교재(말씀)를 통한 삶의 나눔 - 말씀나눔

(1) 첫 번째 나눔은 지난 한 주간 말씀 적용을 나누는 것에 대한 질문을 기록한다.
(2) 나눔지에 지난 설교 본문말씀 및 대지, 설교 요약 등을 기록하는 것은 셀 리더들의 인도에 도움을 줄 수 있다.
(3) 나눔질문은 3~4가지 정도로 주일 설교말씀과 연관된 질문으로 만든다.
- 열린 질문을 사용한다.
- 말씀과 연관지어 자신의 삶의 이야기를 할 수 있는 질문을 만든다.
- 망원경적 질문: 본문 전체를 놓고 하는 질문
- 현미경적 질문: 구 체적인 문제 혹은 초점을 두고 하는 질문
- 적용질문: 오늘의 나눔을 통해 개인적으로 적용할 수 있는 질문
(4) 마지막 나눔질문은 항상 적용질문으로 하여, 그 질문의 나눔을 통해 목장원들이 한 주간 삶 가운데 실천할 수 있도록 한다.

4) 회원들을 기도와 돌봄으로 섬김 - 기도 나눔

(1) 기도 나눔에 대한 가이드를 기록한다.
(2) 교회 전체적으로 기도해야 할 제목들은 기록해 준다.
(3) 목장의 사역을 위한 기도도 할 수 있도록 안내한다.
  예) 목장에서 돕고 있는 선교기관이나 선교사, 미자립교회, 구제기관

들을 위한 기도, 목장에서 전도하려는 전도대상자들을 위한 기도 등

5) 모든 목장원이 사역에 참여 – 사역 나눔

(1) 목장교회와 관련된 교회사역 광고를 우선적으로 기록한다.
(2) 학기가 시작되거나 마칠 때는 교회에서 정한 목장교회 코이노니아 언약을 나눔지에 기록하여, 목장 안에서 그 언약을 목장원들과 낭독하는 시간을 통해, 목자가 목장교회모임 전체의 정신을 일관성 있게 끌고 나갈 수 있게 해 준다.
(3) 정기적으로 목장교회 VIP 리스트 작성을 독려하는 광고를 기록하면 좋다.
(4) 자세한 광고는 교회 주보를 참조하게 할 수도 있다.

6) 임재하신 성령 안에서 마무리 – 소망 나눔

나눔지에 "각기 다른 지체를 주신 하나님께 감사함으로 마무리합니다."라고 기록하여 목자가 다양한 방법으로 마무리할 수 있도록 열어둔다.

3. 목장교회 나눔지 교육은 어떻게 진행하는가?

① 목장교회 나눔지는 주중 목자모임(목자교육) 시간에 담당교역자가 목자들에게 교육한다.

② 교육의 주된 내용은 목자들이 목장모임을 잘 인도할 수 있도록 해당 질문을 인도할 때 실질적인 도움이 되는 팁(Tip) 위주로 설명한다(나눔에 대한 실례들을 들 수 있으면 좋다).
③ 말씀나눔 중심으로 교육한다.
④ 말씀나눔 부분에 대해 교육할 때 주일설교에 대해 다시 장황하게 설교하지 않도록 유의한다.
⑤ 말씀나눔에서 핵심 주제에 대한 내용을 짧게 다시 설명해 줄 수는 있다.

사례(간증문)

순종
나에게 다가온 그날 • • • • • • •

윤선영 교우

인간을 비롯한 동물의 내면에서 어떤 목적을 지향하는 행위를 불러일으키고 이를 지시하는 요인을 심리학에서는 '동기'(motive)라고 합니다. 새로운 모임에 들어가거나, 학교에 입학원서를 낼 때, 회사에 입사지원서를 작성할 때도 반드시 동기를 묻는 항목이 있습니다.

저처럼 중년이 된 후에 믿음을 갖게 된 사람들에게 하나님을 믿게 된 동기나 교회를 나오게 된 동기를 물어보면, 종종 들을 수 있는 공통적인 이야기가 있습니다. 그것은 주 앞에 모든 것을 내려놓고, 축복의 고난을 통해 하나님의 존재를 경험하고, 주를 향한 간절한 마음을 갖게 되었다는 고백입니다. 하지만, 저에게 동기를 물으면 특별히 할 말이 없습니다. 지금도 저는 예배 시간에 기도하며 찬양하고 있는 저의 모습을 생각할 때, 축복받은 제 삶에 그저 감사의 눈물만 뜨겁게 솟구칩니다.

어느 날, 지나가는 말로 "교회 한번 다녀볼까?" 했다가 처음 지구촌교회를 알게 되었고, 2009년 1월 11일 전날 모임으로 밤늦게까지 피곤한 상태에서 누구와 약속을 한 것도 아닌데 혼자 부랴부랴 10시 예배를 드리러 달려왔습니다. 찬송도 잘 모르고 사람들도 너무 많고 몸도 피곤하여 살짝 졸고 있을 때 정확히 들려오는 말씀이 있었습니다.

"기독교가 할 일이 정치적이고 사회적인 행동을 통해 이 땅에 하나님의 나라가 오게 하는 일이라고 말입니다. 문제는 이런 시도가 역사적으로 성공한 사례도 없고……"

갑자기 졸음이 달아나면서 내가 온 줄 어떻게 아시고 저런 말씀을 하시나 경청을 하게 되었습니다. 저는 교회가 너무 정치적이고 사회적인 문제를 이슈화하여 뭐든지 할 수 있다고 생각하는 것을 싫어했기 때문입니다. 그래서 귀를 쫑긋 세우고 집중해서 말씀을 들었는데, 목사님께서 '하나님을 섬김', '구원', '성령' 등 이런 전문적인 용어들을 반복하여 설명하셨습니다. 그 단어들이 처음 참석한 나에게는 생소했지만, 교회 성도들에게는 분명 나와는 다른 깊이의 의미가 있을 것이라는 생각이 들었고, 그 뜻들을 제대로 알기 위해 성경 공부를 하고 싶다는 생각이 스쳐 지나갔습니다. 예배가 끝나고 성경공부 절차를 물어보니 우선 등록을 먼저 해야 된다고 하였습니다. 등록을 하게 되면 사람들을 만나야 되고, 인사하고, 관계가 형성되기 마련인데, 어차피 다음 주에는 다른 사람에게 추천받은 집 앞에 가까운 교회를 가 볼 생각이 있었기 때문에 그냥 발걸음을 돌렸습니다. 그러나 1주일 후 나는 다시 지구촌교회에 왔고 2주후 등록을 결정하였습니다. 며칠 후에 교회 안에서 관계가 시작되었습니다. 전도사님으로부터 만나자는 전화가 와서 만났고, 목장을 등록해야 된다고 해서 목장모임을 가게 되었고, 〈새 생명 교육〉이 끝나고 〈새 가족 교육〉을 신청해야 된다고 해서 또 신청하고, 한 과정이 끝나면 다음 단계 또 다음, 또 다음…… 그렇게 자연스럽게 저는 지구촌교회 안으로 끌려 들어가게 되었습니다.

그러던 어느 날, 제 생일이 있는 6월 중순경, 사석에서 우연히 만난 분의 추천으로 성가대 연습에 구경하러 갔다가 2부 주섬김 찬양대원이 되어 버렸습니다. 그때 제가 알고 있는 찬송이라고는 10곡정도 뿐이어서 합창도 그렇게 익숙하지는 않았지만, 새로운 찬송을 배울 수 있어서 나쁘지 않겠다는 단순한 마음으로 그냥 시작을 했습니다. 또 그렇게 시간이 지나자 저도 남들처럼 소리 내어 기도하고 싶어졌습니다. "우리 모두 잠시 통성으로 기도합시다"라고 하는데 도무지 입 밖으로 기도가 나오지 않았습니다. 오히려 "우리 모두 잠시 침묵으로 기도합시다" 하면 훨씬 마음이 평안하고 기도가 더 집중되었습니다. 그 시기에 주보에 중보기도 훈련과정이 있다는 것을 보고 등록을 하고 기다리고 있었습니다.

그 당시 저는 주중에는 직장생활을 하고 토요일 오전에 목장모임, 오후에는 찬양연습, 주일 새벽부터 찬양연습 및 예배, 오후에는 〈하경삶 교육〉, 거기에다 목요일 저녁 열리는 성경 대학까지 바쁜 생활을 하고 있었습니다. 교회를 다니기 전에는 여행도 자주 갔었는데 주말에 늦잠도 못자고 몸이 피곤하여 뭔가 정리를 해야겠다는 생각으로 제가 받는 은혜의 크기를 정해 보았습니다. 목장모임은 좀 빠져도 크게 문제될 것 같지 않았습니다. 또 설상가상으로 예전에 신청해 놓은 중보기도사역 교육이 금요일 저녁부터 시작되었습니다. 금요일 저녁에 참가하여 겨우 훈련을 마치고 집으로 돌아오면서 너무 피곤하여 다음날 있을 목장모임은 그냥 다음 기회로 미루기로 결정했습니다. 그런데,

토요일 아침 일찍 눈이 떠져버렸습니다. 오전 시간 어느 목사님께서 강의 시간에 이런 말씀을 하셨습니다. "가끔 목장모임에서 은혜받지 못한다고 목장을 떠나거나 불평을 하는 사람들이 있는데 자기를 내려놓지 않고 어떻게 은혜받기를 원하십니까?" 갑자기 정신이 멍해졌습니다. 뭔가 얻어맞은 느낌이 들었습니다.

'어떻게 하나님은 내 마음까지 지켜보시고 나를 오늘 이 자리에 앉히셔서 저 이야기를 듣게 하실까...'

목장에 대한 미안함과 나를 위해 예비하신 하나님의 크신 사랑 앞에서 감사의 눈물이 흘러내리고, 교만함으로 나를 내려놓지 못한 어리석음에 회개의 눈물이 흘러내렸습니다. 그 때 큰 소리로 소리 내어 기도하며 다시 한 번 주 앞에 순종을 약속하였습니다. 지금으로부터 딱 1년 전, 개나리가 막 싹을 틔우기 시작할 무렵에 나의 목장생활은 시작되었습니다. 저의 목자와 목장원들은 한결같은 마음으로 저의 모든 궁금증과 작은 믿음의 변화에 함께 기뻐하고 격려해 주었습니다. 어린 아기는 좋은 영양분을 주는 대로 잘 먹고 잘 자라면 되고, 그렇게 순종하면 되는 것이라고 저에게 말씀하시며 제 부족함을 감싸주고 있습니다.

요즘, 하나님께서 저에게 주시는 진한 사랑의 이유를 생각해 봅니다. 왜 저에게 감람산의 대화를 알게 하시고, 또 하나님 나라의 비전을 무엇으로, 어떻게, 어디서부터 시작할 수 있겠느냐는 담임목사님의 말씀을 왜 그날 듣게 하셨는지.... 하나님의 그 깊은 사랑을 다시 가슴 깊이 새깁니다.

 **사례(간증문)**

기도응답속에 살아계시는 하나님을 체험하는 목장
기도응답의 은혜 • • • • • • •

구수옥 집사

여호와는 네게 복을 주시고 너를 지키시기를 원하며
여호와는 그의 얼굴을 네게 비추사 은혜 베푸시기를 원하며
여호와는 그 얼굴을 네게로 향하여 드사 평강 주시기를 원하노라
할지니라 하라 (민 6:24~26)

지구촌교회에 등록하고 주일 대예배만 드리고 있던 어느 날, "집사님~~, 집사님 댁 앞 아파트에서 목장예배가 있으니 한번 와 보세요."

목자님의 거절할 수 없는 낭랑한 목소리에 이끌리다시피 호기심 반 기대 반으로 참석한 목장이 이제는 우리의 목장이 되었습니다. 카리스마 넘치는 목자님과 차분함과 다양한 지식으로 섬기시는 J집사님, 우리에게 웃음 바이러스를 선물하는 K집사님, 순수한 신앙을 갈구해가는 J자매님, 교회는 안 나오지만 목장 식구들이 좋아서 목장예배는 나온다는 J자매가 인도한 K자매, K자매가 인도한 새 신자 S자매, 가톨릭에서 기독교로 전향해서 성실함과 열정으로 성경공부하고 있는 M자매, 남편의 사업과 여러 가지 어려움 속에서도 말씀과 기도로 평강

을 지켜나가는 Y자매님, 하던 사업을 정리하고 합류한 등록한지 얼마 안 된 D자매님. 각양각색의 우리들은 그렇게 만났습니다.

처음에는 어색했습니다. 너무나 각기 다른 모습에 화합할 수 있을까 생각했습니다. 목자님은 매주 재치있는 유머로 우리를 웃게 하면서 목장예배를 시작하였습니다. 은혜의 찬양과 솔직담백한 나눔, 신앙의 갈등, 그리고 의문을 고백하기도 했습니다. 그렇게 함께 교제하며 기도하는 모습 속에서 우리는 점점 식구가 되어 갔습니다. 처음에는 보여줄 수 있는 것만 오픈하였습니다. 우리의 합심기도 속에서 하나님께서는 평강과 복으로 응답하시고, 큰 은혜를 베풀어 주셨습니다. 치유와 회복의 역사가 일어났습니다. 우리는 점점 마음 깊은 곳에 숨겨놓았던 문제와 고민들을 내놓기 시작했습니다.

마침내 우리는 기도의 줄과 사랑의 띠로 하나 되는 목장으로 성장하게 되었습니다. 각자의 기도 제목은 나의 기도 제목이 되었고, 서로에게 깊은 관심을 갖게 되었습니다. 그러면서 우리는 중보 기도의 힘을 온 몸으로 경험할 수 있었습니다.

미국에서 유학중인 아들을 둔 J집사님은 아들이 교회에 나가고 배우자도 허락해 달라는 기도제목으로 기도했는데, 아들이 목사님 딸과 만나게 되어 교회도 나가고, 배우자도 만나게 되었습니다. 새 신자인 S자매는 이단에 속한 시어머니와 함께 살고 있어 집에서 목장예배를 드리지 못했었는데 등록 후에 자연스럽게 분가하게 되어 자유롭게 예배를 드릴 수 있게 되었습니다. 아들이 밤마다 꾸는 악몽도 멈추었습니다. 또 M자매는 돌아가신 아버지의 빚 문제로 소송중 이었는데, 재판에서 승소를 하게 되었습니다. 기도 노트에는 식구들의 응답의 내용들이 가득합니다. 할렐루야!

기도도 잘하지 못했던 우리가 이제는 기도의 응답을 체험하며, 목장 식구를 위해, VIP를 위해, 나라와 민족 그리고 선교사님과 봉사 단체를 위해 기도하는 공동체가 되었습니다. 하나님께서 우리를 한 학기 동안 은혜로 키우셨습니다.

이제 나 하나도 감당하지 못했던 신앙이 이웃을 돌아보는 성숙한 신앙으로 성장해 가고 있습니다. 하나님 안에서 하나가 된 우리가 문제를 위해서 합심하여 기도하는 그런 사랑을 알게 하셨습니다. 다음 학기에는 더욱 성숙함으로 많은 열매를 하나님께 드릴 수 있지 않을까 기대해 봅니다.

모든 영광을 하나님께 드립니다!!

사례(간증문)

은혜의 장, 교제의 장 • • • • • • •

유영숙 집사

2005년도에 안양에서 지금 살고 있는 죽전으로 이사를 와서 지구촌교회에 출석하게 되면서 이랑목장모임에 처음으로 참석하게 되었습니다. 그 날이 약간은 생소했던 목장모임을 통한 성도들과의 첫 교제였고, 지금은 제 삶에서 빼놓을 수 없는 목장모임의 첫 시작이 되었습니다.

"사랑의 하나님! 참 좋으신 나의 하나님!
감사한 마음으로 은혜의 마음으로 주 따라갑니다."
오늘도 두 손 모아 기도합니다. 위로의 주님이자 사랑의 주님께서 안식을 주시리라 믿습니다. 우리 이랑 목장의 부부목장은 저희 부부의 살아가는 의미이고 즐거움입니다. 목자님은 늘 교회소식을 꼼꼼하게 정리해서 알려주시고 신앙토론을 통해 우리에게 많은 것을 알게 해주셨습니다. 목자님의 노력을 통해 우리들은 아름다운 목장모임을 할 수 있었습니다. 우리 목장은 바로 우리 목장원들의 은혜의 장이고 교제의 장입니다. 목장모임을 통해서 하나님의 말씀과 기도제목을 나누고 서로의 문제를 같이 고민하며 서로를 위해 중보기도할 때 신실하신 하나님께서는 참 많은 은혜를 허락하셨습니다. 목자님의 인도로 배우는 말씀을 통해 삶에서 구체적인 적용점을 찾아내 적용할 수 있었고, 비슷한 연배의 성도들을 만나 비슷한 고민과 어려움으로 서로의 문제와 입장을 잘 이해하며 서로를 위해 더욱 간절한 마음으로 기도하게 되었습니다.

우리 이랑 목장원들도 힘들고 어려운 일이 많습니다. 지금까지도 "집사님 긴급 기도 부탁드려요." 문자가 오면 같이 기도하고 위로하고 격려하며 그 때마다 기도응답을 받았고, 감사찬양을 드렸습니다. 해결이 어려워 보이는 목장 내의 자녀들의 문제와 사업 문제, 개인적인 문제들이 하나씩 놀랍게 해결되어져 갔습니다. 그런 기적들을 경험하면서 이 모임의 주인이 하나님이시라는 사실을 분명하게 알게 되었습니다. '범사에 감사하라! 쉬지말고 기도하라!' 라는 주의 말씀에 순종하면서 너무 많은 은혜와 축복을 받았습니다. 그래서, 늘 감사합니다. 이렇게 겸손한 마음과 긍정적인 자세와 감사하는 생활을 허락하여 주신 주 하나님께 찬양을 드립니다.

제 개인적인 기도 제목도 다 응답받는 은혜를 체험하였습니다. 작년에는 늦깎이 대학생인 아들이 취업이 되어 직장에서 잘 견디며 감당할 수 있도록 인도해주셨고, 올해 초 혼기가 차 결혼이 걱정되던 딸도 좋은 배필을 만나 결혼하게 되었습니다.

너희가 내 안에 거하고 내 말이 너희 안에 거하면 무엇이든지 원하는 대로 구하라 그리하면 이루리라 (요한복음 15장 7절)

삶 가운데 은혜와 변화를 허락하신 하나님께 감사드리고, 중보해주신 목자님 내외분과 목장원 여러분들께도 감사를 드립니다.

저는 목장 식구들과 함께 간 여행에서도 특별한 은혜를 체험하였습니다. 지난 여름 봉평에 있는 신계철, 유순열 집사님 별장으로 초대를 받아 이랑목장 가족들이 모두 함께 1박 2일로 MT를 떠났습니다. 깨끗한 계곡물과 주변 경관은 너무도 아름다웠고 이 아름다운 자연을 지으신 하나님께서 우리의 영혼도 이 자연처럼 맑고 깨끗하게 해달라는 기도가 절로 나왔습니다. 하나님께서 지으신 아름다운 자연에서 목장 가족들과 함께 차가운 물속에 발을 담그고 서로를 향해 어린아이처럼 웃으며 너무도 즐거운 시간을 보냈습니다.

둘째 날 아침 목장 가족들과 함께 큐티를 하고 나눔을 하던 중이었습니다. 사실 MT를 가기 전부터 두 가지 일에 대한 큰 걱정이 있었습니다. 하나는 팔리지 않는 집 문제와 또 하나는 직장에서 진행되는 프로젝트 문제였습니다. 큐티를 하던 도중에 이 두 가지 문제가 모두 헛되고 헛된 일일 뿐이고, 모두 다 주께서 책임지시고 해결해 주실 것인데 무엇을 그리 걱정하고 있는가 하는 생각이 마음속에 물밀듯 밀려왔습니다. 그동안 두 가지 문제에 대해서 자유하지 못하고, 문제를 붙잡고 놓지 못해서 괴로워했던 모습들을 회개하였습니다. 그러자 마음속에 평안이 찾아오며 주체할 수 없을 정도로 감사의 눈물이 나왔습니다. 앞으로는 같은 문제로 걱정하고 고민하지 않겠습니다. 할렐루야!

아랑 목장으로 인도해 주신 하나님을 찬양합니다. 하나님께서 보여 주신 놀라운 일들에 감사와 영광을 돌립니다. 아직 응답되지 않은 목장의 기도들 역시 하나님께서 모두 신실하게 응답해 주실 것을 믿고 감사드립니다. 그리고 항상 기도해 주시고 함께 해 주시는 이랑 목장 가족분들을 사랑하고 축복합니다.

사례(간증문)

기도로 하나 되는 에제르 목장

이병윤 목자

수지로 이사오고 나서도 서울로 교회를 다니던 저는, 거리가 너무 멀다는 이유로 주일 예배도 자주 빠지는 게으른 생활을 하고 있었습니다. 그러던 중, 예전 유학생활에 들어보았던 '이동원 목사님'께서 개척하신 지구촌교회가 수지에 있다는 것을 알고 주일 예배에 참석하게 되었습니다. 그날 주보에 추수감사절 특별 새벽기도회가 있다는 안내문을 읽고 동생과 함께 나오게 되었습니다. 지금껏 장로교회만 다녀본 저는 드럼과 기타연주에 적지 않게 놀랐으며, 복음성가를 박수치며 부르는 데에 또 놀랐습니다. 대여섯 가지 기도제목을 가지고 일주일 동안 특새에 나왔는데, 정말 거짓말처럼 저의 기도제목이 다 응답을 받았습니다. 할렐루야! 특히 그 중 하나인 결혼에 대한 기도응답으로 약 3개월 후에 지금의 남편을 만났고, 또 3개월 동안의 연애 끝에 결혼하는 응답을 받았습니다.

39살이 되어서야 결혼한 저는 결혼한 사람만 다닐 수 있는 구역 예배, 즉 '목장'이라는 곳을 너무 사모하며 참석하게 되었습니다. 그렇게 한 2년을 편안하고 안일하게 생활하던 중, 저와 남편은 예전에 알던 지인의 소개로 사업을 하게 되었습니다. 하지만 생각과는 달리 꼬박 2년 동안 적자와 경영난으로 최악의 나락에 떨어지게 되었고, 남편과의 사이도 나빠지게 되었습니다. 저는 정말 매일 아침마다 '눈을 안 떴으면...' 하는 마음으로 하루하루를 살았습니다. 주일 예배에도 빠지기 일쑤였고, 살려달라는 기도조차 하지 못했습니다. 그러면서 '목장'에 대한 갈망이 더욱 커져갔습니다. '정말 이러면 안 되겠다' 라는 마음에, 2부 찬양대를 시작하게 되었고, 시작한지 2주 만에 하나님께서 저의 사업을 깨끗하게 정리해 주셨습니다.

그리고 다시 목장으로 돌아왔습니다. 전도사님께서 정해 주신 목장에 무조건 참석하게 되었고, 그곳에서 정말로 저를 사랑하시는 하나님을 만났습니다. 여름에 단기선교도 갔다 왔고, 새벽 예배, 수요 예배, 금요 철야까지 참석하면서 열린성경대학도 6년 만에 졸업하게 되었습니다. 어떤 음악회보다 예배시간이 더 좋았습니다. 그렇게 은혜를 받으며 말씀 안에서 믿음이 조금씩 성장하고 있었습니다.

그러던 중 하나님께서는 저에게 목자를 하라고 요구하셨습니다. 정말 결정하기 힘들었지만 기도하던 중 '순종이 제사보다 낫다' 는 생각에 순종하게 되었습니다. 그런데 목자가 막 되었을 때, 목장의 첫 번째 큰 문제가 닥쳤습니다. 운동도 열심히 하는 자매 한 분이 가슴에 무엇인가 만져진다며 병원에 갔는데 암일 가능성이 높다고 큰 병원에 가보라는 것이었습니다. 정말 청천벽력같은 소리였습니다. 3주 후 서울대병원 예약을 잡아 놓고, 우리 목장 식구들은 정말 하나가 되어 뜨겁게 기도하였습니다. 철야에 함께 모여 울며불며 하나님께 절대 암이 아니길 간절히 기도했습니다. 저는 제가 목자가 되자마자 '이게 무슨 일인가' 하고 의아했지만, 하나님께 진심으로 간절히 매달리는 방법 밖에는 없었습니다.

'제가 목자가 된 후에 이런 고난이 찾아왔습니다. 하나님, 첫 번째 이 고난을 무사히 극복할 수 있도록 제발 이번만은 꼭 도와주세요.'

3주 후에 병원에서 초음파를 하고는, 별로 안 좋은 것 같다며 바로 다음날 더 정밀검사를 하자고 했습니다. 우리는 정말 다시 한 번 마음을 모아서 기도하였고, 다음날 병원으로부터 좋은 소식을 들을 수 있었습니다. "아무 것도 아니었네요." 하나님께서 목장 식구들의 기도를 들어주신 것입니다. 할렐루야! 우리 목장 식구들은 정말 소리치며 기뻐했고 그 소식을 전하는 저 또한 넘치는 눈물을 참을 수가 없었습니다.

'아, 정말 하나님은 살아계시는구나! 우리가 무엇이든지 진심으로 구하면 들어주시는 약속의 하나님이시구나!'

이 일을 통해 우리 목장은 똘똘 뭉쳐 하나가 되었고, 무슨 일이 생기면 무조건 기도로 함께 하게 되었습니다. 정말 서로 서로 진심으로 걱정하고 친자매들보다 더 깊은 속 얘기를 나누며 서로 사랑하고 기도하는 목장이 되었습니다. 우리 목장모임 시간에는 기도제목 나누는 시간이 제일 깁니다. 한 주 간에 있었던 모든 큰 일부터 아주 작은 기도까지 거리낌 없이 기도제목으로 나누기 때문입니다. 수요 예배와 금요 철야 예배에도 되도록 함께 하고 성경 공부에도 함께 하려고 노력합니다. 그렇게 제가 목장 식구들과 은혜 속에 시간을 보낸 지도 벌써 만 1년이 되었습니다. 요즘 우리 목장의 이슈는 예고 입학시험과 수능을 앞두고 있는 자녀를 위해, 시간을 정해 놓고 같은 시간에 한 목소리로 기도하는 것입니다. 이번 기도 제목도 하나님께서 선하게 응답하실 줄 믿습니다.

"기도할 수 있는데 무엇을 걱정하십니까?"

그렇습니다. 기도의 동역자들과 함께 하는데 무엇이 두렵겠습니까? 우리는 걱정하기 전에 기도하고 아주 작은 일이라도 기도 제목으로 내 놓으며 서로를 위해 항상 기도하는 하나님 아버지의 자매들입니다.

'에제르'란 하나님의 도우심이란 뜻입니다. 우리 목장 이름의 뜻과 우리 목장이 정말 기가 막히게 딱 맞지 않습니까!

사례(간증문)

사랑과 기도의 목장
그리고 응답하시는 하나님
천국의 가족들 • • • • • • •

오선금 자매

　남편과의 결혼으로 지구촌교회를 알게 되어, 저희 부부는 부부목장 모임에 참석하게 되었습니다. 전도사님의 소개로 수지지구 영통의 한 부부목장에 소속되었는데, 목장 식구들이 저희보다 연세가 많으신 분들이어서 '잘 적응할 수 있을까' 하는 걱정이 있었습니다. 하지만 어색해하는 우리 부부를 목자님과 목장 식구들 모두 반갑게 맞아주셨습니다. 그래서, 목장모임 참석이 어렵게 느껴지지 않았습니다. 또 늘 우리를 위해 기도해주시는 목자님을 통해서 점점 편안하게 목장에 참석할 수 있었습니다.

　저와 남편은 직장생활에 늘 바빴고, 신혼 초에 임신과 더불어 새로운 가정에 적응하며 사는 것이 쉽지 않았습니다. 나름대로 서로 노력하며 살았지만, 서로 다른 생활환경에서 오는 갈등을 해결해 나가는 것이 실로 버거웠습니다. 출산과 더불어 아이를 키운다는 것이 행복하고 기쁘기도 했지만 시간이 지날수록 제가 감당할 수 없을 만큼 너무 힘들게 느껴졌고 아이를 보면서 울기도 했습니다. 하지만 목장모임을 하면서 서로 말씀과 은혜를 나누다보면 갈등이 해결되고 마음도 편해졌습니다. 그런데 같은 목장모임의 자매님들이 육아에 지치고 힘든 부분들을 자매목장을 하면서 위로를 많이 받는다고 했습니다. 하지만 저는 직장에 다녀서 참석할 수 없어 못내 아쉬웠습니다. 저는 결혼 전부터 내 아이는 꼭 내가 키우고 싶다는 소망이 있었는데 그런 제 마음을 남편이 이해해주어 큰 아이가 9개월이 되었을 때, 제가 휴직을 하게 되었습니다. 제 마음을 알아주는 남편이 너무 고마웠습니다.

휴직과 더불어 자매목장에도 참석하면서 아이와 지내는 시간도 목장모임으로 더 즐거워졌습니다. 아는 사람 하나 없는 곳으로 와서 결혼생활을 시작한 저에게 목장모임은 마치 친정 언니를 만나는 것만큼 너무 즐거웠습니다. 단지 사람들을 만나서가 아니라 목장 안에는 말씀과 기도 그리고 하나님의 사랑을 나눌 수 있어서 편안하고 행복했습니다.

그러던 중 옆집 아이 엄마를 알게 되면서, 전도를 하기 시작했습니다. 어렸을 때 전도를 해 보았지만, 어른이 되어서는 처음으로 하는 전도였습니다.

"OO엄마 교회에 안 가도 되니까 목장예배에 가보자. 목자님과 집사님들, 자매들을 만나면 정말 기쁘고 행복하다는 게 느껴져."

누가 전도하라고 시킨 것도 아닌데 제가 하나님을 만난 이야기 그리고 자매 목자님과 목장 사람들의 이야기를 하며 목장모임에 참석해 보라고 전도하는 제 자신을 발견하였습니다. 그리고 드디어 옆집 아이

엄마를 목장교회로 인도하게 되었습니다. 옆집 아이엄마가 처음 목장예배에 온 날, 목자님과 집사님 그리고 목장 자매님들은 그 분을 사랑으로 맞아주시며 기도로 잘 이끌어 주셨습니다. 그 모습 속에서 하나님의 깊은 사랑을 온 몸으로 느낄 수 있었습니다. 한 사람이 아닌, 한 영혼으로 받아들이고 기뻐하며 돌봐주시는 하나님의 그 사랑을......

휴직을 하며 아이를 키우는 일이 힘들긴 했지만 목장이 저에게는 큰 힘이 되었습니다. 기도하고 위로해주며 서로를 보듬어 안아주는 아름다운 천국을 느낄 수 있었습니다. 저마다 다른 아픔이 있고 기도 제목이 있지만, 그 아픔을 서로 위로해주며 기도할 때 그 안에서 예수님의 사랑과 기도의 힘을 경험하게 되었습니다. 무엇보다 세상일에 힘들어 지쳐 하나님께로부터 멀어질 때마다 "나은 엄마, 기도하자. 기도하면 반드시 하나님께서 길을 열어 주실거야."하며 말씀과 더불어 기도로 힘을 주시는 목자님이 있어 정말 많은 힘과 위로가 되었습니다. 신혼 초에 저희 집이 좁아 부부목장모임을 하기 어려워서 하나님께 목장모임을 할 수 있는 집을 달라고 소원하며 기도했습니다. 그러자 하나님께서는 정말로 목장모임을 할 수 있는 넓은 집을 주셨습니다. 이 일을 통해 무엇이든지 기도하면 된다는 믿음도 생겼습니다.

"모든 일에 기도와 간구로, 너희 구할 것을 감사함으로 하나님께 아뢰라"

첫 아이 휴직이 끝나갈 무렵, 휴직을 좀 더 하면서 첫째를 키워보려고 둘째를 가졌습니다. 그런데 첫째를 위해 둘째를 낳고 좀 더 아이들과 함께 있어줄 수 있다는 제 생각이 현실과는 많이 달랐습니다. 혼자 기도하면서 이겨내기에는 너무 힘들었고 출산과 육아로 우울증이 생기기 시작했습니다. 하지만 목자님이 "나은엄마, 힘들면 찬양해. 찬양하면 하남님의 영이 임해서 힘이 생긴다. 나도 힘이 들 때마다 찬양해." 그래서 힘이 들 때마다 '주만 바라볼지라' 찬양을 하며 기도했습니다.

"너의 작은 신음에도 응답하시니
너는 어느 곳에 있든지 주를 향하고 주만 바라볼지라"

저를 위해 목장 식구들 역시 깊은 사랑과 관심으로 도와주셨고, 늘 기도해주셨습니다. 그런데 둘째 아이가 한쪽 눈물샘이 뚫리지 않아 눈에 항상 눈물이 그렁그렁하고 눈곱이 끼어있는 상태가 되었습니다. 저는 '눈물샘인데 마사지를 잘 하면 뚫리겠지' 하고 안일하게 생각하였습니다. 그런데 아무리 마사지를 해도 뚫리지 않아 8개월 째 되었을 때 안과를 찾아갔습니다. 한 달 후에 다시와보고 돌이 지나도 안 뚫리면 큰 병원에서 마취를 하고 뚫어야한다고 했습니다. 그 말을 듣고 목자님은 7지구 중보기도에 올려주셨고 너무 걱정하지 말고 기도하면 하나님이 낫게 해 주실거라고 하셨습니다. 계속 기도를 했지만 아이의 눈물샘은 뚫리지 않았습니다. 제 마음은 조급해졌고 남편에게 큰 병원에 가봐야 하는 거 아니냐고 매일같이 얘기했습니다. 그러나 친정엄마가 눈물샘 뚫다가 잘못된 애들도 있다며 하나님이 고쳐주실 수 있으니 기도하라고 했습니다.

하지만 왜 그런지 간절한 기도가 나오지 않았습니다. 육아에 지쳐 아이 재우다 잠들면 아침이고 그러면 하루가 정신없이 흘러가고, 그렇게 15개월이 흘렀습니다. 이제는 마사지도 별 의미가 없다는 생각이 들었고, 또 아이가 마사지를 싫어해서 잘 안하게 되었습니다. 목장모임 때마다 목자님은 기도하면 된다고 힘을 주셨습니다. 그러던 어느 날 목자님께서 "어느 교회에 바이올린을 연주하는 자매가 있었는데 암에 걸려 더 이상 연주할 수 없게 되었었대. 그런데 그 자매가 두 다리로 서서 연주할 수 있는 날까지 하나님을 위해 연주하고 싶다며 악기로 매주 연주했는데 그 암이 다 나았대. 나은엄마, 동은이 눈물샘도 하나님이 낫게 해주실거야. 우리 기도하자." 하시며 또 힘을 주셨습니다. 부부목자님과 목장 식구들도 끊임없이 기도해주셨습니다.

그렇게 여러 날이 지났는데 왠지 그 간증이 제 머리 속에서 떠나지 않으며 우리 아이도 간절히 기도하면 낫겠다는 믿음이 생겼습니다. 그래서 그 날 아이들과 가정예배를 시작했습니다. 아이가 너무 어려서 영아부에서 하는 지혜나라를 하며 셋이서 손을 맞잡고 둘째를 위해 기도하기 시작했습니다. 먼저 첫째가 동생을 위해 기도하였습니다.

"하나님 우리 동은이 눈물샘 틔워주시고 낫게 해주세요!"

아직 말을 못하는 둘째에게도 기도하라고 하니 신기하게도 저 나름대로 무어라 기도했습니다. 그리고 제가 두 아이의 손을 맞잡고 간절히 기도하였습니다.

"하나님! 우리 동은이가 눈물샘이 트임으로 인해 평생 하나님을 자랑하게 해주세요!"

그런데 다음날 아침 둘째 아이의 눈이 맑았습니다. 눈곱이 끼어있어야 하는 눈이 깨끗했습니다. '정말 나은 건가?' 생각하며 하루 종일 관찰하고 또 관찰했는데 깨끗했습니다. 그날도 그 다음 날도 똑같이 셋이서 예배를 드렸습니다. 그리고 1주일 후쯤 병원에 가니 눈물샘이 뚫렸다고 했습니다. "하나님 감사합니다. 저희 기도를 들어주셔서 감사합니다." 하며 기도했습니다. 늘 마음 한구석에 큰 짐이 무겁게 자리하고 있었는데, 한 순간에 싹 사라지는 경험을 하게 된 것입니다.

"우리의 기도를 들어주시는 하나님이 얼마나 감사한지요. 주님을 찬양합니다."

이제 우리 부부는 어려운 일이 생길 때마다 기도하자고 서로 이야기합니다. 그리고 목장모임 가운데 임재하시며 기도를 들어주시는 하나님께 감사를 드립니다.

사례(간증문)

받은 복을 세어보게 하시는 주님 •••••••
배영란 목자

목장 간증을 하라고 하셨을 때 처음에 머리로는 '순종할 것!' 이라고 명령을 내렸지만 가슴에서는 순종이 아닌 불순종하고픈 마음이 들었습니다. 셀컨퍼런스도 끝나고 이제 막 두 다리 뻗고 편안하게 있는데 목장 간증이 부담이 되었습니다. 목장이 배가할 상황도 아니고 인원이 배가되었을 때보다 많이 늘어난 것도 아니었기 때문이었습니다.

"하나님! 우리 목장을 통해 당신의 어떤 이야기를 나누기 원하시는지요?"

기도하며 물었을 때 제가 처음 목자로 세워졌을 때가 머릿속에 떠올랐습니다. 교회의 여러 교육을 받고 목자님 보호아래 목장 안에서 안식을 누리고 있을 때였습니다. 그때 저는 마치 베드로가 고백한 것처럼 "주여, 여기가 좋사오니..." 하는 안일한 생각에 사로 잡혀 있었습니다. 당시 지구 전도사님이시던 김영애 전도사님께서 제게 목자를 하라고 권유해 오셨습니다.

"이제 목자 하셔도 되겠는데 하시죠?"
"아직 너무 부족한 게 많아요. 안할래요."
"그럼 죽을 때까지 못해."

단칼에 거절한 저에게 전도사님도 단칼에 멘트를 날리셨습니다. 그 후 몇 개월 후에 저는 목자로 세워지게 되었습니다. 제 남편은 생고구마였고, 시어머님은 교회다니는 며느리 안 본다며 결혼식장조차 안나오려하신 철저한 불교신자였습니다. 당시 저는 주일날 교회에 있는 동안 시어머니께서 전화하시면 어쩌지? 하며 불안해하는 연약하고 어리디어린 모습이었습니다.

이제 목자를 한지 3년이 지난 이 시점에 하나님께서는 이 간증을 통해 받은 복을 세어보라고 이 간증을 하게 하시는 것 같습니다. 가장 감사한 복 중 하나는 남편의 구원이었습니다. 2010년 9월, 해마다 교회에서 블레싱 축제로 VIP를 품고 목장에서 뜨겁게 기도로 준비하게 하셨는데, 그 명단 첫 번째로 남편이 올라와 있었습니다. 그 집회를 통해 하나님께서 제 인생에 가장 큰 기적을 베풀어 주셨습니다. 남편이 교회에 나오게 된 것입니다. 당시 담임목사님이셨던 이동원목사님을 통해 선포된 말씀을 얼마나 잘 받아먹던지… 그 당시 남편은 죽지 않으면 누군가 밟고 일어서야하는 사회의 경쟁 속에서 너무 지쳐 있었는데, 교회에 나와서 세상이 줄 수도 알 수도 없는 평안을 선물로 받았습니다.

이제는 주일마다 교회 늦는다고 현관 앞에서 저를 얼마나 채근하는지 모릅니다. 판교에서 수지성전으로 가는 차 안에서 블레싱 축제 때의 테잎을 들으며 목사님 오프닝 멘트가 나오면 볼륨을 크게 올리는 남편을 바라보며 행복한 주일을 보내고 있습니다. 시어머니 또한 여러 일들을 통해 며느리 신앙을 인정하시며 자연스럽게 교회 갔다 왔냐고 안부를 물어보실 정도로 바뀌셨습니다. 앞으로 저희 부부는 안 믿는 시댁을 땅 끝이라고 여기며, 가슴에 품고, 기도할 것입니다. 우리 부부는 우리가 시댁을 위한 복음의 통로로 쓰임 받길 기대하고 있습니다.

제 가정에 구원의 복을 주신 하나님께서는 목장원들의 신앙에도 축복을 허락하였습니다. 비록 목장에 많은 인원은 없지만 하나님께서는 목장원들의 신앙을 견고히 세워주시고 계십니다. 우선 우리 목장의 찬양부장님입니다. 뜨거운 찬양을 부르며 주님의 만지심을 경험하고 주님의 임재 안에 손을 들고 하나님 앞에 자신을 내려놓는 경험을 하고 있습니다. 또한 전에는 하나님의 말씀을 그냥 좋은 말씀 정도로만 생각했는데 이제는 목사님이 전해주시는 말씀이 왜 이리 가슴에 와 닿고 좋은지 그 말씀으로 일주일을 보낸다고 고백합니다.

우리 선교부장님도 일상의 삶에 큰 변화가 있었습니다. 작은 아이를 키우면서 오전에 잠깐 나는 해방의 시간에 아줌마들과 수다로 시간을 보내기가 일쑤였는데, 이제는 교회의 다양한 교육 프로그램을 이수하며 주님 앞에 자라고 있습니다. 월요 열린 부모 교육세미나, 화요 영성큐티, 수요 향수예배, 금요 목장모임, 주일에는 주일예배로, 말씀이 선포되는 곳을 찾아다니며 하루 하루를 말씀으로 채우고 있습니다. 그동안 어린 자녀를 키우며 메말라 있던 영혼의 가슴에 성령의 물줄기를 흘려보내며 기쁨 속에서 살아갑니다. 또한 오후에는 VIP 접촉을 하러 VIP사냥을 나가고 있습니다. 전도의 용사로도 앞장서고 있는 것입니다. 중보기도 부장님은 중보기도의 사명과 함께 선교하는 삶으로 변화하였습니다. 「날마다 큐티하는 여자」를 읽으며 자신의 마음속에 있는 들보를 보게 되었고, 당신이 죄인이었음을 목장에서 눈물로 고백하였습니다. 지금까지 내 가족만을 생각하고 신앙생활은 '여기까지' 라고 선을 그으며 살아왔는데, 이제는 자신이 쌓은 그 담을 허물고 넘어서는 인생을 살고자 결심하였습니다. 주님께서 주시는 진정한 평안을 맛보았기 때문입니다. 자신이 바뀌니 가족들도 변화되는 기적이 일어났습니다. 교회에 나오지 않아 목장에서 늘 기도하던 딸이 함께 선교에 가겠다고 하는 등 선교하는 삶을 실천하고 있습니다. 중보기도 부장님은 예수님의 지상명령인 선교에 헌신하며 중보기도세미나를 통해 중보기도자의 삶을 살겠다고 고백합니다.

저희 목장에 새 교우로 들어오신지 얼마 안 되지만 너무나 열심히 섬기고 계신 친교부장님과 전도부장님도 있습니다. 셀컨퍼런스 때 부장직을 맡은지 일주일 만에 목장오픈을 하는데 마치 '예전에 해보셨나?' 하실 정도로 맡은 시간을 잘 이끌며 너무나 진지하게 전도 사역에 대해 고민하는 모습을 보았습니다. 당시 탐방자들과 저희 식구들 모두 그분을 통해 은혜를 경험하였고, 지금은 〈새 가족 훈련〉을 받으며 믿음 안에서 살고자 결단하셨습니다.

이렇게 주님께 받은 복을 세어보니 너무나 많아서 헤아릴 수가 없습니다. 저의 다섯 명을 통한 하나님의 축복을 보는 것도 저희 목장의 큰 축복이라고 믿습니다. 다섯 명에게 목장 나눔을 통해 한 주간 미션을 수행하게 하고, 다음 모임 때 미션을 어떻게 실천했는지 나누는 시간은 너무나 은혜롭습니다. 서로의 삶에 대해 서로 격려하고 기도하면서 신앙의 여정을 가게 하신 주님께 감사드립니다. 목장의 걸어 온 길을 돌아보니 때마다 일마다 하나님이 앞서서 인도하셨고 뒤에서 성령님께서 든든히 밀어주셨음을 고백하게 됩니다. 제가 어떤 일을 하려고 할 때 내 의지와 내 생각대로 하려던 그 많던 부담감들을 성령 하나님께 내려놓고 엎드려 기도하게 되었습니다. 그때마다 성령님께서 말씀하십니다.

"너희는 가만히 있어 하나님 됨을 알지어다"

또한 이 간증을 통해 목장의 한 자매님을 축복하고 싶습니다. 현재 직장 때문에 목장모임에 나오지 않지만 고난의 긴 터널을 통과하고 있는 자매가 있습니다. 저희가 할 수 있는 것은 기도밖에 없음을 고백하며 늘 자매님을 위해 집과 목장모임에서 기도하고 있다고 전하고 싶습니다.

"당신이 지쳐서 기도할 수 없고 눈물이 빗물처럼 흘러내릴 때 누군가 자매님을 위해 기도하고 있어요. 사방이 막혀도 하늘은 뚫려있듯이 그 하늘을 향해 오늘도 기도하는 그 누군가가 있음을 기억하고 자매님! 힘내세요!"

또한 하늘과 같은 넓은 마음으로 우리 목자들을 품고 돌봐주시는 오양근 마을장님과 저를 배가시키고 몸 고생 마음 고생하며 기도로 동역해주신 오현주 목자님과 우리 마을 목자님들에게 감사를 드립니다.

"받은 복을 세어보게 하시는 멋있는 주님을 사랑합니다."

사례(간증문)

하나님의 선한 인도하심을 경험하는 목장
푸른 초장으로 인도하시는 하나님 ●●●●●●●

최효숙 교우

2년 전 저는 서울 중랑구에 있는 교회에 출석 중이었습니다. 육아와 직장생활에 지쳐있던 나에게 교회는 탈출구이자 피난처였습니다. 하지만 나의 마음 속에 무언가 풀리지 않는 답답함이 있었습니다. 설상가상으로 남편이 쓰러지고 뇌병변 장애1급 판정을 받고 식물인간 상태로 병원에 입원하였습니다. 하늘이 무너져 내리고 제 주위는 온통 높은 담과 절망의 그림자로 둘러싸여 있는 것만 같았습니다. 저는 그렇게 늘 불안하고 초조한 마음을 끌어안은 채 살고 있었습니다. 그때 개인적으로 친분이 있는 목자님의 권유로 목장교회모임을 참석하게 되었고 나눔 가운데 목자님과 목장원들이 우리 가정을 위해 진심으로 기도한다는 마음을 강하게 느꼈습니다. 나의 마음도 조금씩 하나님을 의지하며 평안한 마음을 되찾기 시작했습니다. 그렇게 목장은 저에게 새로운 삶을 선물로 주었습니다.

두달을 꾸준히 목장모임에 참석하면서 남편 병원을 옮겨야 되는 상황에 보바스병원을 소개받았고, 남편을 보바스병원으로 옮기면서 집도 미금으로 이사하기까지, 끊임없는 목장의 중보기도와 하나님께서 주신 믿음으로 모든 것을 감당할 수 있었습니다. 교회 등록과 함께 〈새교우 교육〉에 집중하고 있을 때, 또 다시 믿음의 결정을 해야 할 일이 생겼습니다. 바로 남편의 퇴원문제였습니다. 집안형편이 넉넉하지 못한 상황에서 이러지도 저러지도 못하고, 12월 내내 목장 식구들과 작정기도를 하며 하나님의 선한 인도하심만을 바랄 뿐이었습니다. 목장원들과 함께 기도하는 가운데 하나님께서 저에게 남편이 집으로 와야 한다는 강한 마음을 주셨습니다. 하나님 아버지의 마음과 제 마음이 충돌하는 순간이었습니다. 모든 것이 준비되지 않은 상태에서 남편이 집으로 올 수도 없었고, 부족한 저의 손길로 인해 남편이 오히려 더 악화되지 않을까 불안하기도 했습니다. 기도하는 내내 마음이 불편해서 견딜 수 없었습니다. 어렵게 남편을 집으로 퇴원시키기로 결정을 내렸습니다. 어찌됐든 속은 후련하고 평안한 마음에 아무 걱정도 되지 않았습니다. 하나님께 모든 것을 책임져달라고 구체적인 기도제목을 올려 드리며 남편을 잘 간병할 수 있도록 하나님의 도우심을 구했습니다.

그런데 며칠 후 평소 우리 가정 형편을 잘 아시는 사회복지사님이 남편을 퇴원시키자며 연말 불우이웃돕기 후원금을 지원해 주시겠다는 약속을 하셨습니다. 그래서 남편은 안전하게 집으로 올 수 있었습니다. 목자님과 목원들의 간절한 중보기도가 아니었다면 지금의 가정은 없었을 것입니다. 저로써는 감당할 수 없는 일들을 이겨낼 수 있는 믿음과 환경을 목장을 통해 열어 주셨습니다. 또한 더욱더 귀한 것은 남편을 단지 남편이 아닌 천하보다 귀한 영혼으로 바라볼 수 있는 눈을 주신 것입니다. 항상 그 너머를 볼 수 있는 눈이 있어야 한다는 목자님의 말씀이 가슴에 새겨졌습니다. 남편도 안정을 되찾았고 아이들도 1년이라는 시간 동안 아빠와 많이 익숙해졌습니다. 하나님께서 선물해 주신 지금의 가정이 하나님께서 인도해주신 푸른 초장인 줄 믿습니다. 4계절 언제나 푸르러서 먹을 것이 풍족한 푸른 초장의 축복을 가슴에 새기며 오늘도 힘을 내서 살아갈 것을 다짐합니다.

이렇게 아름다운 가정을 지킬 수 있도록 인도해 주신 하나님께 감사하고 늘 목장의 따뜻한 손길로 위로해 주시고 격려해 주신 목자님과 목원들을 사랑하며, 여기까지 오게 하신 하나님께 모든 영광을 올려 드립니다. 앞으로 하나님께서 행하실 일을 벅찬 마음으로 기대합니다.

사례(간증문)

사랑받기 위해 태어난 종려나무 목장
우리는 사랑받기 위해 태어난 가족 ········

채민지 목자

"당신은 장미보다 더 아름다우십니다."
"당신은 하나님의 최고의 걸작품입니다."

오늘도 우리 목장은 서로를 축복하며 목장모임을 시작합니다.

"장미보다 더 아름다워요"
"에이~ 목자님, 그건 좀 오버인 것 같아요~"

저에게는 정말이지 장미보다 더 아름답고 사랑스러운 목장 식구들입니다.

저에게 목장원 들이 처음부터 사랑스럽게 느껴진 것은 아닙니다. 부담 그 자체였지요. 저희 목장은 수원이라는 지역 특성상 30대 중반인 제가 제일 막내이며, 30대 후반부터 50대 후반까지 여러 세대가 어울려 목장모임을 하게 되었습니다. 처음에는 어린 내가 목자로써 그들을 잘 섬길 수 있을까 하는 부담감이 있었습니다. 하지만, 기도로써 나아갈 때 비로소 제가 목장 식구들을 섬기는 것이 아니라 목장 식구들이 저를 세워주고 제가 더 사랑받고 있다는 사실을 깨닫게 되었습니다. 찬양의 가사가 너무 가슴에 와 닿습니다.

"당신은 사랑받기 위해서 태어난 사람, 오늘도 그 사랑 받고 있지요"

다른 사람들은 비가 오는 날 따뜻한 커피 한잔과 통기타에 맞춘 분위기 있는 음악이 생각나겠지만, 비가 오는 날이나 자신이 우울한 날 뜬금없이 저에게 전화를 해서 "목자님! 저 이 찬양 듣고 싶은데, 목자님이 이 찬양으로 축복해 주세요!" 라며 '야곱의 축복'을 불러달라시며 가끔 떼를 쓰셔서 저를 당황하게 만드시는 P자매님. 그럼 저는 몇 번의 사양 끝에 결국은 전화기를 들고 중간에 가사가 잘 생각나지 않아 찬양집까지 찾아가며 찬양을 불러드립니다. 그때의 쑥스러움이란……. 하지만 그 자매님은 다 듣고 나시면 "목자님! 정말 사랑해요!" 하고는 처음 전화하실 때 가라앉은 목소리가 아닌 환한 웃음으로 전화를 끊으십니다. 제가 무슨 위로가 된다고 잘 부르지도 못하는 찬양에 위로받는 자매님을 통해 오히려 제가 위로를 받습니다. 찬양으로 하나님께 영광 돌릴 뿐 아니라 목장원을 축복할 수 있음이 그저 감사할 따름입니다.

기쁜 일이 생길 때나 힘든 일이 일어날 때 늘 기도로 서로를 격려하는 너무나 사랑이 넘치는 우리 목장 식구들. 몇 년을 요양원 생활을 하시다가 나중에는 중환자실로 옮겨진 시어머니의 상황을 저에게 알리며 기도부탁을 했던 K집사님. 저는 상황이 바뀔 때마다 그 소식을 목장원들에게 전화로 문자로 전하며 서로 기도로 중보하고, 목장식구들은 다시 K집사님께 문자로 위로하였습니다. 목장 식구들은 눈물로 그 힘든 시간을 함께 보냈고, 장례식에서도 집사님을 위로하고 오히려 더 아파하며 서로의 사랑을 나누었습니다. 이런 시간을 통해 사랑을 나누는 끈끈한 가족애가 생겼습니다. 바로 예수님의 가족의 사랑이겠지요.

'우리 목장에서 기도제목을 나누고 기도를 하면 꼭 응답된다' 며 남편에게 늘 자랑하는 집사님도 있습니다. 그 자매의 예쁜 딸도 목장 식구들의 중보기도의 힘을 알았던지 늘 기도부탁을 합니다.

"엄마! 목장에 가셔서 아줌마들에게 이 기도제목 꼭 얘기하고 기도부탁하셔야 되요."

강사인 남편에게 강의요청이 많이 들어 왔으면 좋겠다던 집사님의 기도제목은 정말 풍성한 열매로 응답되었습니다. 매주 강의 요청이 2, 3건씩 들어와서 나중에는 건강을 위해 기도해달라고 할 정도였습니다. 또 박사과정 공부로 시간을 못내서 목장에 오지 못할때는 꼭 기도해 달라며 문자로 기도제목을 보내는 Y자매님도 있습니다. 본인이 더 많이 기도 하시는 권사님도 늘 기도부탁을 하십니다. "목자님! 이것도 꼭 기도해주세요" 하시며 늘 어린아이와 같이 해맑은 웃음을 지으십니다. "이런 기도제목도 부탁해도 되나요?"라며 내놓았던 기도제목도 즉시 응답되는 은혜를 체험하였습니다. 문중의 돈이 빨리 나오지 않아 아버님이 신경을 쓰시느라 건강을 해치실까 걱정이라던 자매의 기도도 바로 다음 주에 응답이 되었습니다. 그 자매는 한턱 쏜다며 환한 미소를 지었습니다.

그렇습니다. 우리 종려나무 목장 식구들은 오늘도 서로의 눈을 바라보며 마음으로 서로를 축복하고 솔직하고 허물없는 기도제목을 나누고 있습니다. 하나님께서는 우리 목장의 기도를 들으시고 응답하시는 분이십니다. 목장의 기도를 통해서 나 자신을 위한 기도보다 서로를 위해 눈물로 기도하는 것이 얼마나 귀한지, 또 하나님께서 그런 기도를 얼마나 기뻐하시는지 깨달을 수 있었습니다. 우리 목장은 목장 식구들의 기도를 통해서 서로를 세워 나갑니다.

"두 세 사람이 내 이름으로 모인 곳에는 나도 그들 중에 있느니라"

하나님께서 함께 하는 우리 목장 식구들은 작은 일상에서도 큰 행복을 누리고 있습니다. 어느 날은 한 집사님이 새 차를 구입하시고 시승식을 하자며 저를 VIP석에 태우고 목장 식구들과 드라이브를 나갔는데, 모대학에서 박사과정을 하고 있는 자매님은 목장 식구들이 왔다며 근사한 점심을 사고, 맛있는 커피집에서 목장원에게 커피까지 대접해주셨습니다. 저는 그날 집으로 돌아오다가 나도 모르게 이런 말이 흘러 나왔습니다.

"아! 나는 참 행복한 목자구나."

처음 목자로 세워졌을 때 단 한명의 목장원과 목장모임을 하며 목장원들이 잘 모이게 해달라고 눈물로 기도할 수밖에 없었습니다. 하지만, 지금은 모이기를 힘쓰며 제가 더 대접받고 사랑받고 있음을 깨달았습니다. 내가 사랑을 줘야 한다고 생각했지만, 어느 새 사랑받고 있는 내 자신을 봅니다. 이것이 바로 목장예배의 참 행복이 아닐까요.

오늘도 저는 장미보다 더 아름다운 우리 종려나무 목장 식구들이 너무 사랑스럽고 고맙습니다. 하나님! 아빠! 참으로 부족한 저에게 이리 사랑스러운 목장의 목자로 세우셔서 사랑받게 하심을 감사드립니다.

"종려나무 목장 식구들! 사랑하고 축복합니다."

사례(간증문)

그루터기, 새싹을 돋우다.
김윤희 목자

"하나님이 당신의 형상을 닮게 하시려 나를 깎으실 때, 하나님은 그것을 '사랑'이라 부르시고, 우리는 '시련'이라 부른다."

십 이년 전, 하나님을 만났지만 그 기쁨이 단지 오래전 '경험'의 한 조각이 되어갈 때, 제게 '시련'이 찾아왔습니다. 집을 빼앗기고, 생활비를 걱정하고, 남편과는 서로 등을 돌렸던 시절이 있었습니다.

'왜 나에게 이런 절망스런 시련이 찾아왔을까... 도대체 나의 하나님은 어디에 계신단 말인지!'

저는 하나님 앞에서 절규하며 간절히 부르짖었습니다. 하지만, 하나님은 제게 답을 하지 않으셨습니다. 목장에 참석하게 된 것은 하나님을 만나기 위한 저의 마지막 발버둥이었습니다. 보이지 않는 하나님보다 보이는 사람을 붙잡는 것이 쉬웠으니까요. 처음 목장 식구들을 만난 자리에서 눈물을 보이고, 삶을 다 쏟아버리고 나서 저는 부끄럽게 돌아서며 다짐했습니다. '다시는 이 자리에 나오지 않으리라.' 그러나 목자님의 기도와 관심이 떠나려는 저를 한 주 한 주 붙들어 주셨습니다. 목자님을 따라 새벽기도에 동참하며 아주 조금씩 제 기도가 달라지기 시작했습니다. 비록 현실은 달라지지 않았지만 말입니다. 현실은 여전히 절망적이고 시련의 연속이었으니까요.

당장 해결해야 할 가장 큰 문제는 거처할 집을 구해야 하는 것이었습니다. 'BEST'를 구하라는 목사님의 말씀에 "교회에서 걸어다니는 거리에서 살고 싶어요"라고 대답했지만 현실은 말 그대로 '길거리에 나앉을 판'이었습니다. 목사님께서 내 마음의 'BEST'를 간구해 주실 때에도 실은 저는 '지금 당장이 아니라도 언젠가는 응답해 주시겠죠'라는 믿음 없는 생각을 하며 한숨으로 삼켰었습니다. 지금 생각하면 얼마나 하나님 앞에 부끄럽고 죄송한지 모릅니다. 하지만, 하나님은 제 믿음이 연약함에도 불구하고, 즉시 내 소망과 기도를 하나님이 들어주셨습니다.

너희는 여기 머물러 나와 함께 깨어 있으라 (마26:38)

하나님께서 일하시면 여리고성이 하루 아침에 무너지듯, 며칠을 사이에 두고 문제들이 풀리기 시작했습니다. 갑작스런 도움의 손길이 생기고, 동시에 딱 그만큼의 형편에 맞는 집이 매물로 나온 것입니다. 하지만 집주인이 시세에 비해 너무 저렴하다며 주저하고 있었습니다. 집주인의 결정을 조마조마한 마음으로 기다리던 날이 마침 목장예배가 있는 금요일이었습니다. 예배가 끝났지만 목장 식구들은 자리를 뜨지 않고 집주인의 전화를 함께 기다려 주었습니다. 그 집이 아니라면, 제 형편에 '교회에서 걸어다닐 거리'의 집은 꿈도 꿀 수 없었습니다. 마침내 '계약하자'는 전화를 받고 목장 식구들이 기쁨의 환호를 지르며 함께 무릎을 꿇었습니다.

"자매님, 기도해요"라는 목자님의 말에 수많은 감사의 기도가 혀끝으로 올라왔지만 정작 제가 밖으로 낸 말이라곤, 목멘 목소리로 "목자님이 기도해줘요" 뿐이었습니다. 저는 너무 감격스러워서 도저히 말을 이을 수가 없을 것 같아서 목자님께 부탁을 드린 것입니다. 그런데, 목자님도 "하나님…" 부르고는 말을 잇지 못했습니다. 목장 식구 모두 함께 감격의 눈물을 흘리고 있었습니다. 목장 식구들 모두 저의 문제를 자신들의 일처럼 생각하고 간절히 기도했던 것입니다. 그 눈물 속에서 목장 식구들은 예수님 안에서 하나의 가족이 되었습니다.

계약이 확정된 저녁, 목장 식구들은 스마트폰 채팅방을 늦게까지 열어두고 하나님께서 베풀어주신 기적을 이야기하며 서로 축복했습니다. 제 문제가 해결되었는데 목장식구 전체가 들떴던 날, 저는 그때 알았습니다. 십자가 고난 전에 겟세마네에서 제자들에게 함께 머무르기를 바라셨던 예수님! 예수님도 누군가와 함께 하셨는데 하물며 연약한 제가 어떻게 혼자 설 수 있겠습니까! 목장의 위로와 중보가 필요한 제 마음은 예수님도 가지셨던 마음이라는 사실을 느끼며, 하나님께서 목장을 제게 주신 것을 깊이 감사하게 되었습니다.

그루터기 같았던 제 인생에 하나님께서 선물해주신 희망의 새싹이 자라나고 있는 것입니다.

사례(간증문)

단지 하나님의 식구라는 이유만으로 ‥‥‥‥

김연희 목자

2012년은 하나님과 멀어졌는데도 불구하고 제 삶에 가장 가까이에서 하나님의 역사하심을 경험한 해였습니다. 저는 하나님을 원망하고 있었지만 하나님의 사랑은 변함이 없으셨습니다. 하나님의 그 신실하신 사랑을 목장모임을 통해 다시 한 번 확인할 수 있었습니다. 당시 제가 생각하던 삶의 계획은 무너지고 하나님께서는 저에게 새로운 삶을 허락하셨습니다. 잘 되는 듯 보이던 남편의 사업이 어려워지기 시작하더니, 점점 절망적인 상황으로 치달았습니다. 이러한 상황들이 도저히 제 머리로는 이해되지 않았습니다.

'하나님은 살아계시기나 한겁니까! 지금까지 제가 무엇을 그리 잘못 살아왔는지요? 제 신앙은 아무것도 아니었나요?'

기도할 때 마다 하나님께 탄식하는 질문을 쏟아내었고, 원망도 여러 번 하였습니다. 저의 탄식과 원망에도 하나님께서는 등을 돌리지 않으시고, 제게 신실하신 얼굴을 보여주셨습니다.

내가 그리스도와 함께 십자가에 못 박혔나니 그런즉 이제는 내가 사는 것이 아니요 오직 내안에 그리스도께서 사시는 것이라 이제 육체

가운데 사는 것은 나를 사랑하사 나를 위하여 자기 자신을 버리신 하나님의 아들을 믿는 믿음 안에서 사는 것이라(갈2:20)

주님은 제게 갈라디아서 말씀과 함께 다가오셨습니다. 이 말씀은 저의 신앙고백이 되었고 그 모든 일들을 감당할 수 있게 해주셨습니다. 하나님께서는 매일의 삶속에서 끊임없이 은혜를 베풀어 주셨습니다. 제가 가장 낮은 곳에 머물러 있을 때에도 주님은 사랑으로 다가오셨고, 저를 더욱 단단히 붙잡고 계셨습니다.

그 어려운 시간 가운데서도 저를 늘 깨어있게 해준 것은 바로 목장모임이었습니다. 목장 식구들이 서로 만난 지 길게는 2년 반에서 짧게는 6개월 정도밖에 되지 않았지만, 우리는 밥도 같이 먹고 가족사도 이야기하면서 속내를 내 놓는 사이가 되었습니다. 때로는 남편과 자녀에 대한 자랑을 실컷 해도 시기와 질투로 되돌아오지 않고, 오히려 부부의 사랑과 자녀를 올바르게 양육할 수 있는 지혜를 배워가는 배움의 터가 되기도 합니다. 그리고 10월의 멋진 날을 정해 소풍도 함께 갑니다. 단지 하나님의 식구라는 이유만으로 이 모든 일을 함께 할 수 있었습니다.

연령대도 자라온 환경도 너무 다른 구성원들입니다. 그래서 기도제목도 초등학교 시험에서부터 사춘기 자녀, 수험생, 대학 졸업반의 진로나, 자녀 결혼을 위한 기도까지 기도할 제목들도 다양하게 넘쳐납니다. 그 중에서도 남편들의 사업장에 관한 기도제목은 우리가 간절히 기도해야 할 것들이었습니다. 때로는 우리를 낙심하게도 만듭니다. 우리의 삶은 전쟁과도 같아서 매일 싸워야하고 겪어야 한다는 것을 아는

데도 불구하고 자칫 우리의 마음을 사탄에게 빼앗길 수 있으므로, 우리는 오로지 기도함으로 하나님 앞에 나아갈 수 밖에 없었습니다. 이렇듯 현실은 늘 그 자리인 것 같았지만 우리가 나눌 수 있는 일들은 항상 풍성하였습니다. 서로 경험하지 못한 사연들을 말없이 들어줄 수 있는 성숙함도 배웁니다. 삶을 고백하고 들어주는 나눔을 통해 우리는 서로에게 힘이 되고 우리의 믿음도 조금씩 성장해 감을 느낄 수 있습니다.

감사하게도 긴 방학동안 가정을 오픈해 주시는 집사님의 배려로 목장 식구들을 만날 수 있게 되었습니다. 한주간의 근심을 맘껏 털어놓고 부르고 싶은 찬양도 드리며 한주에 한 권씩 읽어온 말씀을 통해서 하나님의 은혜를 알게 됩니다. 이 방학을 마치고도 하나님의 구속의 역사를 끊임없이 읽고 나눔이 계속되기를 기대합니다. 말씀을 통한 믿음의 변화에 함께 기뻐할 수 있기를 간구합니다. 워낙 열심이 없는 저를 인정해 주고 감싸주는 목장 식구들을 생각하면 저의 가슴은 그들의 사랑으로 먹먹해져 갑니다. 저의 연약함이 식구들에게 오히려 위로와 힘이 되기를 바라며, 그럼에도 우리 목장을 통해 일하시는 하나님께 감사드립니다. 하나님의 식구라는 이유만으로 서로를 위해 울어주고, 내 일처럼 가슴 아파해주고, 내 일처럼 기도해주는 목장 식구들 때문에 오늘도 저의 하루는 환하게 웃을 수 있습니다.

2013년에는 소망합니다. 부르신 삶의 그곳에서 저와 목장 식구들이 하나님의 의를 나타내는 당당한 하나님의 자녀로 살게 하시길 기대합니다.

 사례(간증문)

하나님께서 귀하게 빚으신 작품들 ....
안정원 권사

교회는 멀리 있지만, 참 목자 되신 예수님께서 늘 가까이 성동목장을 지켜주셨습니다. 우리 성동목장 가족은 늘 화목하며 서로 사랑하며 주님을 기뻐하고 믿음으로 의지합니다. 또 교회와 가정 그리고 나라와 민족을 위해 기도하고, 성령으로 하나 되게 하신 것을 힘써 지키는 목장교회입니다. 가정마다 돌아가며 예배와 풍성한 식탁의 교제로 늘 만족 하게 하시는 하나님 은혜에 감사드립니다. 성동목장을 통해서 하나님의 은혜를 경험할 수 있었던 것은 식구 한 사람 한 사람이 서로를 귀하게 여기고 서로를 섬겼기 때문입니다.

하나님께서는 우리 목장 식구들 한 명 한 명을 아름답고 귀하게 빚어주셨습니다. 하나님의 작품들이 함께 모여 있는 목장이라 우리 목장 모임은 늘 예수님의 빛으로 가득했습니다. 하나님께서 빚으신 작품인 우리 식구들의 이야기를 통해 많은 분들이 은혜를 받으시길 바랍니다.

제일 큰 언니 이건경 권사님은 손님 대접하기를 즐기시며 특히 목사님들을 대접하기를 기뻐하십니다. 언제나 우리를 위해 신토불이의 최상의 재료로 좋은 음식을 요리하시는 탁월한 요리사이시며, 언제나 마음이 풍성하시지만 불의와는 타협하지 않으시는 정의의 선구자이십니다. 남의 일도 나의 일 같이 마음을 다해 헌신하시는 권사님의 그 용기와 열정은 마치 여장부와도 같습니다. 권사님께서 우리를 위해 섬기는 손길을 통해 우리 모임이 늘 아름다운 교제를 할 수 있습니다.

송귀례 권사님은 고대 영문과를 졸업하시고 중고등학교 교사를 하시다가 결혼하시면서 막내며느리로서 시어머니를 98세까지 손수 모시고 사신 효성이 지극한 분입니다. 우리 지구촌교회에 믿음의 첫발을 내딛고 꾸준한 노력과 믿음으로 남편인 권오집 장로님과 함께 교육목자로 16년 동안을 섬기셨습니다. 목장교회의 예배를 한 주도 **빠짐없이** 참석하시고 목장을 지키신 겸손하시며 지식과 지혜를 갖추신 분으로 말씀을 사모하며 하나님을 사랑하는 권사님이십니다. 권사님을 통해 주님 앞에서나 사람 앞에서나 한결같은 믿음의 모범을 배웁니다.

한필숙 권사님은 시어머니를 모시고 남편을 내조하며 신실한 믿음으로 교육목자를 오랫동안 섬기신 분입니다. 조용하고 침착하신 권사님은 예배 때마다 깔끔하고 풍성한 식탁을 마련하시고 목장 가족들을 사랑하시며 기쁨을 주셨습니다. 교통사고 후에 목장에 잘 참석하지 못하시지만 언제나 목장예배를 드릴 수 있도록 문을 열어 놓고 계시며 반겨주십니다. 권사님께서 지금까지 보여주신 믿음의 모습을 통해 많은 은혜를 누릴 수 있었습니다. 빨리 쾌유하셔서 다시 우리 목장에 아름다운 사랑을 더해주시길 기도합니다.

이미원 권사님은 현재 우리 목장에 목자로 수고하시고 계십니다. 목장을 섬기기 위해 늘 부지런히 목장원들을 챙기고, 늘 친절하게 섬기기를 기뻐하는 모습을 통해 예수님의 향기를 느끼고 있습니다. 아무리 힘들고 어려운 일이 있어도 늘 상냥하게 식구들을 대하시는 권사님 안에 하나님께서 주신 참 평안이 있음을 보게 됩니다. 목자님을 사랑하고 존경합니다.

저는 부족한 저를 구원하시고 13년 동안 성동목장을 섬길 수 있도록 이끌어 주신 주님의 은혜에 감사드립니다. 손자를 키우며 말씀을 사모함으로 〈열린 성경대학〉을 1기로 졸업했으며 목자훈련을 받으며 손자의 손을 잡고 감사와 기쁨으로 언제나 예수님의 십자가의 사랑이 너무도 크고 놀라워 감사의 눈물을 흘렸습니다. 목장가족을 주님의 사랑으로 돌볼 수 있도록 이끌어 주신 예수님의 사랑과 성령님의 인도하심으로 목자로 순종할 수 있어서 즐겁고 행복했습니다. 많은 축복을 경험했으며 놀라운 기적의 삶으로 이끌어 주신 주님의 은혜에 감사드립니다. 2012년에는 주님이 베풀어주신 은혜와 기적들을 글로 남기고 싶은 생각에서 광진문화원에 수필, 산문반에 등록하였고, 그해 10월에 크리스천 문학에 등단하게 되었습니다. 이 모든 것이 하나님의 은혜입니다.

"나의 나된 것은 하나님의 은혜라"

우리 목장 식구들 모두 동일한 고백을 올려드립니다. 낮에는 구름기둥, 밤에는 불기둥으로 인도하시는 주님의 은혜가 온 지구촌의 하나님 나라와, 한국 교회와, 모든 목장에 영원히 함께 하실 것을 믿습니다. 동해물과 백두산이 마르고 닳도록 주님 오실 때까지 하나님께서 이 땅과 이 민족을 지켜 주심을 믿으며 우리의 의지이신 주님의 은혜에 감사드립니다. 할렐루야!

사례(간증문)

시련이 축복으로 변한 작은 기적 ········

황미정 목자

　목장교회가 이렇게 저와 제 삶을 180도 변화시킬 줄은 상상조차 못했습니다. 아무 걱정 없이 잘 살던 우리의 삶에 풍랑이 일어났고 주님께서는 그 풍랑을 다시 잠잠하게 인도해주셨습니다. 주님을 알지 못했던 삶을 어떻게 살았을까 고백할 정도로 지금은 주님 없이 살 수 없는 삶이 되었습니다. 이제 이것이 축복이라는 것을 압니다. 저의 축복의 시작은 바로 시련에서 출발하였습니다. 그래서, 저는 시련이 축복이라는 의미를 가슴 깊이 깨닫게 되었습니다.

　남편 사업이 승승장구 잘 되고 있어서 별 걱정 없이 살고 있었는데, 어느 날 사업에 어려움이 찾아왔습니다. 우리가 절망할까봐 주님을 먼저 만난 시어머니께서 우리 부부와 아들 둘을 주님께 인도하셨습니다. 2004년 봄쯤 주님을 처음 만났을 때 이유는 잘 모르겠지만 그냥 편하고 위로가 되고 감사했습니다. 아마 우리가 마음이 낮아지고, 시련 가운데 있었기 때문에 주님을 좀 더 쉽게 만날 수 있었는지도 모릅니다.

　교회에서 하는 어린이 프로그램도 좋아서 그런지 아이들도 다 만족스러워했습니다. 교회의 목장모임에 나오라고 여러 번 제안을 받았지만 아직 거기까지는 마음이 열리지 않았습니다. 남편 사업의 어려움으로 인해 제 마음 문이 닫히고 사람들 만나는 것이 부담스러워 늘 거절만 했습니다. '나도 이제 하나님 믿는데!' 라고 생각하고 내 안의 하나님만 생각했습니다. 저는 주일에는 교회에 가고 평소에는 기독교 방송을 통해 믿음생활을 잘 하고 있다고 착각했습니다. 성도간의 교제를 통한 신앙 생활이 얼마나 중요한지 그 때는 미처 몰랐습니다. 그렇게 이삼 년을 보내다 보니, 믿음의 본질이 퇴색해가는 것을 느낄 수 있었습니다. 그러니 자연스럽게 가정문제, 양육문제들이 불안과 초초함으로 다가오고, 성급하게 세상적인 생각과 행동을 하게 되었습니다. 믿음의 성숙과 기도와 말씀의 성장을 잘 몰랐고, 기도와 교제와 나눔을 통해 회복되는 공동체의 중요함도 몰랐던 겁니다.

그러던 중 시어머니는 대장암에 걸리시고, 친정아버지는 병환으로 돌아가셨습니다. 그 슬픈 상황이 내 앞을 너무 크게 가로막아 저는 그 뒤에 계신 주님을 느끼지 못한 채 시간이 흘렀습니다. 6년 전 이곳에 이사와서 생활에 불편은 없지만 무엇인가 내 삶에 빈자리가 느껴지고 욕심만 생기고 마음은 불편했습니다. '미지근하고 희미한 신앙생활에 갈급증이 아닐까!' 하던 중 아이 친구 엄마 소개로 지구촌교회를 오게 됐습니다. 저를 잘 인도해 주고 관리해 준 친구 엄마에게 정말 감사합니다.

교회에 와서 들은 좋은 말씀으로 저를 새롭게 발견하게 되고, 신앙으로 자유할 수 있다는 진리를 조금씩 알아가게 되었습니다. 그러던 차에 목장을 소개받았습니다. 처음 목장모임에 왔을 때 '앗차, 잘못 왔구나! 나와 코드가 안 맞네!' 라고 섣부른 판단을 하고 있는데, 그 순간 목자님이 눈에 들어왔습니다. 잘 모르는 내가 봐도 믿음의 중심에 있는 듯한 그분의 모습을 보고, 첫 인상에 대한 잘못된 판단을 거두게 되었습니다. 말씀을 쉽게 잘 전달하고 저에게 관심과 사랑을 베푸시는 마음과 저의 고민을 소망으로 세워주는 희망의 메시지가 저를 오히려 감사하게 만들었습니다. 목자님 댁을 나올 때는 '내가 왜 목장생활을 진작 하지 않았을까!' 하는 아쉬움까지 들었습니다. 그날 목자님의 진심이 느껴졌고 그 마음과 정성이 너무 감사해서 다음 목장시간이 기대되었고, 처음은 나와 코드가 안 맞을 것 같아 보였던 목장원들도 좋아 보이게 되었습니다.

목장예배에는 뜨거운 기도와 교제 그리고 나눔과 위로로 아름다운 회복이 계속 이어졌습니다. 목장 식구들은 목장교회를 서로 사모하고, 기적적인 간증도 많아 목장에는 늘 은혜와 찬양이 넘쳤습니다. 세상적인 교제와 주님이 중심이 된 교제는 차원이 달랐습니다. 3년 전, 우리 가정은 피치 못할 사정으로 다시 서울로 이사를 해야 했는데, 성령님의 도우심으로 지구촌교회와 목장생활을 계속할 수 있었습니다. 시어머니는 대장암에 이어 폐암 수술을 하시고 항암치료 6개월 후 또 다시 위암에 걸리셨습니다. 그때 우리 가족은 모두 절망과 슬픔을 감당하기 어려웠습니다. 그럴 때마다 교회와 목장에서 뜨겁게 중보기도해주셔서 하나님은 어머니를 선하게 치유해주셨습니다.

"주님과 교회가 날 살렸다" 하시며 어머님도 고백하셨습니다. 제가 옆에서 봐도 어머님께서 병마와 싸우며 절망을 이겨낼 수 있었던 힘은 어머님의 믿음과 목장의 중보기도였습니다. 기도와 말씀과 교육을 통해 저의 믿음은 자라고, 저의 가슴에 점점 기쁨이 가득해지며 저의 시각과 생각이 달라졌습니다. 매일 매일의 기쁨은 감사함으로 더욱 커졌습니다.

'나도 하나님을 기쁘게 해 드리고 싶다! 어떻게 하면 될까? 하나님께서 전도하시는 것을 가장 기뻐하신다고 하셨지. 나도 전도를 하고 싶다.'

삶의 기쁨과 감사가 넘치자, 전에는 전혀 저와 무관한 일이라 여겨졌던 전도가 생각났습니다. 그래서 '전도해야 겠다'고 결단하고 주변 이웃들을 전도해 지금은 함께 목장교회를 섬기는 은혜를 누리고 있습니다. 제가 주님 중심으로 방향이 바뀌니 제 이웃들도 그 모습을 좋게 보는 것 같았습니다. 전도하면서 사랑이 부족했던 제가 긍휼함이 무엇인지 알게 되고 여유와 이해의 폭도 넓어지고 제 입장이 아닌 상대방 입장에서 생각하려는 배려심이 조금씩 생기기 시작했습니다. 그런 작은 마음의 변화가 신기하도록 저를 평안하게 만들었습니다.

주님의 기적은 계속해서 우리 목장에서 이루어졌습니다. 목장원들의 신앙성숙, 아이의 정신질환 회복, 영적 눌림의 우울증 회복, 이혼위기의 부부 회복, 집 문제와 질병 문제의 해결 등 우리 목장은 매주 응답의 감사기도로 목장예배를 시작 할 수 있었습니다.

세 개의 목장이 새로 생기면서 연원D마을이라는 새로운 마을도 생겼습니다. 이런 경우는 아주 드문 일이라고 하는데요. 그 목장 중에 아주 부족한 저도 목자가 되는 쓰임을 받았습니다. 제가 워낙 부족해서 목자로서 잘 해낼 수 있을까 두려움도 많았지만 순종하며 더 큰 은혜를 경험하고 있습니다. 전도와 부흥으로 한 학기 만에 목장들이 배가 되어 다섯 목장이 되는 영광 또한 얻었습니다. 또 하나의 은혜는 잘 믿지 않던 남편도 교회등록하고 〈새 생명 교육〉, 〈새 가족 교육〉을 참여하게 된 것입니다. 남편이 주님께 가까이 가는 모습이 너무 자랑스럽습니다.

이제 아직도 주님의 사랑을 알지 못하는 우리의 가족과 이웃에게 저의 감사한 은혜를 알려 그들이 주께 돌아오고, 그를 통해 선하게 변화하는 세상이 되길 바랍니다.

저희 가정의 시련을 통해 주님께 오게 하시고, 절망적인 순간마다 힘을 주신 존귀하신 하나님 아버지께 이 모든 영광을 올려 드립니다. 아멘!

사례(간증문)

커피 한잔의 비밀 ･･･････

임은지 교우

"우리 같이 커피 한 잔 하실래요?"

처음 만나는 사람이나 친해지고 싶은 사람에게 가장 쉽게 건넬 수 있는 말이 바로 이 말이 아닐까 싶습니다. 따뜻한 커피 한 잔과 함께하는 그 시간, 그 공간은 커피의 향기와 맛과 어우러져 사람의 마음을 부드럽게 만들기에 충분합니다. 저는 커피의 이런 매력 때문에 커피를 사랑하게 되었습니다. 단순히 커피를 마시는 것 뿐 아니라 커피를 마시기 위해 준비하는 과정에서 그야말로 '힐링'이 된다고나 할까요. 안정감과 즐거움을 모두 느낄 수 있습니다. 인스턴트가 아닌 원두커피를 즐기기 위해서는 기다림의 과정이 필요합니다. 원두를 고르고 잘 볶아 갈아서 물에 추출해 내리기까지 이러한 일련의 과정들이 모두 커피를 즐기는 것에 포함됩니다.

목장에서 서로 만나 교제를 나누는 것도 이와 같다는 생각을 해봅니다. 향기로운 커피를 마시기 위해서는 원두를 고르고 잘 갈아서 추출해 내는 과정이 중요하고 의미가 있는 일인 것처럼, 다른 삶과 다른 개성을 가진 우리가 모여 서로의 마음을 잘 갈아 한데 모아 추출하면 목장이라는 공동체의 이름으로 맛있는 커피를 만들 수 있습니다.

하루 종일 신고 다니다가 벗어놓은 스타킹의 무릎과 엉덩이 부분이 늘어져 몸의 굴곡을 그대로 기억하고 있는 모습에서 생의 고단함을 이야기한 시를 읽은 적이 있습니다. 여자라면 모두 공감할 만한 대목입니다. 그 늘어진 스타킹을 집어 들어 물에 넣고 조물조물 빨아 널면 신기하게도 다시 원래의 모습으로 돌아와 다음 날 새로운 스타킹으로 신을 수 있게 됩니다. 일주일 동안 주어진 삶을 치열하게 살아내고 잔뜩 늘어지고 지친 몸과 마음에 다시 활력을 줄 수 있는 시간이 저에게는 바로 목장에서의 시간입니다.

헨리 나우웬은 '공동체'에 관해 다음과 같이 말했습니다. "삶이란 득실과 희비와 기복의 연속이다. 하지만 우리는 그것을 혼자 당할 필요가 없다. 우리는 잔을 함께 들기 원하며 그리하여 혼자 살 때는 감당 못할 것 같은 개인생활의 상처가, 서로 돌보는 교제의 한 부분이 되면 오히려 치유의 근원이 된다는 진리를 만끽하기 원한다."

공동체란 결코 달콤하기만 하거나 항상 쉬운 것이 아닙니다. 공동체란 자신의 기쁨과 슬픔을 숨기지 않고 희망의 몸짓으로 그것을 서로에게 내보이는 사람들의 교제입니다.

제가 속한 작은 공동체인 목장에서 고단한 삶을 나누면 '희망의 몸짓'들로 서로를 위로했고 위로 받았던 것 같습니다. 목장 안에서 보낸 시간이 차곡차곡 쌓여갈수록 저도 모르는 사이에 저의 상처가 치유되고 있었습니다. '공동체를 통해 함께 기다리고, 이미 시작된 일에 양분을 더하고, 완성을 기대하는 것이 그리스도인의 삶의 의미'라는 말을 우리 목장을 통해 공감하게 되었습니다. 커피 한잔을 마시면서 교제를 나누는 달콤한 시간을 통해 하나님 안에서 힐링이 일어나고, 사람이 살아나는 은혜가 있었습니다.

나태주 시인의 〈풀꽃2〉를 소개하면서 우리 목장의 사랑의 비밀을 나누고 싶습니다.

풀꽃2

이름을 알고 나면 이웃이 되고
색깔을 알고 나면 친구가 되고
모양까지 알고 나면 연인이 된다
아, 이것은 비밀!

우리는 처음 목장 안에서 만나 통성명을 하고 이웃이 되었고 만나는 시간이 쌓여갈수록 서로의 개성을 알아가며 친구가 되었습니다. 우리의 모양을 가장 잘 아시는 하나님은 우리를 너무나 사랑하시기에 연인의 마음과 같다는 것을 압니다. 그런 하나님을 사랑하는 우리의 모임이 바로 목장모임입니다. 이것은 정말 비밀입니다. 하지만 널리 알려 꼭 함께 공유하고픈(?) 비밀입니다.
"우리 같이 커피 한 잔 해요!"

사례(간증문)

주님의 향기나는 목장이 되기 위하여
주님의 향기가 가득한 공동체 •••••••

연규흠 목자

맛있는 커피를 만들기가 어렵다고 하지만 더 어려운 것은 좋은 차를 우려내는 일이라고 합니다. 그러나 이보다 더 어려운 것은 사람이 사람다운 향기를 내며 사는 일, 아니 주님의 향기를 내며 사는 일이라고 생각합니다. 살다보면 힘든 일이 한 두 가지가 아니지만 결혼해서 자녀를 양육하고 거기에 직장까지 다니는 주부들은 그 어려움이 더할 나위가 없습니다.

아침에 눈뜨자마자 가족들 식사 준비에 아이들 챙기고, 허둥지둥 직장에 출근하면 집안일 못지않게 산재해 있는 업무들. 직장 동료 간의 여러 가지 문제들. 그리고 퇴근해 돌아오면 자녀들의 학습문제와 집안일들이 기다리고 있습니다. 가끔은 낮에 한가롭게 차라도 마시며 친구들과 수다도 떨고 자연을 산책하고 싶지만 직장 여성들에게는 꿈같은 이야기입니다. 그래서 직장 여성들에게는 더 많은 주님의 만지심이 필요합니다. 몸과 마음이 항상 지쳐있고, 그렇다고 주저앉아 있으면 삶이 더 곤고해지는 딜레마속에서 매일 매일 전쟁같은 삶을 살기 때문입니다. 그래서 주님 은혜 안에서 말씀으로 서로를 세우고 새 힘을 얻기 위해 목장으로 모입니다. 주님의 은혜가 더욱 절실하기 때문입니다.

때로는 저녁 식사도 못하고 바쁜 걸음을 재촉하여 직장에서 곧장 목장으로 오는 경우도 있습니다. 함께 다과로 간단한 요기를 하며 우리는 말씀으로 교제를 나눕니다. 직장에서 억울하고 속상했던 일, 동료나 상사와의 갈등, 그런가 하면 직장에서 한 영혼, 한 영혼을 전도하고자 노력하는 일 등을 놓고 우리는 서로를 위해 뜨겁게 기도합니다. 또한 우리가 직장을 다니기 때문에 자녀들의 마음에 빈자리가 생기지 않도록 주님께서 지켜주시길 기도합니다. 이렇게 직장과 가정을 위해 기도하면서 하나하나의 열매를 만들어가고 있습니다.

방황하던 자녀가 주님 안에서 회복하고, 세상 사람들이 보기에는 불가능할 것 같던 학력이었지만 멋지게 명문대학에 합격시켜주시는 기적도 경험하였습니다. 아빠의 얼굴도 모르는 채 자란 아들이 자기에게도 아빠가 있었으면 좋겠다는 말을 했다며 눈물을 흘리며 나눔을 하던 자매를 위해 우리는 한 목소리로 기도했습니다. 그 자매에게 보아스같은 믿음의 배우자를 만나게 해달라고. 중.고생인 두 아들과 함께 힘겹게 살고 있던 그 자매의 기도를 하나님께서는 결코 외면하지 않으셨습니다. 한 살 연하의 멋진 총각이 기꺼이 아이들의 아빠가 되어주었습니다. 하얀 드레스를 입고 두 아들의 축복 속에 이루어진 결혼식은 정말 하나님께서 우리 목장에 주신 기도의 선물이었습니다.

때마다 일마다 우리 목장에 내려주는 하나님의 선물은 우리의 발걸음을 목장으로 향하게 하십니다. 때로는 말씀의 교제와 기도를 나누다 보면 열한 시가 넘을 때도 있지만 우리 안에는 늘 주님의 향기가 되고자 하는 소망이 있습니다. 기쁨이 있습니다.

아! 하나님께서 2013년에는 어떤 열매를 맺게 하실지 기대가 됩니다.

사례(간증문)

노아의 기적을 만들어낸 기도의 가족들 ‥‥‥‥

전승철·김현정목자

딱 일 년 전 일입니다. 작년 4월 1일, 고난주간의 첫 날이었습니다. 우리 가정의 고난은 예수님의 고난과 함께 하듯 그렇게 시작되었습니다. 첫 아들 노아의 첫 돌잔치 3주 후인 3월 31일. 노아가 갑자기 고열과 함께 목 주변이 말도 못하게 부어올라 도저히 노아의 얼굴이라고는 생각할 수 없을 정도였습니다. 하룻밤 사이에 노아의 생사가 왔다 갔다 하게 된 것을 저는 도저히 믿을 수가 없었습니다. 다음날 아침, 노아는 분당 서울대병원 응급실에서 너무나도 급하게 중환자실로 옮겨졌습니다.

소아과 주치의 선생님은 아이가 너무 위독하다고 안타까운 목소리로 여러 번 말했습니다. 아이의 상태가 매우 심각하다는 것을 재차 강조하였습니다. '오늘 밤이 고비' 라는 늘 드라마에서 보던 대사가 실제 상황에서는 얼마나 청천벽력같은 잔인한 말인지 그때 비로소 알았습니다. 이제 막 첫돌을 넘긴 아들이 위독하다는 말을 듣는 다는 것은 부모에게는 너무나 잔인한 일이었습니다. 모든 것이 마비 되었습니다. 무엇을 어떻게 해야 할지 몰랐습니다.

'노아가 잘못된다면 나도 죽을거야. 하지만 뱃속에 있는 5개월 된 노아 동생은 어떡하지…'

눈물조차 나지 않았습니다. 망치로 때려 맞은 듯 멍하고 불안초초가 극에 달해 무엇을 어찌해야 할지 몰랐습니다. 현실을 받아들이지 못하고 한참 동안을 멍하니 그렇게 있었습니다. 그때 '누군가에게 도움을 요청하자. 누군가에게 알려야겠다. 누군가에게 어떻게 해야 하는지 물어봐야겠다' 라는 막연한 생각이 들어 전화를 했습니다. 그 사람이 바로 목자님이었습니다.

결혼하고 처음 있었던 목장에 몇 번 제대로 나가지 못하고 목장 없이 1년 정도 지내다가 새로이 이사하면서 목장지구 목사님의 전화와 권유로 목장을 정해 두어 번 참석했었습니다. 그 때 목장 식구들이 정말 사적인 것들까지 나누고 얘기하는 것을 보고 처음에는 적잖이 놀랐습니다. 제 안에서 여러 가지 생각들이 오고갔습니다.

'정말 이런 얘기를 해도 되는거야? 나중에 말 나가는 것 아니야? 그런데 어떻게 저런 지혜로운 조언들을 해주지? 어디서 저런 생각과 말들이 나올 수 있는 거지?'

서로를 정말로 이해하고 같이 눈물도 흘리고 함께 기뻐하며 행복해 하는 모습이 지금까지 너무나 세상적인 관계에만 익숙했던 저는 낯설기만 했습니다. 사실 저는 모태신앙이긴 하지만 정말 믿음이 없는 자였습니다. 그동안 교회 안에서 제대로 된 공동체 생활도 해보지 않았던 것입니다.

전화를 한 지 얼마 안 되서 급하게 목자님 부부가 병원으로 와주시고 아무 말도 없이 저를 붙들고 함께 울었습니다. 그리고 잠시 후 목사님과 전도사님도 오시고 기도해 주시고 위로해 주셨습니다. 어찌나 힘이 되고, 의지가 됐는지 외롭지 않았습니다. 힘든 노아에게 무엇을 해야 하는지도 자세히 알려주셨습니다.

"하나님, 제발 우리 노아를 살려주세요. 노아를 살려주세요."

그저 울부짖고 몸부림치며 병원지하 3층의 소예배실에서 기도드렸습니다. 어떻게 기도해야 하는지조차 몰랐지만 뼈가 타들어가는 마음으로 기도드렸습니다. 노아는 중환자실에서 알 수 없는 많은 약들을 투여받고 있었습니다. 너무 어려서 혈관을 찾기가 힘들어서 미세한 혈관 하나를 잡아서 문어발 튜브로 모든 약들이 투여되고 있었습니다. 목 주변 염증이 너무 심해서 벌겋게 부어오르고 양쪽 폐에는 물이 너무 많이 차서 양쪽 다 튜브를 통해 물을 빼고 있었습니다. 인공호흡기로 겨우 생명을 유지하며 잠시도 떨어지지 않는 고열로 시달리고 있었습니다. 혈압은 치닫고 맥박은 바닥이고 호흡은 점점 힘들어져갔습니다. 나중에야 의사선생님께서 말씀해 주셨는데 노아의 염증수치는 의학적 기계로 수치를 잴 수 없을 정도였다고 했습니다.

그 새벽 주님의 기적이 시작되었습니다. 심한 부작용 때문에 웬만해서 쓰지 않는다는 혈압약을 조금씩 줄이기 시작했습니다. 가장 고비인 시간에는 가장 최소량까지 줄여 투여했고 얼마 되지 않아 다른 약들도 줄이기 시작했습니다. 절망 속에 있던 저희들에게 주님께서 일하기 시작하셨습니다. 의사선생님들 입에서는 무서운 말들만 나왔지만 더는 두렵지 않았습니다. 다음날 아침에도 기도드리기 시작했습니다. 그런데 노아를 살려달라는 기도를 하려고 했는데 갑자기 회개를 시키시기 시작하셨습니다. 먼저 굵직한 일들부터 자질구레한 일들까지 다 떠올라 눈물로 회개하기 시작했습니다. 그러고 나니 어찌나 시원한지, 그런 후련함은 태어나서 처음 느껴보는 것 같았습니다.

저의 연약함을 너무나 잘 아시는 주님께서 제가 생각지도 못했던 많은 사람들을 붙여주시고 중보하게 하시고 위로해주시고 힘을 주시고 말씀을 주셨습니다. 목자님과 목장식구들과 매일 하루에도 몇 번씩 문자를 주고받으며 노아의 상태와 저희 부부의 상태, 친정부모님의 걱정까지 해주셨습니다. 심지어는 향수예배 설교내용을 실시간으로 요약 정리하여 카톡으로 보내주시는 정성과 사랑도 베풀어주셨습니다. 또한 목장목사님을 통해 노아의 소식이 교회에 전해지고 진재혁 담임목사님께도 전해져서 바쁜 스케줄에 시간을 일부러 직접 오셔서 노아에게 손을 얹으시고 안수기도를 해주셨습니다.

마침 고난주간 특별새벽기도라서 진재혁 목사님께서 우리 노아를 기도제목으로 내놓으시고 모든 성도들과 함께 합심하여 기도했다고 합니다. 그뿐만 아니라 겨우 한두 번 나갔던 노아의 영아촌의 빨강목장 목자님을 통해서 영아촌 식구들에게도 노아 소식이 전해져서 거기서도 많은 분들이 함께 노아의 사진을 프로젝터에 띄어놓고 함께 힘써 기도드렸다고 합니다. 지구촌교회 뿐 아니라 한국, 미국, 호주에 있는 다른교회의 많은 사역자분들과 성도님들의 중보기도는 실로 엄청났습니다.

그 후 노아의 상태는 정말 기적처럼 매일매일 눈에 띄게 호전되었습니다. 저는 이제 일반병동으로 내려가게 해달라고 기도드렸습니다. 중환자실에 입원한 지 열흘 만에 일반병동으로 가게 되었습니다. 또 자가 호흡을 위해 기도하면 자가 호흡하게 되었고, 양쪽폐의 튜브를 빼게 해달라고 기도드리면 또 그리 되었습니다. 하나님은 하나하나 구하는 것마다 응답해주셨습니다. 주님께서 늘 가장 선한 방법으로 응답해주시는 것을 경험하였습니다. 제가 기도드린 데로가 아니면 실망했지만 시간이 지난 후 보면 주님의 방법이 훨씬 더 좋았다는 것을 알게 되었습니다. 괴사가 있을 것이라고 의사는 말했지만 노아의 혈액은 원활히 순환되어 전혀 그런 기미조차 보이지 않았습니다. 한 달 하고 일주일 동안 병원에 있으면서 소아과 외에 이비인후과 정형외과 등등 그 외 여러 다른 과 선생님들이 매일 아침마다 노아의 X-Ray와 CT, MRI를 보면서 회의를 했다고 할 정도로 심각하고 위독한 상태였습니다.

한 달 내내 하루도 빠짐없이 노아의 체온은 낮으면 38도 높으면 39.8도의 고열을 오가며 힘든 시간을 보냈지만, 그래도 저희에게 노아는 기쁨을 주고 웃음을 주고 행복을 주었습니다. Nebulizer를 통해 호흡기 약을 공기로 마시고 항생제를 매일 투여하고 그 때문에 잦은 설사로 엉덩이는 헐어서 살점이 떨어져 피가 나고 아파서 울어대는 노아를 보며 가슴이 미어지는 때가 한두 번이 아니었습니다. 그래도 중환자실에서 호흡기를 통해 가래를 빼는 튜브를 넣을 때 마다 노아 얼굴이 빨갛게 터질듯이 괴로워하는 것 보다는 지금이 낫다고 스스로 위로하였습니다. 울음소리조차 내지 못하던 그때보다 우렁차게 아픈 것을 표현하는 것이 감사했습니다.

노아를 통해 저희에게 많은 변화가 일어났습니다. 많은 믿음의 형제들을 알게 해주시고, 고난 중에도 감사할 수 있다는 사실도 알게 해주셨습니다. 얼마나 힘들었던지 손발의 피부가 다 벗겨지고 열 개의 모든 손톱과 열 개의 모든 발톱이 다 빠지고 새로 나기도 했습니다.

하지만 노아는 지금 보면 전혀 그렇게 아팠던 아이라는 것을 다른 사람들은 상상도 못할 정도로 깨끗하게 씻은 듯이 완치되었고 어떠한 부작용이나 후유증도 전혀 없습니다. 전보다 더욱 건강하고 발육 상태 또한 아주 좋습니다. 아니 오히려 또래 아이들보다 키도 훨씬 크고 몸무게도 우월합니다. 이 얼마나 감사하고 또 감사한 주님의 은혜인지요……

"하나님, 노아를 살려주셔서 감사합니다. 저에게 당신의 사랑이 얼마나 큰지 알게 해주셔서 감사합니다. 저에게 기도하는 사랑의 식구들을 주셔서 너무 감사합니다."

제게는 감사의 기도가 차고도 흘러 넘쳤습니다. 저희 부부목장과 노아의 영아촌목장이 없었더라면 이렇게까지 많은 기도가 있을 수 없었을 것입니다. 목장은 저와 하나님을 이어주는 또 하나의 매개체였음을 고백합니다. 정말 믿음이 없던 제가 이런 고난을 통해 변화할 수 있었던 것도 목장 식구들 덕분입니다. 주님의 사랑과 은혜, 도우심으로 역사하심, 라파의 하나님, 주님의 기적을 체험한 영광 등 이 모든 것들이 다 목장 때문에 가능했던 것입니다.

그렇게 고마운 저희 목장이 그리고 저희 목자님 가정이 얼마 전 개인적인 사정으로 타지로 멀리 이사하시게 되었습니다. 이런 모든 과정들을 함께한 목장이라서 더욱 소중하고 어디로 가던지 절대 헤어지고 싶지 않은 목장 식구들이었습니다. 그런데 목자님의 부재로 목장 해체 위기가 찾아왔습니다. 많은 고민 끝에 남편이 목자로 서겠다고 결심하고 모든 분들의 기도와 지지를 받으며 얼마 전 신학기부터 목자로 섬기게 되었습니다. 저희 부부는 노아의 기적이 있기 전에는 일 년에 서너 번 나갈까말까 했던 부족하기 그지없는 지체였습니다. 아직은 부족한 저희 가정을 목자로 세우신 주님의 계획과 예비하신 뜻을 알 수 없지만 늘 합력하여 선을 이루게 하시는 주님께서 자격 없는 저희를 이끄시고 단련시키실 것을 믿습니다. 또한 정말 더러운 죄인이요, 벌레만도 못한 저를 죽이지 아니하시고 돌이키시며 구원하시려고 모든 것을 계획하시고 이끄시는 주님을 찬양하며 모든 영광을 하나님께 돌려드립니다.

"할렐루야!"

사례(간증문)

재 대신 화관을, 슬픔 대신 희락을 ·······

김용준 집사

    저는 병으로 인해 제 삶을 스스로 속박하는 삶을 살고 있었습니다. 그런데 교회를 다니며, 목장교회를 참석하며 예수님 때문에 자유케 되는 진정한 회복을 경험하였습니다. 병원에서 치유받을 수 없는 것을 주님께서 어루만져 주셨고, 새 인생을 살게 된 것입니다.

    "재 대신 화관을 씌워주시고, 슬픔 대신 희락을 선물해주시고, 근심 대신 찬송의 옷을 입혀주신 하나님, 하나님을 찬양합니다".

    저는 젊은 시절부터 앓기 시작한 B형 간염에 의한 간경화로 인해 항상 건강에 대한 두려움으로 25년을 살아왔습니다. 건강에 대한 두려움과 불안감으로 직장생활에 어려움이 있었고, 이러한 소극적 활동으로 인해 제 마음은 짜증과 불만으로 가득 차 있었습니다. 신실한 믿음을 가진 저의 집사람이 30년간 저를 전도했으나 제가 거부하며, 심지어 집사람의 사역을 박해했었습니다. 그러나 2009년 9월 쯤 신종플루에 감염되어 간질환으로 면역력이 떨어져 있던 저는, 1여 년 동안 호흡기 곤란으로 고생을 하게 되었고, 다음 해에는 초기 대장암의 급습도 받았습니다. 이렇게 한꺼번에 몰아닥친 육체적 피폐는 급기야는 정신적 나약함을 가져와 우울증과 강박증으로 인한 불면증, 가슴답답증으로 견딜수 없는 정신적 고통을 겪었습니다.

대장암 치료를 받기 위해 평소 집사님이 잘 알고 있던 의사선생님의 진료를 받던 중, 집사람이 제가 교회를 다니지 않는다고 투정하듯이 툭 던지는 말에 독실한 크리스천이시던 의사선생님께서 "김용준씨, 교회 안 다니세요?" 하는 말에 저는 시술하는 의사에게 잘 보이기 위해 "네, 앞으로 잘 다니겠습니다."라고 어떨결에 대답했습니다. 다행히 대장암 치료는 잘 되었고, 2011년 1월부터 교회에 다니기 시작했습니다.

그렇게 몇 개월을 다니자 우울증과 강박증으로 고생하던 마음이 어느 날부턴가 저도 모르게 편해지고 모든 걱정 근심이 사라지는 것을 느꼈습니다. 호흡기 질환과 정신적 질병이 호전되고 있었습니다. 그렇게 1년간을 주일날 하루도 빠지지 않고 주일 예배를 드리면서 문득 봉사하고싶은 마음이 들었습니다. 그래서 초등촌목자로 십여 년간 사역하고 있는 아내에게 이야기 하여 2012년부터 주일학교에서 봉사를 시작했습니다. 그러다 그해 3월 부부목장에 참석하자는 아내를 따라 목장원으로서 새로운 삶을 시작하게 되었습니다. 별 생각 없이 목장에 참석 했는데, 제게 큰 변화가 일어났습니다. 2주마다 한 번씩 모이는 목장모임이 기다려지며, 자매 목장원들의 찬양 소리가 그리워지게 된 것입니다. 하나님의 말씀을 가지고 나누는 시간이 한없이 즐거웠습니다. 그것은 새로운 삶의 희열이었습니다.

가족이 단출한 저의 부부에게 새로운 가족을 주셨습니다. 부족한 저를 '오빠'라고 부르며 따라주는 유신순 집사. 또 '큰아빠'라고 따르는 채연이, 시연이. 누이동생과 조카 두 명을 하나님의 은혜로 얻게 되었습니다. 물론 저의 목장 식구 모두가 저의 친 가족과 같습니다. 매일 가족처럼 안부를 묻고 함께 기뻐하고, 함께 슬퍼하며 하나님의 한 울타리 안에 거하는 형제와 자매로 살아가고 있습니다.

지난 한 해 동안 하나님 앞에서 열심히 달려왔습니다. 초등촌목자. 주일성수, 부부목장생활, 우리 교회 모든 교육과정의 이수, 생애의 첫 성경 1독. 각종 교회행사 참석. 부부목장의 행사 참석 등등…. 하나님께서 주시는 은혜로만 살아온 것 같습니다. 하나님께서 2012년 초에 주신 말씀처럼 그렇게 1년을 지내게 하셨습니다.

주 안에서 항상 기뻐하라 내가 다시 말하노니 기뻐하라(빌4:4)

정말로 신실하신 언약의 하나님을 몸소 체험할 수 있었습니다. 저를 어둠 가운데서 빛으로 구원해주시고, 나를 위해 죽기까지 희생하신 그 사랑의 은혜를 누릴 수 있었습니다. 비록 지금도 간이 건강하지는 않지만 하나님 아버지의 자녀로 근심이나 두려움 없는 삶을 살아가고 있습니다. 그것이 제게는 더 큰 기적입니다. 병 때문에 노심초사했던 지난 시절들을 생각하면, 아직 병이 있는데도 기쁨을 누릴 수 있다는 것 자체가 제게는 진정한 기적인 것입니다. 이제 저는 하나님만을 의지하는 믿음의 생활을 실천하고, 기쁨으로 살고 있습니다. 목장 식구들과 함께 서로를 의지하며 사랑 안에서 살아가기에 이 모든 것이 가능한 줄 믿습니다.

사례(간증문)

독일의 형제를 목장에 데려오신 주님!

강동휘 목자

2010년까지 4년간 저희 목장 목자로 섬기시던 존경하는 윤성철 집사님이 2011년 1월 독일에 단기연수로 출국하신 이후, 목자로 승계받아 목장원을 섬기고 있습니다. 저희는 형제목장이라 주중에는 자주 모이지 못하지만, 1·3주 토요일 다음날인 주일 오후 4시에 정기적으로 모이는데, 평균 6~7명이 모였습니다. 그런데 4월 첫 모임에 6명 중 2명의 형제가 갑자기 급한 일이 생겨 불참하게 되어 몹시 아쉬웠습니다. 그러나 4명의 형제는 평소보다 더욱 정성껏 찬송을 하며 모임을 시작했습니다. 그런데, 30분이 지나자 인터넷이 연결된 노트북에서 전화벨소리가 울렸습니다.

사실 2주일 전, 지난 목장모임 때 어떻게 정확한 시각을 알고 독일에 가계신 윤집사님이 인터넷 전화를 걸어와서, 당시 모임을 나누던 목장형제들 7명과 휴대전화로 번갈아가며 안부를 묻고 기도제목을 간단히 나누었던 적이 있습니다. 당시 작별인사를 하며 아쉬운 마음에 '다음 목장모임 때는 화상통화를 준비해 놓을 테니 꼭 얼굴을 보고 싶다'고 말했었습니다. 그 이후 2주 동안 서로 연락이 잘 되지 않았고,

저는 혹시나 하는 마음에 노트북을 인터넷으로 연결하고 화상전화 받을 준비를 해 둔 상태였습니다.

모임 중에 독일에 계신 윤집사님이 인터넷을 통해 화상전화를 걸어온 것입니다. 평소에는 화상전화의 화질과 음성이 좋지 않았는데, 이 날은 인터넷으로 연결된 영상과 음성이 어쩌면 그렇게 선명하고 목소리도 깨끗하게 잘 들리는지요. 정말 하나님께서는 인터넷의 화질과 음질까지도 섬세하게 만져주시는 분입니다. 독일에서 급하게 참석하신 우리 윤집사님은 목장 나눔지를 미리 준비하지 못하였지만, 즉석에서 인터넷을 통해 지구촌교회 홈페이지에서 나눔지를 다운받아 보면서 말씀도 나누었습니다. 할렐루야!

이렇게 지구 반대편에 있는 형제까지, 모두 5명의 형제가 약 1시간 30분간 '순종의 기적'이라는 주제의 말씀을 나누었습니다. 당초 계획보다 부족하게 된 두 명의 빈자리를, 우리가 전혀 기대하지 않은 다른 방법으로 주님께서 채워주셨습니다. 주님의 역사는 그저 놀라울 뿐이었습니다. 목장모임을 풍성하게 해주신 주님께 식구들 모두 너무 감사했습니다. 목장모임과 나눔까지 함께 할 수 있을 줄은 아무도 몰랐고 특히 화상으로 목장모임을 한다는 것은 들어본 적도 없었기 때문입니다.

중보기도 시간에는 국경을 넘어 인터넷 선을 타고도 성령님께서 동일하게 임재한다는 것을 느꼈습니다. 우리 목장 형제들이 서로를 아끼면서 뜨겁게 중보기도를 하였습니다. 전능하신 하나님 안에서 함께하는 축복이 어찌 그리도 감사한지... 모두 마음을 다해 기도하였습니다.

서로를 위해, 나라와 민족을 위해, 멀리 독일에 있는 형제를 위해서도 간절히 기도하며, 뜨거운 시간을 가졌습니다. 인터넷 선이 아니라 성령의 끈으로 연결되어 모두가 한 마음이 될 수 있었습니다.

목장의 이성기 형제가 정성스레 준비한 다과를 독일까지 보내지 못해 아쉬웠을 뿐, 함께 예배함에 전혀 부족한 것이 없었습니다. 평소 감정을 잘 표현하지 못하는 저를 비롯한 형제들은 참 좋으신 하나님의 놀라운 역사하심을 찬양하였습니다. 기도와 간구로 두 손 모아 기도했고, 주님의 은혜에 뜨거운 감사의 눈물을 흘렸습니다. 독일에서 건너오신 윤집사님도 감격하며 기쁨의 눈물이 고였습니다. 오, 할렐루야!

윤집사님은 가족들과 떨어져서 이국 타향에서 혼자 외롭게 지내며 연구에 몰두하는 중에도 현지 교회에 매주 다니고 있었습니다. 특히, 지구촌교회 홈페이지를 통해 담임목사님과 원로목사님의 은혜로운 설교를 들으며 충실히 신앙 생활을 하고 있었습니다. 한국의 좋은 신앙 환경에서도 그리 충실하지 못했던 모습을 윤집사님의 모습을 보면서 뉘우쳤습니다. 또한 예수님께서 부어주시는 목장의 사랑은 그 어떤 것으로도 끊을 수 없다는 것을 경험할 수 있었습니다. 로마서의 말씀이 우리에게 온 몸으로 다가온 것입니다.

"누가 우리를 그리스도의 사랑에서 끊으리요.... 우리를 사랑하시는 이로 말미암아 우리가 넉넉히 이기느니라"

종려주일 예배 계획과 분당9지구 등산 모임 및 지구목사님 심방계획까지 의논한 이후, 모두 헤어지려 할 때에서야 화상전화 화질이 나빠지는 것을 보면서 목장모임 동안 성령님께서 임재하셔서 붙잡아주셨음을 또 확인할 수 있었습니다. 하나님께서는 우리 목장모임을 위해 가장 좋은 방법으로 도와주신 것입니다.

"아마 지금까지 목장모임 중 지구 반대편에 있는 목장원과 실시간 화상통화를 하면서 완벽한 나눔을 가진 사례가 처음이 아닐까요?"

하나님께서 우리 목장모임의 은혜를 위해서 새로운 길을 개척해주셨습니다. 아마 앞으로 해외에 계시는 목장원들도 이런 방법으로 함께 참여하는 경우가 많아지리라 기대합니다. 한국에서 안일하게 신앙 생활하고 있었던 저희에게는 윤집사님의 갈급한 모습이 은혜가 되었고, 윤집사님은 해외에서 홀로 신앙 생활을 하며 버텨야 하는데 동역자들과 함께 한다는 은혜를 누릴 수 있었을 겁니다.

그날 이후 우리 목장 형제들은, 지금도 살아계신 예수님을 더욱 사랑하고, 그분의 가르침을 적극 실천하는 모두가 되기로 다짐했습니다. 하나님의 섬세한 계획과 예비하심을 찬양합니다.

사례(간증문)

저에게는 사랑하는 목장식구들이 있습니다.
항상 차고 넘치는 사랑의 분수 ·······

황영희 목자

저에게 목장은 사랑의 원천입니다. 끊임없이 물이 솟아나는 분수처럼 목장은 끊임없이 차고 넘치는 예수님의 사랑을 경험하는 곳입니다. 그 사랑의 분수를 통해 제 삶이 메마를 겨를이 없고, 사람과의 관계에서도 늘 풍성한 사랑이 있습니다. 목장을 통해 하나님께서 저에게 주시는 사랑도 차고 넘치고, 사람들과의 사랑도 차고 넘치는 은혜를 누리게 되었습니다.

저는 2007년에 분당으로 이사를 와서 지구촌교회에서 예배를 드리게 되었습니다. 광고 시간에 성도들은 꼭 목장에 소속되어야 한다는 말씀을 듣고 목장모임에 가게 되었습니다. 이사 오기 전에 구역예배를 드린 적이 있어서 이름만 다른 예배인가보다 했는데 모임 방법, 나눔, 교제가 많이 달랐습니다. 제가 간 목장은 동갑도 있고 나이가 좀 있기도 한 30대 후반에서 40대 중반 연령대의 목장이었습니다. 엄숙한 분위기의 예배가 아니라, 먼저 처음 목장에 온 저를 축복해주고 한 주간에 어떤 일이 있었는지, 받은 말씀대로 한 주간을 보냈는지, 지금보다 달라져야 할 것이 무엇인지 등 여러 교제와 나눔이 있었습니다. 그때부터 자연스럽게 목장모임에 계속 나오게 되었고 점점 목장모임을 기다리는 사람이 되었습니다. 다른 목장원이 힘든 일이 있으면, 같이 눈물을 흘리고 같이 손을 꼭 붙잡고 기도를 했습니다. 또 기도제목 가운데 응답받은 기도로 인해 같이 기뻐하였습니다. 목장 안에는 항상 하나님이 함께 하셨습니다.

그렇게 2년 정도 흐른 후에 우리 지구 연합축제가 있었는데 우리 마을은 무언극을 준비하였습니다. 찬양, 워십, 무용 등으로 참가한 팀도 있었지만, 우리 마을은 〈이 시대의 희망은 오직 예수 그리스도〉라는 주제로 현대사회의 공허함과 외로움을 표현한 무언극을 했습니다. 저는 대본을 맡았고 각자 맡은 배역대로 연습하였습니다. 그러면서 우리 마을 내에 있는 목장원들과 목자님들을 알게 되었고 여러 번 연습하면서 더 친밀하게 교제하게 되었습니다. 연합축제에서 우리 마을이 2등을 하면서, 서로 기뻐하며 더욱 끈끈하게 하나로 연결될 수 있었습니다. 어른이 되어서도 이렇게 어린아이처럼 함께 하면서 사랑을 나눌 수 있다는 것이 얼마나 큰 은혜인지 모릅니다. 우리 모두 순수한 어린이가 되어 주님 안에서 사랑을 누릴 수 있었습니다.

개인적으로도 가정의 어려움을 나누며 힘을 얻었습니다. 자녀를 키우다 보면 이런 저런 일로 힘든 일이 있는데, 목자님과 목장원이 제 이야기를 들어주시고 같이 기도해주셨습니다. 자녀문제로 힘들 때 함께 있어주고 기도해주시지 않았으면 제가 이렇게 성장하고 성숙할 수 있었을까요. 부족하고 연약한 저를 하나님께서 좋은 목장 식구들을 만나고 연합하게 해주셔서 항상 감사기도를 드립니다. 또 교회에서 꼭 이수해야 할 교육들을 하나하나 알려주어서 차례대로 교육을 받을 수 있었습니다. 무엇보다 〈예비목자 교육〉을 받게 하셔서, 이제는 받은 사랑을 다시 돌려줄 수 있는 있는 2년차 목자가 되었습니다.

이전 목장에서 받았던 사랑, 감동, 은혜를 저도 지금 우리 목장 식구들과 사랑을 나누고 같이 성장하고 성숙하고 싶습니다. 우리 목장 식구들도 제가 받은 사랑으로 하나님을 매일 만나고 받은 말씀에 도전하며 조금씩 성숙되기를 기대해 봅니다. 이제 제가 더 사랑할 목장 식구들이 생겼습니다. 주님께서 채워주시는 사랑의 분수가 절대로 메마르지 않고 지금의 목장 식구들에게도 잘 흘러갈 줄 믿습니다.

오늘도 영원히 목마르지 않는 생명수이신 예수님을 목장 안에서 만나길 사모합니다.

3장
리더 양육

GUIDE_06 마을장이란 누구인가?
GUIDE_07 목자란 누구인가?
GUIDE_08 부장이란 누구인가?
GUIDE_09 예비목자란 누구인가?
GUIDE_10 목자훈련이란 무엇인가?

사례(간증문)

GUIDE_06

마을장이란 누구인가?

1. 마을장이란 누구인가?

- 마을장은 자신이 속한 마을의 목자들을 돌보는 목자이다(목자의 역할).
- 마을장은 4~7개의 목장교회들을 돌아보는 자이다(감독의 역할).
- 마을장은 목장교회 문제해결에 도움을 주는 자이다(상담자의 역할).
- 마을장은 지구 내의 마을장들과 동역하는 마을사역자로서 목자 셀 운영에 책임을 진다 (협동사역자의 역할).
- 마을장은 지구사역자와 목장교회 목자 사이의 중간 지도자이다.
- 마을장은 목장교회의 문제점들을 지구사역자에게 보고하여 지구 사역자와 함께 문제를 풀어가는 조언자 역할을 담당한다.
- 마을장 중에서 지구별로 선임된 목양부장, 목양부 차장(전도 담당), 국내/해외 선교부장, 국내/해외 선교부 차장(중보기도 담당), 사

회복지부장, 교육훈련부장, 예배부장은 교회 각부 담당 교역자들과의 정기적인 모임을 통해 목장교회사역과 교회부서사역이 연계될 수 있도록 함께 한다.
- 마을장은 정기적인 마을장 수련회 및 간담회를 통해 건설적인 목장교회사역 정책마련을 위한 의견을 교회에 제시할 수 있다.

마을장의 7대 사명
① 교회의 비전이 각 목장교회를 통해 실현되도록 한다.
② 발전하는 목장교회가 배가되도록 하고, 침체된 목장교회는 부흥,혹은 정리되도록 중간 역할을 담당한다.
③ 지구사역자에게는 협력자가 되고, 목장교회사역자들에게는 격려자가 된다.
④ 목장교회의 보고사항과 애로사항 그리고 건의사항을 지구사역자를 통해 교회에 전달한다.
⑤ 목장교회가 지구촌교회 목장교회의 이상에 맞게 운영되도록 지도한다.
⑥ 목장교회가 직면한 문제를 지구사역자에게 보고한 후 지구사역자와 일차적인 해결점을 찾고 문제가 해결되지 않으면 장년목장사역센터를 통해 문제가 해결 되도록 조언자의 역할을 담당한다.
⑦ 지구사역자와 목장사역자들과 동역하는 다른 마을사역자들을 위한 중보기도자가 된다.

2. 마을장은 어떻게 준비 되는가?

마을장 후보(예비 마을장)의 교육조건을 잘 이수하고 마쳐야 한다. 〈목장사역 필수 과정〉을 마쳐야 하며 사역적 역량을 위해 평신도 사역반의 2과정 이상(전도폭발을 우선적으로)을 이수해야 한다.

1) 목장사역 필수 과정
① 새 생명 ② 새가족 ③ 새공동체 ④ 목장교회생활 ⑤ 목자의 삶
⑥ 목장교회모임인도법 ⑦ 목장교회사역

2) 평신도사역 훈련과정(2과정 이상)
① 새생명/새가족 인도자반 ② 전도폭발/선교폭발 ③ 중보기도 세미나 ④ 새가정 훈련학교(사랑의 순례) ⑤ 은사발견 세미나/상담학교
⑥ 평신도 선교대학 과정

그리고 개인의 필요에 따라서, 교회 내 열린 성경대학이나 세상을 변화시키는 그리스도인, 하나님을 경험하는 삶, 피스메이커, 호스피스 교육 등을 통해서 준비되어져야 한다.

3. 마을장은 무엇을 하는가?

- 마을장은 목자들의 개인적인 삶과 사역적 필요를 돌봄으로써 목자들을 견고히 세워간다.

- 마을장은 목장교회가 전도와 배가의 비전을 실현할 수 있도록 격려하고 도전할 뿐 아니라 실제적인 도움을 준다.
- 마을장은 새 가족 분들이 교회와 목장교회에 정착하도록 효과적으로 도와준다.
- 마을장은 목장교회나 목자의 문제(이단 관련 문제 등)에 신속히 대처해야 한다.
- 마을장은 마을의 연합과 공동체 형성을 위한 사역에 최선을 다한다.
- 마을장은 교회의 행정적인 요구를 수행할 수 있어야 한다.
- 마을장은 반드시 정기적인 목자 셀모임에 참여한다.
- 마을장은 목장교회 운영원칙을 준수한다(목-장-교-회-모-임).
- 마을장 셀에서 사용하는 교재는 반드시 교회에서 선정한 것을 사용한다.
- 마을장은 반드시 목장교회를 방문(목장교회탐방)하여 목자와 목장교회를 격려하고 지도한다.

4. 마을장으로 세워지는 과정은 어떠한가?

매년 모든 마을장(신임마을장 포함)은 지구사역자의 추천을 받아 담임목사가 임명한다. (신임 마을장: 임명장 수여, 기존 마을장: 임명식으로 대체)

- 성령께서 자신을 교회의 목장교회사역으로 부르셨음을 확신할 수 있어야 한다.

- 마을장 후보는 지구촌교회의 제직으로서 신앙적으로 타의 모범이 되는 인격과 삶을 갖추고 있어야 한다.
- 목자로서 일정한 경력(최소 2년 이상)을 인정받은 자이어야 한다.
- 최소한 한 영혼 이상을 그리스도께 인도하고, 적어도 하나의 목장을 배가시켰거나 두 사람 이상을 목자로 파송한 경험이 있어야 한다.
- 마을장은 인턴훈련과정(예비 마을장, 지구별 진행)을 마치고 교회적 절차를 밟은 후에 임명한다.
- 지구촌교회가 추구하는 평신도 선교사의 모델이 되기 위해 지속적으로 자신을 훈련하고자 하는 헌신이 있어야 한다.
- 교회의 권위와 지도력을 존경하고 기꺼이 순종하는 사람이어야 한다.

무엇보다도, 목장 교회에 대한 배가의 비전을 통해서, 하나님 나라의 확장을 위해 사랑의 명령과 전도명령에 순종하고자 하는 본인의 자원과 헌신된 마음이 필요하다.

목자란 누구인가?

1. 목자의 의미

1) 역할적 의미

목자(Cell 리더)는 자기에게 맡겨진 양떼를 끝까지 책임지고 사랑하는 사람이다. 양들로 인해 많은 수고와 고통과 시련을 겪더라도 불평하기보다는 오히려 그들의 존재로 인해 기뻐하고 그들의 성숙을 자기의 상급으로 여기는 존재이다.

2) 기능적 의미

목자는 셀 그룹을 인도하는 리더로 7~12명 내외의 목장원을 인도하는 사람이다.

2. 목자는 어떻게 준비되어야 하는가?

목자가 되기 위해서는 세 가지 영역에서의 준비가 필요하다.
첫째, 하나님의 부르심에 대한 개인적 헌신에 대한 준비가 필요하다.
둘째, 교육 훈련 프로그램에 따른 교육적 준비가 필요하다.
셋째, 목자로서의 지속적 자기 계발이 필요하다.

3. 목자로서의 부르심에 대한 헌신은 무엇을 의미하나?

1) 하나님의 말씀에 대한 헌신
목자(Cell 리더)는 하나님의 말씀 훈련에 헌신되어야 한다(딤후 2:15). 목자의 무기는 "하나님의 말씀"이기 때문이다. 목자는 하나님의 말씀으로 자신을 무장하여 양을 구하고 또 양을 기르는 것이다.

2) 하나님의 사람됨에 대한 헌신
성서가 지향하는 인격은 한 마디로 "하나님의 사람됨"(Man of God)에 있다. 목자(Cell 리더)의 삶을 살고자 한다면 무엇보다 인격적 과제를 두고 씨름해야 한다.

3) 하나님의 사역에의 헌신
말씀 훈련과 하나님의 사람됨의 훈련의 궁극적인 목표는 하나님의 사역에 어떻게 동참하느냐에 있다. 하나님께서 목자들에게 맡기시는 가장 중요한 사역은 '잃어버린 영혼을 찾아 구원하는 것'과 '내 양을 돌보는 것'이다.

4. 교육 훈련 프로그램에 따른 교육적 준비는 무엇인가?

목자는 〈예비목자훈련과정〉을 수료해야 한다. 〈예비목자훈련과정〉은 총 3과목 14주로 구성되어 있다.

1) '목자의 삶' (4주 과정)은 목자로서의 헌신과 역할, 준비에 관한 내용이다.
2) '목장교회모임 인도법' (4주 과정)은 목장교회모임(셀모임)을 인도하는 방법에 대한 내용이다.
3) '목장교회 사역' (6주 과정)은 목장을 통해 이루어지는 사역에 관한 내용이다.

5. 목자로서의 지속적 자기 계발은 어떻게 하는가?

목자의 사명을 감당하기 위하여서는 영성관리, 시간관리, 재정관리, 팀워크 관리에 대한 지속적인 자기 계발 노력이 있어야 한다.

6. 목자는 무엇을 하는가?- 목자의 4대 직무

1) 양치기로서의 목자

(1) 목장원들의 영적 필요를 돌보고 섬긴다.

(2) 경조사는 물론 삶의 필요 부분에 대하여 성심으로 돕는다.(삶의 필요를 도울 때, 돈으로 돕는 것에는 주의할 필요가 있다. 목장교회안 에서는 돈거래 즉 돈을 꾸거나 꾸어주는 일은 없어야겠다. 그러나 목장원들이 도울 수 있는 한도내에서 그냥 주는 형태로 도울 수 있어야한다.)

(3) 새 신자나 새 교우가 목장교회(Cell) 모임과 교회 생활에 적응하도록 돕는다.

(4) 심방과 전화로 그들의 영적 건강을 돌아본다.

(5) 목장원들의 상태를 관찰하여 목자가 감당하기 힘든 어려운 문제나 특별한 관심이 필요한 부분이 있다면 담당 사역자와 상의하여 도움을 요청할 수 있다.

2) 전도 촉진자로서의 목재(셀 리더)

(1) 항상 VIP(전도 대상자)를 확보하고 전도에 모범을 보인다.

(2) 목장교회모임 시마다 전도를 강조한다.

(3) 구원 간증문 작성훈련과 전도의 도구활용을 숙지시킨다.

(4) VIP 리스트를 사용하여 그 영혼이 열매맺을 때까지 관리한다.

(5) 후원자 사역이 지속되도록 격려한다.

3) 지도자로서의 목자(셀 리더)

(1) 교회의 비전을 상기시키고 실현하는 일에 앞장선다.
(2) 교회에 목장원들의 의견을 반영시킨다.
(3) 교회의 입장을 목장원들에게 전달하고 납득시킨다.
(4) 목장교회가 지역사회에 건강한 영향을 끼치도록 한다.
(5) 새로운 목장교회가 개척되도록 꿈을 가지고 노력한다.

4) 목장교회(셀) 모임 안내자로서의 목자

(1) 목장교회모임 참석 시 임재하신 그리스도께 초점을 맞추도록 주지시킨다.
(2) 목장원들이 모임 시에 그리스도의 임재를 경험하도록 찬양, 말씀나눔, 기도에 적극적으로 참여하도록 인도한다.
(3) 목장원들이 주님을 만난 결과로 삶이 변화되도록 인도한다.
(4) 목장원들이 적용점을 실천했는지 반드시 점검한다.
(5) 각 사람이 은사를 발견하고 사용할 수 있도록 인도해 나가야 한다.

부장이란 누구인가?

1. 부장이란 무엇인가?

지구촌교회는 목장교회(셀) 안에서 은사를 따라 모든 목장원에게 부장직을 맡겨 목장교회사역을 수행하게 한다. 모든 지체에게 봉사의 직분을 맡겨 동역하도록 하는 것이 목장교회사역의 중요한 열쇠이다. 이를 위하여 지구촌교회는 각 목장원에게 부장직을 맡겨 모든 성도가 사역자로서 봉사하고 만인 제사장으로서의 사명을 감당할 수 있는 장을 마련한다.

지구촌교회의 각 목장교회 안에는 한 사람의 목자와 여러 명의 부장들이 존재한다. 찬양부장, 중보기도부장, 친교부장, 해외선교부장, 전도부장, 사회봉사부장, 어린이부장, 교육부장, 행정부장(회계) 등등. 목자 외에도 이렇게 많은 부장들이 목장교회 모임을 함께 이끌어 간다. 사실상 모든 목장원들이 한 개 이상의 부장직을 맡게 되어 있다.

목장교회의 부장제도는 목장교회에 많은 유익을 가져다준다.

2. 부장제도의 유익은 무엇인가?

1) 목자 혼자 고군분투하지 않고 목장원들과 함께 서로의 짐을 나눈다는 것이다.

목장교회 모임은 목자 혼자 인도하는 모임이 아니다. 홀로 리더의 역할을 감당하는 목자에게 찾아오는 불청객이 바로 탈진(Burn out)이다. 아무리 훌륭한 목자도 외롭게 사역을 감당하다가 탈진을 경험하게 마련이다.

지구촌교회 목장교회는 책임 부담을 함께 나누는 부장직을 통해 목자 혼자 과도하게 사역하지 않도록 한다. 이런 시스템이 목자의 짐을 덜어주기 때문에 목자들이 행복하게 사역하고, 또한 오랫동안 목장교회사역을 감당하게 한다. 짐은 나누어질수록 가볍기 때문에 오래 오래 무거운 짐을 감당할 수 있게 된다.

2) 모든 목장원들이 은사에 따라 사역함으로서 각자의 은사가 개발될 수 있는 기회를 제공한다.

함께 짐을 나누어 지다보면, 사역을 통해 자연스럽게 목장원의 은사가 무엇인지 드러난다. 한 형제가 찬양부장을 맡으면서 찬양의 은사가 개발되기 시작한다. 목장교회 모임 15분 찬양시간을 책임지기 위해 낡은 기타를 다시 집어 들고 연습한다. 친교부장을 처음 맡은 한 자매는 전날 늦은 밤까지 단지 몇 분의 친교시간을 위해서 고민하고 준비한다. 중보기도부장을 맡은 한 목장원은 모든 목장원들의 이름을 부르며 하나님께 기도해야 한다는 거룩한 부담을 갖고 새벽기도를 나간다.

얼마나 아름다운 모습인가? 모든 목장원들이 자기가 소속된 교회 공동체를 위해 희생하고 자신의 은사를 따라 교회에 기여하기 때문이다. 목장교회에 처음 참여하는 사람은 보통 자기 자신에게 초점을 맞추기 마련이다. '다른 사람이 나를 어떻게 볼까?' 라는 생각으로 긴장한다. 그러나 시간이 지날수록 나눔이 진솔해지고, 서로를 섬기고 싶은 마음이 찾아온다. 바로 그때 목장교회 부장직분은 빛을 발하게 된다. 이미 섬길 수 있는 제도적인 틀인 "부장제도"가 있으므로, 서로가 각자의 은사를 가지고 섬기면서 건강한 교회 공동체로 발돋음하게 되는 것이다.

3. 부장직은 어떻게 준비하는가?

1) 부장교육 실시

지구촌교회에서는 목장교회가 시작되는 새 학기가 시작될 때, 목장교회사역센타의 주관으로 부장교육을 실시해왔다. 주로 3월초에 친교(새교우환영)부장, 찬양부장, 사회복지부장, 중보기도부장, 해외선교부장, 전도부장, 교육부장 교육을 1~2주에 걸쳐서 선택강의로 개설한다. 이때 각 부장들은 성경에 제시된 각 부장직의 의미를 배우고 구체적인 부장역할을 재교육받는다.

2) 기질 테스트와 은사발견 세미나

목장교회에서 각 부장을 선정할 때 필요한 것이 "기질 테스트"와 "은사발견 세미나"이다. 목장교회는 1년에 1~2회정도 간단한 기질 테스트를 실시한다. 4가지 주요 기질(다혈질, 담즙질, 우울질, 점액질)을 간단하게 테스트함으로써, 목장원들이 서로를 잘 이해할 수 있도록 돕는다. 그 결과 나타난 각자의 기질에 따라서 자기에게 알맞은 부장직이 무엇인지 알게 된다. 예를 들어 다혈질이 다분한 목장원에게는 친교부장(새교우환영)이 적합하다. 또한 지구촌교회는 은사발견 세미나를 정기적으로 운영하기 때문에, 각자의 열정과 은사가 어디에 있는지 찾아보도록 은사발견 세미나 참여를 독려한다.

기질 테스트와 은사발견 세미나는 목장에서 각 부장들을 선정할 때 좋은 참고자료가 된다. 새 학기가 시작되면, 목자가 부장들을 지정할 수 있지만, 그동안 목장교회생활을 통해 알게 된 서로의 기질과 은사에 따라서 자연스럽게 부장직이 정해진다.

4. 부장은 무엇을 하는가?

한 목장교회 안에는 다양한 부장들이 존재한다. 친교부장(새교우 환영부장), 중보기도부장, 찬양부장, 해외선교부장, 전도부장, 교육부장, 사회봉사부장, 어린이부장, 행정부장(회계)을 세운다. 목장원이 12명인 경우 최대 11개의 부장을 세울 수 있기 때문에(괄호를 분리할 때) 목자를 포함, 12명의 목장원 모두 목장교회 사역에 참여할 수 있다. 목장원이 이보다 적을 경우에는 한 사람이 부장직을 복수로 겸한다.

1) 목장교회모임 중 부장들의 참여

실제 목장교회 모임에서의 부장들이 참여하는 시간은 각 부장의 역할에 따라 다르다. 지구촌교회에서는 "목-장-교-회-모-임" 순서대로 목장교회 모임이 진행된다.

- 친교부장은 아이스 브레이크로 "목장원들을 환영"하며 시작한다.
- 찬양부장은 "장마비와 같은 찬양"으로 주님의 임재를 구한다.
- 목자는 "교재를 통한 삶의 나눔"을 이끌어간다.
- 중보기도부장은 "회원들간의 기도와 돌봄"의 시간을 인도한다.
- 나머지 부장들은 "모든 목장원이 사역에 참여"하는 시간을 통해서 가능하다. 이 시간은 나머지 부장들이 각 사역의 특성별로 각자의 사역들을 나눌 수 있다.

2) 부장들과 그 역할

① 친교부장(새교우 환영부장)

친교부장은 목장교회모임 중에, "목장원들을 환영"하는 시간을 담당한다. 환영시간에는 공통된 경험을 나눌 수 있는 질문이나 무겁지 않고 재미있는 질문을 선정하여 목장원들과 나눈다. 때로는 간단한 게임을 진행하면서 아이스 브레이크를 한다. 때로는 친교를 위해 야외모임을 계획한다.

친교부장(새교우 환영부장)은 목장교회에 처음 배정된 새 교우가 참석할 때는 목장교회모임과 교회에 잘 정착할 수 있도록 일대일 후원자가 된다. 새 교우가 교회의 행사 및 제자훈련 프로그램에 참석할 수 있도록 지속적으로 안내하고 돕는다. 목장상황에 따라 친교부장이 새교우 환영부장을 겸임할 수 도 있고, 분리할 수 도 있다.

② 찬양부장
찬양부장은 목장교회모임을 위한 찬양곡을 미리 선곡하고 목장교회모임시 "장마비 같은 찬양" 시간에 찬양을 인도한다. 찬양부장은 목장교회모임 시작 전에 찬양곡들을 미리 목장원들에게 공지한다. (모임 테이블 위에 A4로 삼각형을 만들어 목장원이 진행하는 곡 순서를 볼 수 있도록 써놓는다. 지구촌교회에서는 찬송가와 지구촌교회 찬양집을 함께 사용한다)

찬양부장은 주제에 알맞거나 목장원들이 알고 있는 찬양곡을 우선적으로 선곡하며, 박자와 코드진행을 고려하여 찬양곡을 이어 부를 수 있도록 재치있게 찬양을 인도한다. 교회에서 개설되는 "예배인도자 학교"나 "기타 교실"에 등록, 수강하여 찬양인도자로서의 은사를 배가시킨다.

③ 중보기도부장
중보기도부장은 목장교회의 모든 중보기도사역을 담당한다. 실제 "회원들간의 기도의 돌봄" 시간에는

가. 모임 전 한주 동안 전화로 기도제목을 받아서 모임시에 프린트해서 나눠준다.

나. 목장원 한 사람씩 프린트에서 추가되는 기도제목과 응답을 나누고 기도 한다

다 교회의 공동기도제목과 교회 교역자들, 선교사님과 사회봉사 대상자를 위해 기도한다.

라 중보기도부장이 마무리 기도를 한다.

마 특별한 상황에 있는 목장원을 위해서는 함께 손을 얹고 기도한다.

중보기도부장은 모임 전에 그동안 각 목장원들이 나눈 기도제목과 응답을 기록, 정리하여 목장원들이 함께 공유하게 함으로서, 기도제목 나눔의 시간이 기도하는 시간보다 너무 길어지지 않도록 하는 것이 중요하다. 중보기도부장은 수시로 교회, 사회, 나라와 열방을 위한 중보기도 제목을 발굴하여 목장교회에 전달하고, 공개 가능한 목장교회의 기도제목은 교회내 "중보 기도실"에 전달한다.

④ 전도부장

전도부장은 목장교회 내의 전도에 대한 모든 사역을 책임지고 준비한다.

가. 목장교회가 시작되는 새 학기에 전도부장은 목장원들이 VIP(전도대상자) 명단을 작성하도록 독려하고, VIP 리스트를 기록, 보관한다.

나. 목장교회모임시 항상 빈 방석(빈 의자)을 준비하고, VIP 축복 리스트(포도열매카드꽂이)를 테이블 중앙에 진열함으로서, 전도지향적인 분위기가 되도록 한다.

다. 각 목장원들이 자기의 VIP 접촉 상황을 나누면서 전도 의지를

고쳐시킨다

라. 전도부장은 전도이벤트를 기획하고 행사 전반을 책임진다.

⑤ 해외선교부장

해외선교부장은 각 목장교회가 지원하는 선교 대상자를 관리한다

가. 목장교회가 시작되는 학기 초에 선교부를 통해 제공되는 선교 대상자를 확인한다.

나. 교회에서 발간하는 "중보기도책자"를 이용하여 후원하는 선교 사님의 근황과 기도제목을 파악하고 목장원들에게 알린다.

다. 연말에는 목장원들의 후원을 통해 선교지에 "크리스마스 만나" (선교사에게 소정의 물품을 기증하는 프로그램)를 보낸다.

마. 지구 내의 국내외 단기선교에 관한 일정을 알리고 참여를 독려 한다.

⑥ 사회봉사부장

사회봉사부장은 목장교회가 결연을 맺고 있는 대상자나 기관을 후원하고 교류하는 일을 담당한다. 사회봉사부장은

가. 목장교회모임이 시작되는 학기 초에 사회복지부에서 제공된 구제 대상자 카드를 확인하고 이름, 시설, 기도제목을 목장원들과 나눈다.

나. 사회봉사부장은 상반기 중에 구제 대상자(기관)를 실제 방문하고 봉사할 수 있도록 "사회봉사 MET 사역"을 계획하고 목장원들과 함께 실행한다.

다. 하반기에는 "함께 나누는 선물"(추석)이나 "행복한 열매"(크리

스마스)를 통해 어려운 이웃의 고통에 동참한다.
　라. 목장원들의 경조사에 적극적으로 참여하고 사회복지부와 연계하여 지구내의 어려운 지체들을 후원한다.

⑦ 교육부장
　교육부장의 역할은 목장원들이 교회 교육에 참여할 수 있도록 연결하고 돕는 역할을 담당한다.
　가. 목장원들에게 교회의 다양한 교육 일정을 광고한다.
　나. 목장원 개개인의 교육상황(수료한 교육과 수료하지 않은 교육) 데이터를 제공한다.
　다. 교육부장은 수료하지 않은 교육 참여를 독려하고, 지난 주간 교육을 수료한 사람들을 축하해 준다. 수료자의 간단한 간증을 함께 나눈다. 목장교회 상황에 따라 목자가 교육부장을 겸임할 수 있다.

⑧ 어린이부장
　목장교회모임시 어린아이들이 할 수 있는 프로그램을 준비한다. 30~40대 연령의 목장교회에서 어린 자녀들이 부모님들과 함께 목장교회에 참석하는 경우에는 어린이부장을 세울 필요가 있다. 목장모임이 진행하는 동안에 아이들이 책이나 놀이기구, 유익한 매체를 통해 시간을 보낼 수 있도록 어린이부장이 미리 계획한다. 상황에 따라 어른 목장원들이 차례로 돌아가면서 목장원들의 어린이들을 섬긴다.

⑨ 행정부장(회계)

행정부장(회계)은 출석 점검, 회비 및 제반 재정관리, 목자 리포트 작성 및 기록 관리, 다음 목장교회모임 장소선정 등 목장교회 내 행정을 담당한다. 행정부장(회계)은 회비를 모아 보관하며, 목장운영이나 사회복지, 국내외선교를 위해 사용한다. 목장원들이 협의하여 회비를 정하고, 목장교회에서는 매달 모은 회비의 25%는 자체 목장운영(축하, 경조사)에 쓰여지며 나머지는 사회복지(25%)나 국내외 선교(50%)를 지원한다. 행정부장은 목장 상황에 따라 다른 사역과 겸임하거나 행정부장과 회계를 분리할 수도 있다. 행정부장은 목장교회에 정기적으로 재정관리 보고서를 제출한다.

예비목자란 누구인가?

1. 예비목자란 누구인가?

- 목장교회가 성장하면서 자연스럽게 배가의 필요성이 생기게 되는데, 인원의 증가로 인해 배가가 이루어질 때 적절한 시기에 새로운 목자가 세워지게 된다.
- 예비목자란 새롭게 배가되는 목장을 위해 준비되는 미래의 목자를 의미하며 앞으로 나누어지게 될 또 하나의 목장교회를 이끌어가게 될 미래의 소그룹리더이다.
- 목장교회가 배가되면 마을장과 목자는 담당목사에게 예비목자를 새로운 목자로 추천하게 되며, 담당목사는 상담을 통해 목자로서의 준비와 헌신을 점검하고 목자로 세우게 된다.

2. 예비목자는 어떻게 준비하는가?

- 일반적으로 목장원들 중에 보다 준비된 목장원을 선택하게 되는데, 이때 준비되었다는 기준은 신앙의 연륜이 고려될 수는 있지만 그보다는 영혼을 사랑하고 품을 수 있는 사랑과 열정이 우선된다.
- 매학기 진행되는 예비목자교육을 통해 다음과 같은 목자로서의 준비시간을 갖는다.

1) 목자의 삶: 목자로서 갖추어야 할 태도와 목장교회를 이끌어가는 기본 원리
2) 목장모임 인도법: 목장교회를 실제적으로 인도해가는 방법과 스킬
3) 목장교회사역: 목장원들과 함께 외부로 확장되는 사역들을 준비하기 위한 과정

- 예비목자로 결정되면, 목장보고서에 기록하게 되고 교회 교적부에도 다른 부장들과 같이 '예비목자' 라고 표기된다.
- 지구담당교역자는 예비목자 명단을 확보하고 계속적인 관심과 목양을 통해 적절한 시기에 목자로 세워질 수 있도록 준비해간다.

3. 예비목자는 무엇을 하는가?

- 평소 목자를 도와 목장 운영이 원활하게 될 수 있도록 조력자의 역할을 하며, 목자가 목장을 운영해가고 목장원들을 섬기는 것을 옆에서 지켜보며 방법을 습득하고 훈련을 받는다.
- 목자가 참여하게 되는 교회 행사나 개인적인 사정으로 인해 목자가 부재하게 될 경우 목자를 대신하여 목장교회모임을 인도하게 된다.
- 교회 성경공부를 비롯해 예비목자교육들에 적극 참여하여 건강한 목자가 되기 위한 준비를 해 나간다.
- 목자로서의 기본 자격인 〈침례〉를 비롯해, 영혼에게 복음을 전할 수 있는 〈전도폭발훈련〉, 기도 사역의 깊이를 경험할 수 있는 〈중보기도세미나〉 그리고 〈열린목자교육〉등의 과정을 미리 받도록 안내하여 준비를 시킨다. 하지만, 이 모든 과정들이 목자의 자격을 갖는 의무과정은 아니며, 목자로 임명된 후에도 하나씩 이수해갈 수 있다.

4. 예비 목자가 목자로 어떻게 세워지는가?

- 비교적 다른 목장원에 비해 신앙의 연륜이나 깊이가 있는 목장원 중에 예비목자를 준비하고 목자로 세워지게 되지만, 지구촌교회에서 예비목자가 목자가 되는 과정은 다른 소그룹에서 리더를 세우는 과정과 약간의 차이가 있다. 다른 소그룹에서는 일정한 과정을 거치거나 교육 이수를 완료해야 리더로 세워지는 경우들이 많은데, 지구촌교회는 그동안의 성장 과정상 비약적인 인원증가를 했던 이유도 있지만 일

단 영혼에 대한 사랑과 열정이 확인된 목장원을 전임목자와 마을장이 지구목사에게 추천하여 세운다.

- 지구목사는 상담을 통해 성도로서의 기본 태도와 순종의 마음들을 확인하여 함께 기도한 후에 목자로 결정하고 배가를 진행하게 된다.
- 이때 목자나 마을장이 먼저 예비목자가 목자가 되는 것을 기정사실로 결정한 후에 지구목사에게 추천하지 않도록 하며, 지구목사가 충분한 상담과 기도를 통해 확정할 수 있도록 한다.
- 경우에 따라서는 예비목자였을지라도 교역자의 판단에 의해 목자로 세우지 못할 수도 있음을 미리 공지해야 함
- 목장 배가식에서 목장원 배치를 진행하면서 지구담당목사가 예비목자를 목자로 선언하게 된다.
- 이후 모임부터는 새로운 목자로서 목장교회를 이끌어가게 된다.

GUIDE_10

목자훈련이란 무엇인가?

1. 목자훈련이란?

목자훈련은 목장모임시 진행하는 목자들의 나눔지 가이드와 목자들을 위한 영적 훈련으로 나누어진다. 목자훈련은 자매목자과 형제목자, 부부목자, 직장목자훈련으로 나누어져 있다. 자매목자들은 매주 수요일 오전 10시에 수지와 분당성전에 함께 모여 훈련을 받고 있다. 형제/부부목자와 직장목자들은 격주 토요일 새벽에 모여 목자훈련에 참여하고 있다. 목자훈련은 1년을 기준으로 1학기, 2학기 훈련이 진행되며 목자들의 쉼과 가정 사역을 위한 방학이 3개월 정도 있다.

2. 목자훈련의 의미는 무엇인가?

목자훈련은 무엇보다 목자들의 영적 성숙과 삶의 모본에 맞추어져 있다. 한 사람의 목자가 어떻게 목장을 이끌어 가느냐에 따라 그 목장의 건강성과 성숙도가 결정되기 때문이다. 목자가 먼저 하나님과의 관계에 있어서 승리하지 못한다면 그 목장 또한 건강한 목장으로 세워지기 어렵다. 그러한 이유 때문에 지구교역자들은 지구별 모임시간을 통해 목자들의 영적 상태와 어려움을 늘 체크하고 있다. 목자를 지속적으로 섬기다보면 환경적인 요인과 관계의 어려움으로 인하여 목자의 직분을 내려놓고자 하는 목자들이 있다. 그러한 목자들에게 다시 한 번 부르심에 대한 소명과 주어진 사명을 생각하게 하는 시간이 바로 목자훈련의 시간이다. 결과적으로 목자훈련은 치유의 시간인 동시에 회복의 시간이라고 할 수 있다. 목자들은 수요일에 만나 서로에 대한 어려움과 그 어려움들을 어떻게 극복하게 되었는지 나누기도 한다. 목회자가 다 채워 줄 수 없는 필요들이 동질감 있는 목자들끼리의 나눔을 통해 채워질 수 있다. 목자훈련은 담임목사님 뿐만 아니라 지구교역자, 마을장, 목자 모두의 협력을 통해 이루어지고 있다. 목자훈련은 이러한 협력과 동역을 통해 그리고 어렵더라도 목자의 사역을 감당하는 그들의 간증들을 통해 서로에게 은혜가 되는 시간이며, 'Healing'의 시간이라고 할 수 있다.

3. 목자훈련 진행방법은 어떠한가?

목자훈련의 진행은 지구(교구)별 모임과 전체목자 모임으로 구분된다. 지구별 모임에서는 지구의 아픈 영혼들을 위한 중보기도시간과 함께 교회 전체사역 및 그달에 진행되는 지구사역들을 함께 나누며, 마을장이 인도하는 마을별 시간을 통해 마을별 사역들을 나눈다.

이후 교회 본당에 모여 담임목사님의 목자특강이 진행된다. 담임목사님의 목자특강은 목장교회를 책임지고 있는 목자들과 함께 목회적 비전을 나누고, 그들을 위한 주제별 교육을 더하고 있다. 현재 진행되고 있는 목자들을 위한 교육주제는 '성령과 제자' 이다.

이러한 사역들을 통해 목자들에게 그주에 필요한 교육을 제공하고 있다. 이러한 정규적인 진행 외 이단이나 상담, 때로는 전도의 주제를 가지고 강사를 초청하여 목자특강을 진행하기도 한다.

특별히 목자훈련과 강의가 잘 진행 될 수 있도록 돕는 장년목장센터 섬김이 팀이 있다. 이 팀의 역할은 지구별 출석부, 나눔지, 유인물 등을 준비하는 것이며 목자들보다 30분 전에 모여 준비하며, 목자훈련 시간이 은혜로운 시간이 되도록 중보기도를 하며 목자들을 맞이한다.

지구별 모임 (Training Nanumji Team)	10:00~10:40	40'	지구별 진행	3/17 주간 나눔지
이동 (지구별모임→본당)	10:40~10:43	3'		
찬양(1곡) 및 기도	10:43~10:46	3'	담당자	방송실:가사띄우기
마무리 기도 및 성전간 인사	10:46~10:48	2'	장년목장센타장	
목자훈련	10:48~11:18	20'	담임목사	

사례(간증문)

단비 3목장 스토리
주님께로 가는 디딤돌의 은혜 ••••••
문연옥 집사

저는 어린 시절 어렵고 힘든 시간들을 보냈습니다. 항상 그 시간을 잊고 싶었는데, 주님께서는 그 상처와 아픔을 사명으로 감당하는 데 사용해주셨습니다. 주님께서는 저에게 목자를 맡겨주시면서 치유와 사랑을 경험하게 하셨고, 저를 통해 그 치유와 사랑의 은혜가 목장원들에게 흘러가게 하셨습니다.

제가 지구촌교회 목자로 섬긴지 7년이 지나가고 있습니다. 아이들이 자라면서 미련한 제가 아이들에게 할 수 있는 것은 오직 기도뿐이라는 것을 깨닫고 오래전부터 새벽기도를 해왔습니다. 그러던 중 지구촌교회에 등록하고 자매목장에 나간 지 6개월 쯤 되었을 때 목자로 섬길 것을 권유받았습니다. '내가 과연 잘 할 수 있을까' 란 생각이 들었지만 하나님께서 제 마음을 열어주심을 느끼며 순종해야겠다는 마음이 들었습니다. 기존 목장에서 두 사람만 배가되어 시작한 목장이었지만, 차츰 목장원들이 늘어났습니다. 새로운 목장원 대부분이 모두 새로 믿음생활을 시작하여 처음으로 목장모임에 참석하는 분들이었습니다.

목자를 하면서 불우하고 가난했던 저의 어린 시절 조차 하나님께서 사용하신다는 생각이 들었습니다. 여러 번의 고난을 거쳐 성장했기 때문에 누구보다 힘들고 어려운 마음을 잘 알고 있기에 힘든 상황에 처한 목장원들을 다독이며 같이 마음 아파하고 공감해줄 뿐 아니라 함께 기도할 수 있었습니다. 무엇보다도 같이 기도하고 응답받은 이야기를 나누며 고난 가운데 있는 목장 식구들이 힘을 얻고 믿음이 성숙해지는 것을 보면서 목자로서 보람과 기쁨을 많이 느꼈습니다. 아무리 바빠도 목장 식구들이 부를 때에는 언제든지 달려가 아픈 마음을 끌어안고 함께 기도하였습니다. 목장원들이 주님께 갈 수 있는 디딤돌 역할을 하는 목자로 섬기며 제 세포가 살아 숨 쉬는 것을 느낄 수 있었고, 제게 맞는 옷을 입었다는 생각을 하게 되었습니다. 다시 한 번 우리 교회와 하나님께 감사드립니다.

　물론 이런 고백이 나오기까지 힘든 순간들도 있었습니다. 저와 통화할 때는 매번 목장모임에 나오겠다고 약속한 목장원들이 목장예배 때가 되면 아무런 연락도 없이 나오지 않고 전화도 받지 않는 일들이 반복되기도 하였습니다. 그렇게 1년간 저를 애타게 하신 분도 있었고 개성이 강하신 분들 때문에 어려운 점도 있었습니다. 또 목자로서 주님께 내려놓지 못하고 온전히 맡기지 못한 저의 욕심 때문에 힘든 시간을 보내기도 했습니다.

　반드시 그런 이유 때문만은 아니겠지만, 목자가 된 후 2년이 지났을 무렵 암 진단을 받았습니다. 초기 암이라서 시술을 하면 낳을 것이라고 의사가 진단을 했지만, 마음의 걱정은 쉽게 가시지 않았습니다.

암 치료를 받으며 깨달은 생각은 주님이 이끌어주시지 않으면 나 혼자서는 아무것도 할 수 없다는 것입니다. 셀 목장원들을 그대로 받아들이고, 주님의 때까지 기다리는 법도 배웠습니다.

  암이라는 인생의 커다란 산 앞에서 저는 인생을 돌아가는 지혜와 인내를 배우게 된 것입니다. 저에게는 고난이라는 이름으로 찾아왔지만, 주님께서는 고난 대신 은혜라는 이름으로 바꾸어주셨습니다. 하나님께서는 모든 인생의 순간들을 다 사용하셔서 선을 이루시는 줄 믿습니다.

  모든 것이 합력하여 선을 이루느니라 (롬8:28)

  건강한 지구촌교회를 만나고 이렇게 잘 갖춰진 양육 시스템 속에서 주님의 부르심 가운데 지구촌교회 목자로 섬기게 하시고, 교회의 비전을 따라 평신도 선교사의 삶을 살게 하신 것도 하나님께서 다 합력하여 이루시는 선인줄 믿습니다. 하나님께 감사드립니다.

  여러 번의 배가를 통해 저희 목장 식구들은 믿음이 자라고 성숙해지고 있습니다. 이제 더 나아가 하나님 나라를 위한 비전을 새롭게 품고 주님께 헌신되어질 새로운 목자들이 많이 세워지길 기도합니다. 이 모든 영광을 주님께 올려드립니다.

  주님! 사랑합니다. 그리고 감사합니다.

 사례(간증문)

감사했던 10년간의 목자 섬김이
10년 목자의 감사 고백••••••••

조경순 권사

제가 지구촌교회의 목자로 지냈던 시간이 벌써 10년이 흘렀습니다. 십년이면 강산도 변한다고 하는데, 제게는 강산이 아니라 세상이 온통 변해버렸습니다. 물론 가장 아름답고 귀한 모습으로 말이죠. 그 중에 제가 가장 많이 변했을 것입니다. 하나님께서 십년 동안 저를 만지시고, 다루시고, 아름답게 변화시켜 주셨습니다.

11년 전, 하나님께서는 지구촌교회 민속촌 1목장으로 저를 인도하셨습니다. 1년을 목장원으로 나눔 가운데 행복하고 은혜로운 시간을 보내고 있었는데, 목자님께서 마을장이 되면서 제가 목자를 맡게 되었습니다. 사실 저는 서울의 작은 교회에서 여러 가지 봉사로 지쳐있었고, 어려운 일들이 있어서 지구촌교회에 다니게 되면서 편안한 신앙생활을 해야겠다는 안일한 생각에 젖어 있었습니다. 그러던 차에 목자를 맡은 터라 장로교에서 맡아 하던 구역장과는 역할이 너무 달라서 하나님께 엎드려 도움을 구하며 기도하였습니다. 감사하게도 목자장이신 우리 예수님께서 저를 외면하지 않으시고 도우시며 함께 해 주셨습니다. 또한 그때부터 중보기도 팀에 기도제목을 내놓고 목장을 위해 함께 기도하기 시작하였습니다.

처음 목자로 세워졌을 때는 모든 것이 서툴고 부족했습니다. 목장원들이 여러 가지 지적을 하며 그들 맘대로 일을 만들기도 했는데, 그럴 때마다 너무 황당해서 마음으로 그들을 비판하기도 하였습니다. 하지만, 다시 회개하고 예수님께 기도하며, '나도 그랬었지' 라는 생각을 하고 제 자신을 돌아보는 시간으로 만들었습니다. 그런 시간을 통해 주님의 능력을 체험하였습니다. 그리고 "내가 너와 함께 한다"라는 말씀을 온 몸으로 확신하게 되었습니다. 모든 것을 성령님께 의뢰하며 기도의 위력을 체험하게 된 것입니다. 그 이후로는 목장도 제가 하는 것이 아니라 전적으로 성령께서 하시는 일이라는 고백을 하게 되었고, 마음에 평안이 찾아왔습니다.

저는 부족한 종이었지만, 하나님께서는 목장에 은혜를 허락하셨습니다. 하나님께서 우리 목장에 좋은 분들을 많이 보내주셨습니다. 연세 드신 분들이 서울에서 민속촌 마을로 많이 이사를 오면서 목장은 배가되어지고 새로운 목자들이 세워지곤 했습니다. 민속촌 1목장은 나날이 부흥되어지고 배가에 배가를 거듭하며, 네 번의 배가를 하는 열매를 맺게 되었습니다. 이 부흥은 전적으로 하나님께서 보내주시고 붙여주셨기 때문입니다. 정말 너무도 감사하였습니다.

하지만, 그 부흥이 계속되지는 않았습니다. 저와 목장원과의 갈등이 생기고, 목장원들 끼리도 갈등이 생기기 시작하였습니다. 또한 목자인 제가 전도폭발팀의 교사도 겸하여 맡게 되면서 그 어려움이 점점 커져만 갔습니다. 그땐 제가 할 수 있는 것은 기도 밖에 없었습니다. 무릎 꿇는 기도를 통해 인간관계의 어려움은 '궁극적인 의지의 대상이 하나님이시라'는 진리와 '서로 사랑하라' 하신 주님의 뜻이 무엇인지 알게 해 주셨습니다. 제가 깨달은 것은 "오직 하나님" 만이 모든 문제의 열쇠를 쥐고 계시며, 인생을 이끄시는 궁극적인 주권을 갖고 계시다는 것이었습니다. 또한 우리가 마음과 뜻과 정성을 다해 고백할 때 주님께서는 도우시는 손길을 보내주신다는 것이었습니다. 그래서, 저는 저를 비방하는 소리나 흠집내는 소리가 들려와도 이 사람 저 사람 찾아다니며 노력할 필요도 없고, 미워할 필요도 없다는 귀한 깨달음을 얻게 되었고, 그렇게 실천하였습니다. 저는 그들을 위해 기도하고, 다시 사랑하게 해 달라고 매달리며 오직 주님께 엎드렸습니다. 그러면 금새 문제가 해결되는 귀한 체험을 하게 되었습니다. 그것은 주님께서 제게 주신 아주 특별한 선물이었습니다. 이런 과정을 통해 주님께서는 은혜와 열정을 끊임없이 부어주셨고, 한 학기 한 학기 마칠수록 제 믿음이 성장해가는 은혜를 누리게 되었습니다.

네 짐을 여호와께 맡기라 그가 너를 붙드시고 의인의 요동함을 영원히 허락하지 아니하시리로다 (시편 55편 22 절)

또한 주님은 소소한 은혜도 체험하게 하셨습니다. 저는 우리 교회에서 좀 멀리 떨어진 민속촌 근방에 살고 있는데, 처음 이사와서 수지성전으로 다닐 때는 버스로 1시간 40분씩 걸렸습니다. 그렇게 2년을 다녔습니다. 그 후 분당성전이 생기면서 1시간 안에 교회에 올 수 있게 되었고, 요즘은 집 가까이에 지하철이 개통되어 35분이면 교회에 도착할 수 있습니다. 이 은혜가 저에게는 꿈만 같습니다. 10년 전에 수지성전을 가기 위해 너무 오랫동안 길에서 시간을 보내는 것이 안타까워 '하나님 제발 교회 가까운 곳에서 살게 해주세요' 라고 기도하였습니다. 하나님께서는 그 기도에 대한 응답을 다른 방법으로 응답해 주신 것입니다. 대중교통을 편리하게 해 주신 멋진 나의 하나님이심을 고백합니다.

현대그룹 故 정주영 회장님에게 한 기자가 회사가실 때 어떤 마음으로 가느냐고 물었다고 합니다. 그랬더니 그의 대답은 "날마다 소풍가는 기분으로 나갑니다."라고 했다고 합니다. 또 회사에 문제가 생길 때는 어떻게 해결하느냐고 물었더니 "나는 그 문제가 해결됐을 때를 상상하며 기뻐합니다."라고 대답하셨다고 합니다. 일하러 나가는 것이 아니라 소풍가는 것처럼 한다는 그의 대답에 저도 동감을 합니다. 저도 소풍가는 것처럼 즐거운 마음과 희망을 가지고 목자의 일을 감당하고 있다고 고백합니다. 잘 해서가 아니고 저를 구원해주시고 부족한 저에게 이렇게 좋은 교회로 인도해주신 것에 감사하고, 또한 성경공부를 통해 하나님에 대한 것을 알게 하시고, 성령님께 의지하는 법을 알게 되었기 때문입니다. 그래서, 저는 예수님을 위해 또 우리 교회를 위해 최선을 다해 섬기고 싶습니다.

교회는 예수님께서 목숨 바치시고 피흘려 세우신 소중한 곳이요, 주님의 사랑이 가장 집중되어 나타나는 곳이요, 교회의 머리가 되신 주님께서 늘 임재하는 곳이요, 공중권세가 파괴되는 승리의 장소입니다. 그래서, 저는 이런 교회를 위해 저는 정말 죽도록 충성하고 싶습니다. 그것은 제가 하는 것이 아니고 많이 부족한 저에게 든든한 말씀이 함께 하기 때문입니다.

"형제들아 너희를 부르심을 보라 육체를 따라 지혜로운 자가 많지 아니하며 능한 자가 많지 아니하며 문벌 좋은 자가 많지 아니하도다. 그러나 하나님께서 세상의 미련한 것들을 택 하사 지혜 있는 자들을 부끄럽게 하려 하시고 세상의 약한 것들을 택 하사 강한 것들을 부끄럽게 하려 하시며 하나님께서 세상의 천한 것들과 멸시받는 것들과 없는 것들을 택 하사 있는 것을 폐하려 하시나니 이는 아무 육체도 하나님 앞에서 자랑하지 못하게 하려 하심이라" 고린도 전서 1장 26~29

그렇습니다. 제가 이 말씀 앞에서 굳게 설 수 있었기에 오늘 이 자리에 설 수 있습니다. 아무 공로 없이 구원해주신 우리 주님께 온전히 영광 올려 드리며 앞으로도 늘 저를 붙잡아 주실 주님께 감사합니다. 할렐루야!!!

사례(간증문)

하나님의 계획으로
홍해의 기적을 기대하며 ●●●●●●

정시랑 목자

　하나님께서는 아직 목자로서의 경험이 부족한 저에게 한 자매를 붙여 주심으로써 하나님께 의지하고 기도하게 훈련시키셨습니다. 모세와 이스라엘 백성이 홍해바다 앞에서 두려움에 떨었듯이 저도 제 앞을 가로막는 현실의 높은 벽 앞에서는 두려움에 떨 수 밖에 없었습니다. 하지만, 주님께서는 바로 그 순간에 주님이 우리를 위해 일하시고 행하시는 분이라는 것을 다시 한 번 가슴에 새기게 하셨습니다. 이스라엘 백성들이 아무것도 할 수 없었을 때 하나님께서 하시는 일을 기대할 수 밖에 없었듯이 저도 제가 할 수 있는 것이 아무것도 없음을 고백하며 주님께서 하실 일을 기대했습니다.

　저는 작년 하반기에 신임목자가 되었습니다. 그때 저는 또 전도폭발 1학기를 했기 때문에 상당히 분주했습니다. 한 달이 하루처럼 느껴지는 바쁜 가운데 새 목장원이 왔는데, 서른 세살의 정 자매라고 하였습니다. 그런데 몇 개월 안 된 자매의 딸아이가 많이 아프다고 했습니다. 그래서 민 마을장님과 함께 찾아갔습니다. 정 자매님은 참으로 곱고 상냥한 새댁이었습니다. 어찌나 예의바르고 싹싹한지 모릅니다.

그런데 이 어린 엄마에게 감당하기 어려운 아이가 태어난 것입니다. 처음 몇 달은 이상없이 잘 놀았는데 한 번 경기한 후로는 거의 잘 움직이지 않고 눈만 움직입니다. 이 아이의 병명이 왜 이리 많은지요. 중추신경수축에 기관지협착, 심박심실중격결손, 목젖갈라짐(구계열), 홍체결손, 영아연축(간질) 등등 처음 듣는 무서운 병명들이었습니다.

아이를 처음 보는 순간 전 말문이 막히고 너무 놀랐습니다. 아이에게 금방 무슨 일이 생길 것만 같은 방안 분위기였습니다. 응급실을 집으로 옮겨 놓은 것처럼, 온갖 병원장비들이 안방에 가득하고 코에 거는 호수와 여러 병원 기기들이 방안 가득 여기저기 있었습니다. 그것들이 산소호흡기와 석션(suction) 장비들이었다는 것을 최근에야 알았습니다. 연신 그 아이의 코와 입에 가는 호수를 꽂고 가래와 코를 빨아들였습니다.

너무 마음이 아파서 아이를 제대로 쳐다볼 수조차 없었습니다. 너무 불쌍하고 안쓰러워 어찌 봐야 할지 몰랐습니다. 가는 호수를 목과 코에 넣을 때마다 아이는 얼굴이 빨개지고 눈에는 눈물이 주르륵 흐릅니다. 마음이 미어지고 그저 기도만 나왔습니다.

"주여! 주여! 어찌 이 어린 자매에게 시련을 주십니까. 제가 할 수 있는 것은 아무 것도 없습니다. 주님, 도와주십시오."

"집사님 어떻게 해야 할지 모르겠어요. 이 아이를 병원에 데려가야 할지 아니면... 시댁에선 아이가 더 힘들지 않게 포기하라고 하고..."

정 자매는 차마 말을 잇지 못하고, 눈물만 흘렸습니다. 이 아이를 그냥 하늘나라에 보낼 수 없어 열이 나거나 이상이 있으면 우선 병원에 데리고 갔습니다. 그래서 아이 때문에 시부모뿐만 아니라 남편과도 갈등이 심해져 너무 힘들어하고 있었습니다. 저는 무엇으로 어떻게 위로해야 할지 아무 말도 할 수가 없었습니다. 그저 "주님만 바라 보세요"라는 말 밖에는 할 수가 없었습니다. 그리고 나서도 경기로 몇 차례 병원응급실에 실려 나가는 일이 생겨서 목사님, 전도사님, 마을장님까지 모두 오셔서 자매를 걱정해주고, 위로해 주셨습니다.

'목장의 사랑은 이렇게 하나님께로부터 흘러나와 목사님, 전도사님, 마을장님까지 흘러 흘러 오는 것이구나. 이것이 바로 목장의 은혜구나.'

목자로서 부족한 저는 한 지구와 한 마을을 이끄시는 모습을 보면서 하나님께서 주시는 목장의 은혜를 누릴 수 있었습니다. 저도 목장의 목장원들을 어떻게 케어할까 걱정을 했는데 '저분들처럼 하면 되겠구나' 하는 용기가 생겼습니다. 그래서 아이 돌 잔칫날 목장원들이 함께 모여 정자매 가족을 위해 기도하며 한 마음 한 뜻으로 주님께 간구했습니다.

"주님! 이 가정을 지켜주세요. 이 아이를 돌봐주세요. 주님께서 계획하신 대로 이 가정을 만져주세요. 주님! 저희는 이 아이를 통해 너무 많은 은혜를 받고 있습니다."

시간이 흘러 겨울방학이 되었습니다. 유난히도 추운 겨울이라 방에만 꼭꼭 있다가 나오지 않는 날들이 많았습니다. '목장원들을 만날 수 있는 기회가 무엇일까?' 생각하다 정자매가 늘 아이와 집에만 있기 때문에 적적할 것이 생각이 나서, 몇몇 목장원들과 함께 정자매집에 모였습니다. 요즘 담임목사님께서 예배 중간 중간에 영어로 말씀하시기에 '이번 기회에 우리도 모여서 영어를 하며 놀아야겠구나!' 생각했습니다. 그래서 정자매를 위한 프로젝트를 마련했습니다. 그런데 뭔가 조금 부족했습니다. '영어만 할 것이 아니라 말씀을 보고 영어를 하면 더 좋겠구나' 하는 생각이 들어 말씀을 읽기 시작했습니다. 하루에 한 장씩 이러다 보면 금방 말씀을 볼 수 있어 처음 접하는 목장원에게 좋은 계기가 될 것 같았습니다. 그래서 어려움도 서로 나누면서 말씀도 읽다보니 시간을 헛되이 보내지 않으면서 정 자매와 깊이 교제할 수 있게 되었습니다. 정 자매는 어느덧 우리 교회의 인터넷 영상 메시지를 보며 말씀에 의지하여 고난 속에서도 믿음을 키우는 삶으로 변하고 있었습니다. 하나님께서 정 자매를 만지시며, 당신의 은혜를 조금씩 선물해주셨습니다. 이 모든 것이 너무 감사했습니다.

지구 연합예배 때 목사님께서 말씀하신 출애굽기 사건이 귓속에 메아리쳤습니다.

"모세가 두려워하지 말고 가만히 서서…… 여호와께서 오늘 너희를 위하여 행하시는 구원을 보라…… 여호와께서 너희를 위하여 싸우리니 너희는 가만히 있을지니라."

모든 가정의 고난이 끝난 것은 아닙니다. 하지만, 두려워하지 말고 가만히 서서 하나님께서 어떻게 하실지 보라는 말씀에 의지해서 오늘도 믿음으로 하루를 보냅니다. 정 자매의 가정에 비록 홍해의 장벽같은 어려움이 있을지라도 그 고난을 오히려 믿음의 디딤돌을 삼아 홍해를 건너는 기적이 일어날 수도 있을 것입니다.

하나님께서 함께하시고, 하나님이 기뻐하시는 삶에 집중하여 모든 나의 생각의 방향을 주님께로 전환한다면, 정 자매의 가정과 우리 목장원들에게도 홍해의 기적이 일어날 줄 믿습니다.

 사례 (간증문)

하나님의 능력에 붙들리다 •••••••
장윤정 교우

하나님께서 일꾼으로 부르시는 때가 각자 다르겠지만 저의 경우는 환경이 가장 힘들 때였습니다. 가정과 삶에 광풍이 불어와 광야 한 가운데 서 있었습니다. 뿐만이 아니라 6살 밖에 안 된 쌍둥이들의 양육과 생계를 홀로 책임져야 했기에 하나님의 부르심 앞에 잠시 망설일 수밖에 없었습니다. '주님, 어떻게 해야 하나요?' 며칠을 기도하는 중에 순종해야 한다는 생각이 강해졌습니다. 마침내 지구전도사님께 '하겠습니다' 라고 답변을 드렸고 그 주일 예배 시간에 하나님은 제게 '너의 결단을 축복하겠다' 고 약속의 말씀을 주셨습니다.

그렇지만 현실은 점점 더 어렵기만 했습니다. 경제적으로 넉넉하지 못해 목장 회비를 1~2주 미루기도 하면서 목장 가족들에게 미안한 마음이 들었습니다. 게다가 매주 나오시던 분들이 한 분 두 분 떠나면서 모임에 나오실 수 있는 분이 저 외에 한 명 밖에 남지 않게 되었습니다. 직장인목장이고 토요일에 모이다 보니 일이 많이 생기는 탓이기도 했습니다. 그런데 엎친 데 덮친 격으로 '놀토 멘토' 가 시행되면서 토요일 오전에 분당 성전 3층에서 모임을 갖던 우리 목장이 장소를 잃게 되었습니다. 직장인들이고 사는 지역이 각각 다르기에 집에서 모이기는 어려웠습니다. 이 일에 대해 상담하던 중 지구 목사님의 조언으로 장소를 알아보았지만 사정은 마찬가지였습니다. 저는 하나님께 매달렸습니다.

'제가 어려울 때마다 간절한 기도를 한 번도 외면하지 않으셨던 주님, 도와주세요!'

하나님은 저의 간절한 기도에 응답해주셨습니다. 비록 장소를 주신 것은 아니지만, 사무국 간사님을 통해 같은 장소를 사용하되 오후 1시 30분 이후로 시간대를 옮겨서 사용하라는 것이었습니다. 내용을 들으신 주위 분들의 반응은 "토요일 오후라 모이기가 힘들지 않겠나? 나올 사람이 있을까?"라고 하시면서 걱정들을 하셨습니다. 그렇지만 하나님의 인도하심을 따라가겠다고 작정했더니 얼마 지나지 않아 떠나셨던 목장원 한 분이 목장에 돌아오시면서 2부 성가대에 들어가시게 되고 2부 성가대원 중 청년지구에서 장년지구로 옮기시게 된 분이 오시면서 4명으로 구성이 되었습니다. 2부 성가대 연습이 토요일 오후 4시니 '하나님의 세팅'이라고 밖에 할 수 없었습니다. 하나님은 우리의 생각을 넘어서 항상 더욱 선하고 아름답게 연출해주시는 분이십니다.

하나님은 목장에서만 응답하신 것이 아니고 저의 삶에도 역사하셨습니다. 저의 작은 순종에 큰 축복을 더해주셨습니다. 목자의 직분을 감당하기 위해 출퇴근하는 일을 포기했었지만 다른 길을 열어 주셨습니다. 몇 년 전 이미지 메이킹 강사로 활동한 적이 있었는데 수요 목자 모임에 참석하던 중 이미지 컨설턴트 협회로부터 수도권 내에 유치원 스피치강사를 급히 구한다는 문자를 받게 되었습니다. 강사경력이 있긴 하지만 아이들을 가르친 경험이 없어 그냥 지나쳤는데, 며칠이 지나 또 다시 같은 문자를 받게 되었습니다. '이 일을 하라고 하시는 건가?' 하는 생각이 들어 문의해본 결과 뜻 밖에도 GICA 협회 후배 이지은 소장이 'SNV(speech & voice) 연구소'를 개인적으로 내면서 연구소로 의뢰가 들어오게 된 것이었습니다. 그 후배는 키즈 스피치 분야에 굵직하게 자리를 잡고 있었고 방송 출연도 할 만큼 실력이 있었는데, 제가 수업을 할 수 있도록 교안과 수업교육도 해주겠다고 하였습니다. 시간당 강사료도 가장 높게 책정이 되면서 생전 처음 해보는 아이들을 가르치는 일이 시작되었습니다.

그렇지만 얼마 가지 못하고 난관에 부딪치게 되었습니다. 성인 대상의 강의만 하던 저의 습성 때문에 아이들과의 소통이 잘 안되고 유치원생들을 상대로 강의식 수업을 하자 유치원 원장님과 교사들이 맘에 들지 않는다고 해서 더 이상 강의할 수 없게 되었습니다. 그래서 저 대신 다른 강사가 와서 수업을 했는데 몇 회 강의한 후에는 사정이 생겨 못하게 되었습니다. 이미 부모님들에게 수업을 진행하기로 약속을 하신 원장님들은 다시 저에게 수업을 부탁하셨습니다. 이러기를 세 번 반복하다 보니, 다른 강사가 오면 그 강사에게 무슨 일이 생길까 걱정이 될 정도였습니다. 그러나 이런 우여곡절 중에 저의 강의실력은 늘어갔습니다.

하나님은 이렇게 저의 새로운 길을 여시고 책임져 주셨습니다. 거기서 끝난 것이 아니고 유치원 수업을 시작한지 6개월이 되었을 때 초등학교 방과후 학교 '아나운서 교실' 강사도 하게 해주셨습니다. 그리고 올해는 연구소를 거치지 않고 직접 초등학교 신규 강좌도 개설해 주셨습니다. 적어도 7년 이상의 경력을 지닌 선생님들과의 경쟁 속에서 1년도 안된 저의 과목이 개설된 것입니다.

작년 2학기를 마치고 목장 방학이 되면서 마침 유치원과 학교도 방학이라서 시간이 생겼는데 '목장을 위해서 무엇을 해야 하나요' 라고 하나님께 여쭤 보던 중 40일 작정 예배를 드리라는 마음의 감동이 일어났습니다. 세월이 흘러 8살이 된 쌍둥이들도 목장원이기에 함께 하고 싶은 마음에 마태복음 4장 GT를 하면서 아이들에게 물었습니다.

"예수님도 광야에서 40일 금식기도 하셨는데 엄마랑 같이 40일 기도 할래?"
"예수님께서 하신거면, 저희들도 엄마랑 함께 할래요."

기꺼이 하겠다고 대답하는 아이들을 보면서 얼마나 감사했는지 모릅니다. 그래서 1월 29일 40일 작정예배가 시작되었습니다. 여행 중에도 GT 책을 들고 가서 하루도 안 빠지고 40일을 예배드리면서 아이들과 목장의 기도제목을 일일이 놓고 합심기도를 하였습니다. 하나님은 아이들과 드린 예배를 크게 받으셨는지 기도제목들을 응답해 주셨을 뿐 아니라 목장에 새 일을 행하셨습니다. 이번 학기가 개강하면서 몇 년 전 목장을 떠나셨던 분들이 네 분이나 돌아오시겠다는 연락을 받았습니다. 한 분도 아니고 네 분이나요! 그중 한 분은 10년이 넘는 신앙생활을 하면서도 뜨겁지도 차갑지도 않았었는데 갑자기 성령을 받아 카카오 톡 목장 채팅 방에 매일 말씀을 올려달라고 조르십니다.

하나님 앞에 연약함을 드러내고 기도할 때, 하나님께서는 당신의 일을 행하셨습니다. 기도만이 하나님의 일을 경험하는 지름길이라는 것을 다시 한 번 알게 되었습니다.

"내가 약할 때 강함을 주시는 하나님"
"내 능력이 약한데서 온전하여짐이라"

우리 목장에는 가정의 아픔을 가지고 계신 분들이 많이 있습니다. 형태만 있을 뿐 깨어지기 직전에 처한 가정들도 있는데 하나님이 회복시키고 계십니다. 내가 약할 때 강함 되시는 하나님이 제가 가장 어려울 때 순종하게 하셔서 하나님의 능력을 붓고 계시는 것입니다. 어려울 때에 순종할수록 하나님은 전능의 팔을 더 넓게 펴십니다. 저 같은 사람도 어려울 때 순종하게 하시고, 또 이처럼 하나님의 능력을 나타내시니 그저 감사할 수밖에 없습니다.

이제 목장을 통해 때마다 은혜를 주시고 인도해 가시는 하나님의 팔을 바라봅니다. 목장에 새롭게 주실 비전과 황무지 같은 환경을 뛰어 넘어 배가도 하게 하실 것을 기대합니다. 우리 목장을 가장 아름다운 푸른 초장으로 바꾸실 것을 기도합니다.

사례(간증문)

늘 새내기 목자의 마음으로 ....

윤정순 목자

2011년 8월, 2학년 여름방학이 끝나고 학교를 나간 지 이틀 만에 제 딸이 쓰러지고 말았습니다. 그순간 나의 모든 생활은 멈추어 버렸습니다. 영문도 모른 채 아이는 입원을 해야 했고, 그동안의 신앙 생활이 와르르 무너지는 제 모습을 발견하게 되었습니다. 저는 목자 3년차로 이제 2학기가 되면서 배가를 꿈꾸고 있었습니다. 처음 배가목자로 3명의 목장원을 데리고 어렵게 8명으로 키워 이제 겨우 배가를 앞두고 있을 때 일어난 갑작스런 시련이었습니다.

"하나님, 제 딸을, 아니 당신의 딸을 살려주세요."

딸은 일반 병실에서 2주를 보내고, 중환자실에서 3주를 보내고, 다시 일반병실로 와서 3주를 보냈습니다. 그 80일이 제게는 마치 어두운 터널 속에서 8년을 지나는 것처럼 느껴졌습니다. 하지만, 그 기간 동안 목장 식구들에는 좋은 변화가 있었습니다. 우리 아이를 위해서 예비목자와 목장원들은 자주 만나서 기도함으로 하나가 되어갔고, 서로 모이기에 힘쓰는 목장이 되어 가고 있었습니다. 그런 목장원들의 모습이 저에게 큰 힘이 되었습니다.

그런데 아이가 입원한 지 80일이 지나 퇴원할 때쯤 우리 수지5지구 목자님들 몇 분이 8지구로 가게 되었습니다. 이렇게 목장 리더십과 목장 식구들이 떠나면서, 목장에 힘든 시기가 찾아왔습니다. 저는 예비목자에게 모든 것을 맡겼기 때문에 그저 기도만 할 뿐이었습니다.

목장은 목장대로, 저는 저대로 힘겨운 날들을 보내고 있었습니다. 아이가 퇴원은 했지만, 처방받은 약을 매일 아침저녁 시간을 맞춰 먹여야 했고, 아이는 하루에도 몇 번씩 정신을 잃고 쓰러지고는 했습니다. 너무 힘든 시간이 계속되었습니다.

'이런 나에게 하나님은 뭘 바라시는 걸까?' 풀리지 않는 의문이 들었습니다.

목자를 내려놓고 아이에게 매달려 지낸 지 시간이 꽤 흘렀습니다. 다음 해 봄이 되었습니다. 한 목자님께서 힘들어하는 날 위해 손을 내밀어주셨습니다. "지금은 목장도 없고, 당신도 기력이 없으니 우리목장에서 목장원으로 다시 시작해요. 함께 기도할테니 힘들어하지 말아요." 하고 말입니다. 그 목자님은 제가 처음 목자가 될 수 있게 목장배가를 했던 목장의 목자님이셨습니다. 아이 때문에 목장의 친밀한 교제가 없어서 마음이 더욱 힘들기도 했던 터라 그 말씀이 참 감사하게 느껴졌습니다.

나는 목장모임에 우리 아이를 데리고 갔습니다. 아이는 오랜 병원 생활로 몸의 기력도 없고, 언제 쓰러질지 모르기에 항상 제가 보고 있어야 했습니다. 목장에서는 우리아이가 2학기에는 학교를 갈수 있게 건강을 회복시켜달라고 같이 기도해 주었습니다. 집에서 혼자 있어야 했고, 말을 걸어주는 사람도 별로 없이 우울했던 우리 아이도 목장 식구들과 함께 하는 시간을 좋아했습니다. 목장 식구들이 아이에게 다정하게 말을 걸어 주셨는데, 아이가 그 분들과 함께 있으면서 밝아지는 것 같았습니다.

그렇게 다시 목장으로 돌아오면서 하나님께서 목장원들의 기도에 하나씩 응답해주셨습니다. 우리 아이가 2학기에 3학년으로 학교를 가게 된 것이었습니다. 정말 너무 좋은 일이었지만, 학교에서 아이가 쓰러질까봐 걱정이 되기 시작했습니다. 매일 학교에 가기 전에 학교에서 아이가 힘들어지는 일이 없게 기도를 했고, 목장에서도 그렇게 함께 기도해 주었습니다. 그 기도의 힘으로 우리 아이는 한 번도 학교에서 쓰러지는 일이 없었습니다.

"하나님, 우리 아이를 불꽃과 같은 눈으로 지켜주셔서 감사합니다."

물론 집에서는 몇 번 힘들어서 쓰러진 적이 있었지만, 그래도 희망을 품게 되었습니다. 이렇게 우리 아이를 위한 목자님과 목장원들의 기도로 아이의 상태는 나날이 호전되고 있었습니다. 나중에는 약도 줄여가며 서서히 약을 먹지 않아도 될 만큼 건강해질 날을 기대하고 있습니다.

　그렇게 목장에서 함께 기도하며 예수님의 사랑을 나누고 있었습니다. 우리 목장은 예비목자님이 있었고 목장원은 예닐곱 정도 되었습니다. 당연히 예비목자님이 있어서 저는 그냥 목장원으로 최선을 다하고 있었습니다. 그런데, 예비목자님이 다른 구역으로 가게 되었습니다. 그래서 예비목자 자리가 비었고, 목장원들이 저를 빼고는 다들 초신자여서, 제가 예비목자를 할 수 밖에 없는 상황이 되었습니다. 처음에 저는 안 된다고 했지만, 목장원 모두가 제가 하는 걸 바라는 듯 한 눈치였습니다. 그렇게 저는 예비목자가 되고 몇 개월 후 목장원의 수가 늘어 배가를 해야만 하는 상항이 되었습니다. 저는 또다시 한 곳에서 두 번 배가하는 목자가 되었습니다.

　2013년 2월 15일, 저는 다시 목자가 되었습니다. 여전히 아이가 완쾌되지 않은 상태라서, 제 손길이 필요하기 때문에 저는 걱정이 많았습니다. 하지만, 하나님께서는 저에게 힘을 주셨습니다.

　"제가 우리 아이가 다 낫지도 않은 상태에서 목자 역할을 감당할 수 있겠어요?"
　"너는 할 수 있다. 내가 주는 힘으로 무슨 일이든 할 수 있다."

　저는 비록 무능하나 할 수 있다 하신 하나님을 믿고, 다시 목자의 길로 걸어가게 되었습니다. 1년 전 아이와 어렵게 목장모임을 해야했던 그때에 비하면, 지금은 너무나도 행복합니다. 지금은 우리 아이가

4학년이 되었고, 학교도 가게 되었습니다. 가끔 아이가 아직도 머리가 아프다고는 하지만, 하나님께서 그것조차 다루시고 치유해주실 줄 믿습니다.

아이를 통해 저의 믿음도 많이 성장했습니다. 매일매일 시계를 보며 초조하게 살던 제가 이제는 하나님 시간과 뜻 안에서 나의 계획이 아닌 주님의 계획을 바라보는 사람이 되었습니다. 다시 목자로 일어설 수 있게 도와주신 수지 5지구 신봉1 마을 요엘 5목장 도은주 목자님과 목장원들에게 감사 또 감사를 드립니다.

처음 목자를 할 때는 내 힘과 능으로 해보려고 할 때도 있었습니다. 하지만, 고난의 긴 터널을 지나고 다시 목자를 하게 되면서는 예수님의 힘과 능력만 의지하고 있습니다. 그래서, 저는 항상 다시 시작하는 새내기 목자로 하나님 앞에 무릎 꿇고 목장 식구들을 섬길 것입니다.

 **사례(간증문)**

은혜와 치유의 역사가 차고 넘치는 목장
우리 목자님은 예수님 •••••••

노혜경 목자

지금으로부터 12년 전, 큰 아이 유치원 자모들에게 이끌려 교회라는 곳을 몇 번 가보았습니다. 그땐 전도 대상자의 한사람으로 무척이나 애를 먹인 사람 중에 한 사람이었습니다. 비교적 평탄하고 어려움 없이 살았던 제 인생에 크고 작은 고난들이 찾아왔고, 그 과정에 저는 6년 전 수지로 이사를 오게 되었습니다. 새로운 장소로 이사온 후 외로움과 곤고함이 찾아왔습니다. 큰 아이와 9년 차이나는 두 살짜리 막내 때문에 꼼짝도 없이 갇힌 신세가 되었던 터라 하루하루가 너무나 외롭고 힘겨웠습니다. 그러던 중 하나님을 간절히 사모하게 되었고, 저는 기도하기 시작했습니다. 하루하루 기도하는 시간이 기다려지고 간절했습니다.

그러던 어느 날 하나님은 저를 만나주셨습니다. 너무나 인자한 모습으로 저를 많이 기다렸다고 하시는 것 같았습니다. 그날은 바람이 몹시 많이 불던 날이었습니다. 길가의 가로수 잎들이 바람에 바스락 바스락 서로 부벼대는 소리조차, 하나님께서 주신 생명을 감사하는 찬양처럼 들리고 여느 때와 다르게 세상 모든 것이 아름답게 느껴졌습니다.

여호와 우리 주여 주의 이름이 온 땅에 어찌 그리 아름다운지요 주의 영광을 하늘 위에 두셨나이다 (시편 8:1)

하나님을 제대로 만나고 나니, 하나님께서 창조하신 이 세상이 얼마나 아름다운지 새삼 알게 되었습니다. 그러고 나서야 교회를 본격적으로 다녀야겠다는 마음을 먹고 교회 문을 두드렸습니다. 2007년 1월에 교회에 등록하고 〈새 생명 교육〉과 〈새 가족 교육〉을 받았습니다. 하나님께서는 저의 신앙 생활에 가슴 벅찬 기대감을 주셨습니다. 〈새 가족 교육〉 중 같은 조의 한 자매를 통해 지금의 래미안 43목장을 소개받았습니다. 그때 물론 목장을 놓고 기도하고 있던 중이었습니다. 부담 없이 탐방하러간 목장에 목자를 만난 순간 '바로 여기야' 하는 마음이 들었습니다. 진정으로 저를 섬겨주는 목자를 보면서 섬김이 어떤 것인지 알게 했습니다. 그날 집으로 돌아와 기도응답에 대한 감사 기도를 드렸습니다. 그 뒤 매주 목장이 기다려지고 기대가 되었습니다. 저는 목장 식구들과 울기도하고 솔직하고 진솔한 나눔을 했습니다. 저는 목자님과 서로에 대해 모르는 것이 없을 정도로 깊이 있는 나눔을 가졌습니다. 정말 은혜의 시간이었고 치유의 시간이었습니다. 또한 목자님의 남편 집사님께서 저희 남편을 전도하셨습니다. 남편이 나오면서 부부목장으로, 성가대로, 그 은혜가 이루 말할 수 없을 정도로 컸습니다. 저의 목자를 만나게 인도해 주신 하나님께 감사를 드립니다.

지금 그 목자님의 모든 가족이 미국에서 유학중입니다. 남편 집사님은 그곳에서 신학을 공부하고 계십니다. 그곳에서도 불도저처럼 하나님과 함께 열심을 내고 계십니다. 저의 목자가 미국으로 가시는 바람에 목장에 새로운 목자가 세워져야 했습니다. 그런데 예비목자로 세워졌던 자매가 갑자기 목동으로 이사를 가버렸습니다. 덩그러니 세 사람이 남았습니다. 목자교육을 다 이수한 저보고 목자를 하라고 하십니다. 교회를 다닌 지도 얼마 되지 않아 자신이 없었습니다. 아니 자격이 없다고 생각했습니다. 하지만 "하나님께서 함께 하신다면" 하는 생각에 순종했습니다. 저의 자격이라고는 하나님을 사랑하는 것 또 하나님께서 저를 사랑해 주시는 것이 전부였습니다.

제 자신의 부족함을 알기에 제가 할 수 있는 것은 딱 하나 기도밖에 없었습니다. 늘 작은 일에도 기도했습니다. 순종하며 기도하니 하나님께서는 놀랍게도 한 사람 한 사람을 보내주셨습니다. 제가 연약하기에 제가 섬겨야 할 자매보다 저와 동역할 자매님을 보내주셨습니다. 저도 익숙치 않고 어설픈데, 매주 새로운 식구를 맞이했습니다. 모두 만난 지 얼마 되지 않았지만, 셀컨퍼런스 오픈 목장으로 이웃사랑 축제 이벤트도 함께 치러 내면서, 모든 식구가 하나가 되었습니다.

하나님을 사랑하는 자 곧 그 뜻대로 부르심을 입은 자들에게는 모든 것이 합력하여 선을 이루느니라 (로마서 8: 28)

이 말씀을 붙들고 목장에 주어진 행사를 위해 최선을 다해 섬겼습니다. 남편을 세우길 원하는 저희 목장의 전통처럼 남편들을 부부목장으로 인도했습니다. 제가 속한 부부 목장으로 네 가정을 인도했습니다. 부부목장도 함께 하니 은혜도 배가되었습니다. 두 명으로 시작한 목장이 지난 한 해 동안 열두 명이 되어 연말에 배가의 축복을 누렸습니다. 오늘의 제 모습, 제 행동을 보시고 내일을 계획하시고 수정하시는 인격의 하나님을 경험합니다.

"이 어찌 사람의 힘으로 하겠습니까? 저희 목장의 목자는 예수님이십니다!"

저희 목자이신 예수님께서 보여주신 섬김과 사랑이 저와 같은 사람을 위해 또 사용되어지길 기도합니다. 요한복음 9장에 소경을 통해서 하나님의 하시는 일을 나타내고자 하심이라고 하신 것처럼 부족하고 자격 없는 저를 통하여 일하시는 하나님 아버지께 감사와 영광을 올려드립니다. 래미안 43 목장 자매님들 사랑합니다!

"나의 하나님 아버지, 감사드리고 사랑합니다!"

 사례(간증문)

목자를 통해 공급하시는 주님
자아를 죽여주옵소서 ●●●●●●●

마애령 교우

저는 좀처럼 저의 뜻을 굽히지 않는 사람입니다. 제 마음이 움직이지 않으면 절대로 권위에 순종하지도 않습니다. 사람들과의 관계도 어려워 모임을 폐하던 사람입니다. 7년 전 단전호흡에 심취해 있을 때, 딸의 어려움을 놓고 기도하다가, 예수님의 환상을 보고 교회에 나가기 시작하였습니다. 하나님께서 저의 고집을 아시고, 직접 교회로 인도하신 겁니다. 교회를 다니며 열심히 기도하고 은혜를 받았으나, 사람들과의 관계에서는 어려움을 겪었습니다.

'은혜는 하나님께 구해야지, 사람들한테 구할 수는 없는 것이구나.'

그래서, 저는 교회 모임에는 나가지 않고, 홀로 기도에만 힘썼습니다. 4년 전 수지로 이사오면서 사람들이 많이 모이는 교회는 피하고 싶어 나가지 않았습니다. 그러던 중에 친정 언니와 크게 부딪히면서 오십 평생을 열심히 살아온 제 인생에 대해 크게 회의를 느꼈습니다. 저를 사랑하는 언니와의 갈등이었기 때문에 심적 고통은 점점 커갔습니다. 워낙 당시의 상처가 깊었기 때문에 비록 강한 저였지만, 내적 치유의 필요성을 절실히 느꼈습니다. 그리고는 사람을 피하지 않고 사람들 속에서 하나님의 형상을 찾겠다고 결단하고 작년 12월 지구촌교회를 찾았고, 바로 목장교회에 등록하였습니다.

목장교회가 방학 중이라, 대신 식사를 하며 처음으로 목자님과 목장원들을 만났습니다. 몇 년 전 묵상교육을 받고, 묵상의 은혜를 사모하였으나 혼자서 하기는 어려웠습니다. 저의 내적 치유를 위해 말씀묵상을 하면 좋겠다고 말씀드리니, 목자님이 같이 해보겠다고 하여 같이 나누기로 하였습니다. 사람이 싫고 홀로 있는 것이 좋다고 생각한 저였는데, 묵상을 하면서 함께 나눌 사람이 있다는 것이 참 기뻤습니다. 그 후로 매일 묵상 나눔을 하며 은혜를 받고 있습니다.

그 목자님은 마을장이 되어, 새로운 목자님을 만났습니다. 처음 목자직분을 맡은 새 목자님은 전혀 제 타입이 아닌데도, 편안하게 느껴졌고, 불평할 거리가 보이지 않았습니다. 아마도 이제는 제가 사람들과 어울릴 때가 되었나 보다 생각하였습니다. 목자님은 8년간 주일 교회 성수와 목장교회 성수를 해왔다고 합니다. 그것이 목자님 안에 있는 하나님의 형상이다 생각하고, 목장원들 앞에서 주일교회 성수와 목장교회 성수를 하겠다고 결단했습니다.

처음에는 좋았으나, 점점 불평이 늘어가고 제 안에 뭔지 모를 답답함이 점점 커져 갔습니다. 모임이 은혜로우면 문제가 되지 않는데, 그렇지 못할 때는 왠지 시간 낭비처럼 느껴졌습니다. 그래서, 목자님께 물었습니다. 목자님도 늘 목장모임이 은혜롭지는 않았을 텐데, 어떻게 이겨냈냐고 여쭤보니 "순종"이라는 답을 주십니다. 저와는 많은 점이 달랐던 그 목자님이 편안하게 느껴졌던 이유도 순종하는 목자님 안에는 자아가 많이 죽어있기 때문이었습니다.

돌아보니, 사람들과의 관계를 어려워하고, 권위에 도전하고, 모임을 꺼려하는 저의 문제들은 불순종의 문제였고, 죽어야 할 저의 자아가 팔팔 살아 있기 때문이라는 것이 깨달아졌습니다. 여호수아의 여리고성 말씀을 묵상하면서, 저의 자아가 바로 파괴되어야 할 여리고성이라는 것을 깨닫고 주님께 간절히 구했습니다. 눈물로 부르짖으며 기도하였습니다.

"주님, 제 자아를 죽여주십시오. 죽고 싶습니다. 죽어야 합니다. 우리 가정의 구원을 위해서도, 아파하는 우리 딸을 위해서도 주님의 사랑으로 살아야 합니다. 그것이 살길이라는 것을 알면서도, 제 스스로는 죽기 어렵습니다. 전능하신 주님! 살려주옵소서. 그러니 죽여주옵소서."

그러던 중 전도사님께서 저에게 셀컨퍼런스에 참석하라고 권유하셨습니다. 자아가 죽으려면 순종해야 하는데, 그러자니 집에 혼자 있을 딸이 마음에 걸렸습니다. 그 긴 시간 동안 아픈 딸을 혼자 두어야만 합니다. 그런데 우리 목자님이 우리 목장에서 셀컨퍼런스에 참여하는 사람이 없다며 안타까워 했습니다. 아브라함의 〈내가 여기 있나이다〉 말씀을 묵상하며 '주님 어찌해야 합니까?' 하고 기도하니 자꾸 '목자님께 순종하라' 는 마음이 들어 바로 참가신청를 했습니다. 같은 이유와 마음으로 여름단기선교도 신청하려 합니다.

이제 저는 순종을 배우려고 합니다. 온 몸으로 순종하는 은혜를 누리려고 합니다. 자아를 죽이려고 결단하니, 마음이 참 편해집니다. 늘 제 마음 속에 일어나던 그 갈등들이 저의 자아 때문이었다는 사실을 깨달았습니다. 오랜 기간 눈물로 기도하며 주님의 얼굴을 구하며 하나님께 많은 은혜 를 받았습니다. 그 은혜 중에서도 목자님을 통해 배운 순종의 은혜가 으뜸으로 느껴집니다. 그리고 너무 쉽게 얻었습니다. 앞으로 주일교회, 목장교회를 성수하며 사람 안에 있는 하나님의 형상을 통해 받을 은혜를 기대합니다. 목자님을 통해 제게 꿀을 공급하시는 주님을 찬양합니다.

4장
목장 전도

GUIDE_11 전도지향적 목장교회 사역이란 무엇인가?
GUIDE_12 전도소그룹이란 무엇인가?

사례(간증 문)

GUIDE_11

전도지향적 목장교회 사역이란 무엇인가?

바울 사도는 골로새교회를 향하여 보내는 편지 가운데서 그리스도를 위하여 일하는 사역자로서 자신을 가리켜 첫째는 그가 복음의 일꾼이요(골 1:23), 둘째는 교회의 일꾼이라(골 1:25)고 고백하였다. 만일 우리의 사역에서 이 두 가지 초점을 상실하고 있다면 그것은 결코 참된 사역이라고 할 수 없다. 그리스도인의 모든 사역은 복음을 전하여 잃어버린 영혼을 구원하고, 구원받은 영혼들로 하여금 그리스도의 몸된 교회의 건강한 지체가 되게 하여 교회(목장교회)를 통하여 세상을 복음화하는 것이기 때문이다.

정상적인 교회와 정상적인 그리스도인은 전도에 헌신해야 한다. 그렇기에 전도하지 않는 목장교회는 이미 존재의 이유와 의미를 포기한 것이다. 따라서 모든 목장교회 지체들은 사람 낚는 어부로서 스스로가 준비되어 있어야 한다. 이를 위해서 지구촌교회의 목장교회는 전도지향적 목장교회로써의 사명의식을 가지고 있다.

목장교회 내에서의 전도는 개인적 관계 전도이기보다는 목장이 함께 하는 관계전도이다. 한 영혼을 낚시대로 건져 올린다기보다 그물로 영혼을 살려낸다고 할 수 있다. 목장교회가 함께 전도하는 것은 혼자서 하는 것보다 공동체의 구성원으로서 각자의 은사를 개발할 수 있게 되는 것이다. 그것은 목장교회의 존재 이유로 하나님 나라 확장의 기회를 함께 이룰 수 있으며 전도명령을 함께 수행함으로써 서로를 지지해주고 짐을 나눠지는 상호사역의 소중한 기회가 된다. 또한 끊임없이 사역의 기회를 마련해서 하나님의 명령을 소홀히 하지 않고 거룩한 부담을 계속적으로 취하게 하며 전도를 통해 영적 성취감을 맛봄으로 영적 기쁨의 열매를 볼 수 있게 된다.

목장교회가 전도지향적 목장교회가 되도록 하기 위한 체계적 사역과 다양한 사역의 장은 아래와 같다.

1. 목장교회 내 전도사역을 위한 매뉴얼

1) VIP(전도대상자) 리스트 작성
- 매년 초가 되면 모든 목장원들이 VIP 리스트를 작성한다.
- VIP 리스트를 작성한 후 열린 대상과 닫힌 대상자를 구분한다.
- 대상자 구분은 기도와 섬기는 전략에 있어 차이가 있게 된다.
- 열린 대상자와 닫힌 대상자는 복음에 대한 열린 정도에 따라 결

정된다.
- VIP리스트에 들어갈 수 있는 대상들
■ 가족 및 친척
조부모/부모/남편, 아내/자녀/친정 부모, 장인, 장모/형님, 오빠/누나, 언니, 동생/외가/삼촌, 사촌, 사돈댁/고모댁/처가/이모댁/기타 친척
■ 이웃
주인, 세입자/앞집, 옆집, 아랫집, 윗집/같은 동/같은 번지/반상회 회원/세탁소/복덕방/관리사무소 직원/이사온 분/자녀들의 친구, 부모, 미장원/동장집/반장집/주변 가게/기타 이웃
■ 지역
동사무소 직원/파출소 직원/경로당 노인들/청소부 아저씨, 아줌마들/우유, 야쿠르트 판매원/화장품 판매원/신문 배달원/학교 선생/자모회, 학부모회/병원, 은행/야채 판매원/지역 유지/기타 지역 주민들
■ 친분관계
친구중 불신자/동창생/선배, 후배/고향사람/종씨/친목회/낙심자/목장식구 가족들/사회적 모임/기타 친분자들
■ 직장 및 생업
직장 동료/사장, 회장/직속 상관/부하직원/기사/경비원/단골손님/종업원/거래처/커피숍/직장 주변사람들
■ 기타
거리에서 만난 사람/사거리/전철, 버스정류장/역전/지하철/개인택

시/취미그룹/버스 내/쇼핑센터, 백화점/목욕탕/헬스클럽/골프장/놀이터/약수터/등산로/우연히 만난 사람 등

2) 포도송이 작성
- 목장원들이 VIP리스트를 작성한 후 VIP 리스트를 목장교회로 가져와서 목장교회가 함께 전도할 대상자를 정리하고 그 이름을 포도송이에 올린다.
- 각자의 대상자중 함께 기도로 지원받기 원하는 사람을 정리해서 포도송이에 올리되 색깔을 다르게 표시해서 구분한다.
- 목장교회가 함께 사역해야 할 대상에 대해서는 매번 목장교회가 모일 때마다 중보기도 시간과 사역나눔의 시간에 함께 기도한다. 또한 사역의 기회를 갖기 위해 대상자의 정보를 같이 공유하고 전략을 짜고 실행 방안을 논의하며 실행에 옮기도록 한다.

3) 목장교회 이벤트
- 목장교회 이벤트는 VIP 중 목장교회에 나올 수 있는 가장 복음에 열려 있는 자를 선정하여 목장에 초대하고 그 사람을 위한 이벤트와 함께 복음증거의 시간을 갖는 것이다.
- 대상자가 선정이 되면 그 대상의 필요와 관심사, 재능 등을 고려해 목장원들의 은사를 활용하여 이벤트의 내용을 정한다.
- 시기는 VIP 리스트를 작성하고 준비하는 시간을 거쳐 상반기에 5월중에 한번 가져보고 후반기 9월이나 10월 쯤에 가진다.

4) 블레싱 축제

- 10월이면 블레싱을 통해 전교인이 전도대상자를 향한 대대적인 전도집회를 갖는다.
- 목장교회 VIP들을 블레싱 기간에 초대하기 위해 교회가 나눠준 기도수첩을 통해 점진적으로 접촉한다. 목장교회이벤트는 VIP들이 교회로 들어오기 전에 문턱을 낮춰주는 의미와, 목장원들과 친숙하게 하여 교회 적응을 돕기 위함이다.

5) 전도부장의 사역

- 목장교회 안에서 VIP 리스트를 작성하도록 권면한다.
- 목장교회모임에 항상 빈 방석(혹은 빈 의자)을 놓고, VIP 축복리스트(포도열매 꽂이 등)를 가운데에 배치하여 목장교회가 전도지향적인 분위기가 되도록 한다.
- VIP들을 위한 기도제목을 구체적으로 나눈다.
- 목장교회모임시 VIP를 위해서 항상 중보기도한다.
- 목자를 도와 목장교회 전도이벤트를 준비한다.

전도소그룹이란 무엇인가?

1. 전도소그룹이란 무엇인가?

전도를 개인이 아닌 목장교회(소그룹)가 함께 하는 것을 말한다. 특별히 전도소그룹은 VIP를 목장교회에 초청하기 위해 목장교회 내에서 목장원들과 함께 전도 이벤트를 구체적으로 준비하는 것이며, 이 전도 이벤트를 준비하기 위한 〈목장교회 전도소그룹 가이드〉를 교회에서 제공한다.

목장교회 전도소그룹은 전 목장원들이 이벤트를 함께 준비함으로서 VIP 전도에 대한 열정을 함께 공유하며 전략을 함께 나눔으로 개인전도의 어려움을 극복하게 한다.
이를 통해 전도축제 전에 목장교회 이벤트의 날을 정하여, 이벤트에 초대함으로 목장교회에 먼저 참여하도록 안내하며, 교회의 문턱을 낮추는데 목적이 있다.

2. 전도소그룹은 어떻게 준비하는가?

1) 6주에 걸친 일정에 따라서 진행하며, 매주 목자모임을 통해서 내용을 전달한다.

2) 전달되는 내용은 세 가지이다.
첫째, 목장교회가 함께 하는 '목장교회 전도이벤트'의 계획
둘째, VIP 전도를 위한 실천 사항
셋째, 이벤트 준비사항 및 VIP 전도를 위한 실천 점검

3) 6주간의 일정에 제공 사항은 다음과 같다.

주차	목장교회 전도이벤트 계획	VIP 전도를 위한 실천	준비사항/ VIP전도를 위한 실천 점검
1주차	• 양육자 패키지 활용법	* VIP에게 작은 선물을 해봅시다. 예) 간단한 책 선물, 접촉 선물(CD, Tape)등 * VIP를 위해 사랑의 편지를 써보고 VIP에게 전해 줍시다.	-VIP 포도송이(VIP 리스트 작성하기) -VIP 포도송이를 활용한 중보기도회 -VIP를 위한 작은 선물 -VIP를 위한 사랑의 편지준비
2주차	• 목장교회 이벤트 계획하기 -목장 교회 이벤트 담당자 세우기	* VIP를 위한 구체적인 기도제목들을 가지고 중보기도회를 가져봅시다. * VIP의 필요를 섬겨봅시다.	1. 목장 교회 이벤트 담당자 세우기 (환영, 식사, 게임, 노래, 간증 등) 2. VIP의 필요를 섬기기 3. VIP를 위한 중보기도회
3주차	• 목장교회 이벤트 준비하기(1) -개인 간증 준비하기 -전도 이벤트 계획서 준비하기	* VIP를 만나 차를 마시면서 교제의 시간을 가져봅시다.	1. 개인별 간증 작성 2. 목장교회 이벤트 계획서 작성 3. 다음 주간 전도 준비 4. VIP를 만나 차 마시기 5. VIP에게 접촉 선물 주기

4주차	• 목장교회 이벤트 준비하기(2) −개인 간증 발표하기 −게임, 노래 연습하기	* 새로운 VIP 초대를 위하여 직장, 마을에서 목장별로 전도해 봅시다. * VIP에게 전화로 안부를 물어 봅시다.	1. 게임 연습 2. 노래 및 찬양 연습 3. 간증문 최종 확인 및 간증 발표 4. 새로운 VIP 초대 위한 목장별 전도 5. VIP에게 전화로 연락하기 6. VIP에게 접촉 선물 주며 만나기
5주차	• 목장교회 이벤트 준비하기(3) −식사 준비 −환영 장식 및 초청장준비 −목장교회 이벤트 리허설 진행	* VIP를 만나서 목장교회로 초청해 봅시다. (초청장 전해주기, 접촉 선물 전달해 주기)	1. 목장교회 이벤트리허설 2. VIP에게 초청장만들기 3. VIP에게 초청장 전달하기 4. 환영장식 만들기 5. VIP에게 접촉선물주기 6. 목장교회 이벤트 리허설 안내지 준비 7. VIP의 목장교회 전도 이벤트 및 전도축제(블레싱 축제) 참석 여부 확인하기
6주차	• 목장교회 이벤트 실행하기 • 전도축제 (블레싱축제) 초청하기	* 목장교회별로 VIP 전도를 위해 준비해 온 전도 이벤트를 해 봅시다. * VIP를 전도축제(블레싱 축제)에 초청해 봅시다.	1. 전도보고서 작성 2. 목장교회 이벤트 진행 3. 전도축제(블레싱축제) 초청장준비 4. VIP를 전도축제 (블레싱축제)에 초청하기

4) 개인간증 준비하기

- 개인간증은 모든 목장원이 기록하고 함께 나누는 시간을 갖는다. 간증문은 가장 최근에 예수님을 믿은 목장원의 간증을 채택한다. 간증자를 위해서 지속적으로 기도한다.

5) 목장교회 전도이벤트 준비(1) – 목장교회 이벤트 계획서 작성법

(1) 목장교회 전도이벤트 날짜 정하기

- 3주 정도의 전도이벤트 준비기간 후에 적당한 날짜를 정하는 것이 좋다. 준비시간을 3주로 정하는 것이, 목장원 모두가 마음을 모으고, 전도와 중보의 시간을 갖기에 적당하다.

(2) 목표 VIP 인원수, 장소, 일시, 담당자 정하기

- 그동안 준비하며 전도해온 VIP중, 이벤트참가 가능인원을 미리

예상한다.
- 교회를 제외하고 모든 VIP가 참여할 수 있는 곳으로 장소를 정한다(가정, 야외, 세미나실, 강당 등).
- VIP의 참여가 가능한 날짜와 시간을 정한다.

(3) 목장교회 전도이벤트 계획표의 예

구 분	담당 목장원	주요 내용
장 소		
일 시		
VIP 초청 목표		
환영 및 데코 (기쁘게)		
식 사 (맛있게)		
게 임 (재미있게)		
노래와 찬양 (사랑스럽게)		
간 증 (감동있게)		
기 도 (멋있게)		
마무리 및 환송 (여운이 남게)		

6) 목장교회 전도이벤트 준비하기(2)- 게임연습, 노래와 찬양연습, 개인간증 발표

(1) 게임 연습: 대상자들이 쉽게 따라할 수 있는 게임을 선정하고 시연한다.
(2) 노래와 찬양 연습: 자연스럽게 부를 수 있도록 연습한다.
(3) 개인간증 발표: 자신의 간증을 정해진 시간 내에 자연스럽게 발

표할 수 있도록 연습한다.
7) 목장교회 이벤트준비하기(3)- 식사(혹은 간식) 준비, 환영 장식 및 초청장 준비, 목장교회 이벤트리허설 진행

(1) 식사(혹은 간식) 준비
① 식사 시간의 목적: 섬김과 친교
② 식사 시간의 유익
  첫째, 자연스럽게 교제할 수 있다.
  둘째, VIP들의 마음을 열 수 있다.
  셋째. 목장원들이 음식을 함께 준비하면서 전도에 대한 참여의식
    을 갖게 할 수 있다.
③ 음식의 준비
  가. 함께 논의하여 음식 메뉴를 정하되 3~4가지 종류로 간단히
    한다.
  나. 음식 준비를 분담시킨다.
  다. VIP들이 감동할 수 있도록, 식탁을 멋지게 장식할 아이디어
    를 함께 나눈다.
  라. VIP들의 사정상 오전 시간대나 늦은 저녁에 모여야 할 경우
    에는 주식보다는 간식으로 메뉴를 정해도 좋다.
④ 식사 시간 진행
  가. 음식은 미리 진열해 놓는다.
  나. VIP들이 앉을 자리를 미리 지정하고 예쁘게 장식한 이름표
    를 부착해 둔다.

다. 정해진 모임 시간이 되었고 VIP들이 대다수 참석한 상태라면 대표자의 감사기도 후 식사를 하도록 한다.
라. 가능하면 목장원들은 소수만 VIP들과 함께 식사에 참여하고 나머지는 식사를 돕는 역할에 치중하도록 한다.
마. 식사가 어느 정도 진행된 상태라면 진행자가 음식에 대한 소개를 하며 VIP들에게 간단히 음식에 대한 평가를 요청해도 좋다.
바. 후식까지 함께 한 후에는 음식을 치우지 말고 그 자리에 놓아둔 채 흰 천이나 종이로 덮어두고 자연스럽게 다음 프로그램(게임)을 진행한다.
사. 식사의 시작과 완료는 VIP들의 상태에 따라 조정하면 된다.

(2) 환영 장식 및 초청장 준비
① VIP 네임 카드 만들기
준비물: 약간 두꺼운 색도화지, 양면 테잎, 리본 테잎, 가위, 칼
② 테이블 꽃 장식
준비물: 접시(식탁 크기에 적절한 사이즈), 장미꽃 한단(10송이), 흰 소국 한단, 이끼(물로 씻어서 촉촉하게), 양초, 스마일 락스(꽃 종류, 2-3 줄기), 붉은 열매가 달린 나뭇가지(유연성이 있음)
③ 냅킨 접기
준비물: 예쁜 냅킨(VIP 숫자만큼), 포크와 티스푼을 준비한 냅킨에 싸서 리본 장식
* 전체적 분위기에 맞도록 색상은 통일시키는 것이 좋다.

(3) 목장교회이벤트 리허설 진행

① 이벤트 순서와 담당자의 역할을 점검한다.
② 순서에 따른 준비사항들을 점검하고 미비한 것을 보완하도록 한다.
③ 프로그램 순서는 목장교회상황에 따라 조정할 수 있다.
④ 담당자들은 사용할 멘트를 직접 연습해 보고 어색한 부분은 수정하도록 한다.
⑤ 프로그램 전체 진행시간이 2시간 이내가 되도록 준비한다.

3. 전도소그룹은 어떻게 하는가?

1) 모든 목장원이 VIP 리스트(포도송이)를 작성하게 하고, 이를 위해 기도한다.
2) 전도소그룹은 준비단계에서부터 당일 이벤트실행까지 모든 목장원이 참여할 수 있도록 한다.(찬양, 게임, 데코, 간증, 중보기도 등)
3) 목장교회 전도이벤트 당일 순서는 다음과 같다.(오전에 식사가 가능한 자매 목장교회기준) 각 목장교회의 상황에 맞게 진행할 수 있다.
4) 이벤트 당일 VIP를 교회로 초청하여 전도축제(블레싱 축제)에 참석하도록 권한다.

시간	순서	담당자	주요 사항	준비사항
10:30 - 11:25	준비	목자	· 준비기도회: 참석할 VIP들의 이름을 부르며 기도합니다. · 환영 장식(실내외) · 식사 준비, 식탁 장식 · 기타 진행 준비	· 환영 장식 · 음식 · 식탁 장식 · 좌석용 이름표
11:25 - 11:40	환영 (15분)	환영 담당자	· 분위기 있는 음악을 틀어 놓습니다. · 현관에서 반갑게 영접합니다. · 지정된 좌석으로 안내합니다. · 식사 시작 전까지는 아직 오지 않은 VIP들을 기다리면서 서로를 소개하고 담소를 나눕니다.	· CD카세트 플레이어 · 음악CD
11:40 - 12:30	식사 (50분)	식사 담당자	· 목자가 공식적인 환영 인사말을 합니다. · 식사 담당자가 식사 시간임을 알리고 짧게 감사기도를 합니다. · 목장원들은 2-3명만 함께 식사를 하고 나머지는 음식과 차를 서빙합니다. · 식사 중에는 유쾌한 분위기를 위해 조크 타임을 가져도 좋습니다. · 즐거운 분위기의 음악을 틀어 놓습니다. · VIP들이 후식까지 모두 마치면 흰 천이나 종이로 식탁을 덮어놓습니다.	· 흰천 혹은 종이
12:30 - 12:50	게임 (20분)	게임 담당자	· 게임 인도자의 자연스런 멘트와 함께 게임을 시작합니다. · 인도자는 VIP들의 참여를 유도하면서 명목을 달아 상품을 증정합니다.	· 시상용 상품
12:50 - 13:10	노래/ 찬양 (20분)	노래 담당자	· 노래 담당자는 악보를 나눠주면서 함께 노래 부를 것을 제의합니다. · 일반 가요에서 시작해서 복음 성가로 마치되 VIP들이 잘 따라 부를 수 있도록 최대한 격려합니다. · 목자가 게임과 노래 부르기 시간에 대한 간단한 소감 표현을 하고 마칩니다.	· 악보
13:10 - 13:20	간증 (10분)	목자 간증자	· 목자가 간증자를 소개합니다. "우리 모임에 참여하면서 지난 __년(개월)사이에 삶에 큰 변화를 경험한 ___님의 이야기를 함께 들었으면 합니다." · 간증자는 자신의 신상소개와 함께 자신의 이야기를 짧은 글로 써왔음을 밝히고 글을 읽도록 합니다. · 목자가 간증에 대한 소감 표현을 합니다.	· 간증문
13:20 - 13:25	마무리 (5분)	목자	· VIP들이 참석해 준 것에 대해 감사표현을 하고 전도축제(블레싱축제)에 대한 안내와 초청 의사를 전합니다. · 짧은 기도로 마칩니다.	· 전도축제 (블레싱축제) 초청장 · VIP 접촉용 선물
13:25- 13:30	환송 (5분)	다같이	· 감사와 축복을 표현하며 환송합니다.	

 사례(간증문)

목장을 통해 경험한 예배의 기적
목장예배, 그 기적의 선물 •••••••

최형윤 교우

2011년 10월의 어느 날!! 저는 제 인생을 바꾼 문자 한 통을 받았습니다. 그 문자 한 통으로 저는 지금 새로운 인생을 살고 있습니다. 바로 "블레싱 축제에 당신을 초대합니다"라는 문자입니다. 지금의 목자님으로부터 받은 정성스런 문자였습니다. 목자님과는 단순히 학부형으로 알고 있었을 뿐 특별한 교제는 없었습니다.

사업 실패 후, 남편과의 별거, 양가 부모님 간의 갈등, 여러 가지 경제적인 문제들로 인해 하루하루를 고통 속에 살아가고 있을 때 힘없는 제 손을 잡아 주신 분! 하나님께서 보내주신 선물! 바로 지금 저의 목자님이십니다. 저의 몸과 마음이 이미 망가질대로 망가져 있었고, 아무런 의욕도, 희망도 가질 수조차 없었던 그때 "블레싱 2011"이라는 축제 마지막 날 초대받게 되었습니다. 바로 그날 이동원 원로 목사님께서 하신 말씀에 저는 조금도 주저하지 않고 용감하게 일어설 수 있었습니다.

"새롭게 인생을 다시 시작해 보실 분! 세상 속에 다시 한 번 태어나 믿음으로 살아보고자 하시는 분은 바로 그 자리에서 일어서 주십시오!"

어디서 그런 용기가 나왔는지 지금 생각해봐도 도무지 알 수가 없습니다. 난 그 자리에 선 채로 원로 목사님의 축복의 기도를 받게 되었고, 그날의 느낌과 감동은 깊은 여운으로 아직까지 제 마음 속에 자리하고 있습니다. 또한 그날 흘렸던 눈물이 회개의 눈물이었음을 이제야 알게 되었습니다.

하나님을 다시 찾을 수 있었던 기회가 되었습니다. 그 기회를 놓치고 싶지 않았던지, 전 그날 이후로 목자님 손을 잡고 목장예배를 드리게 되었습니다. 그리고 나의 처한 상황과 고민, 해결해야 할 문제들을 목장 식구들에게 기도제목으로 내놓았습니다. 정작 믿음 생활이 무엇인지도 모르는 서투른 초신자인 저를 목장 식구들은 진심어린 마음으로 대해주었습니다. 또 따뜻한 기도로 저를 영적으로 정신적으로 많이 도와주었습니다.

"복음" "회개" "영생" "중보기도" "은혜" "감사" "구원" "순종" "선교"에 이르기까지 전에는 낯설고 새롭기만 했던 이런 단어들이 어느새 저의 마음속에 자리 잡게 되었습니다. 목자님과 목장 식구들, 전도폭발팀, 목사님, 전도사님, 마을장님 그리고 얼굴도 모르는 중보기도팀의 도움으로 저는 조금씩 크리스천의 삶이 무엇인지 알아가게 되었고, 기도하는 방법도 좀 더 구체적으로 배워나갔습니다.

목장을 통해 제가 받은 가장 큰 은혜는 하나님을 만난 것입니다. 예수님의 십자가를 알게 된 것입니다. 구원의 기쁨을 누리게 된 것입니다.

과거에 사업을 시작해서 실패하기까지 그 과정 속에는 하나님이 계시지 않았습니다. 그때는 저 혼자의 힘으로 해낼 수 있으리라는 무모한 자신감과 막연한 착각에 사로잡혀 있었기 때문이었습니다. 하지만, 지금은 하나님과 함께 하지 않으면 하루도 살 수가 없을 정도로 하나님께 의지하고 있습니다. 어느 새 새벽기도가 5개월째 접어듭니다. 새벽기도를 통해 나 자신부터 변화되었고, 가족 관계를 회복시켜 주셨고, 인생을 다시 한 번 시작할 수 있는 길을 열어주셨습니다. 바로 그 분은 하나님이십니다!

하나님께서는 지금 이 순간에도 저를 변화시키시려 열심히 일하고 계시는 유일한 분이십니다. 나 자신밖에 모르는 이기적인 믿음이 얼마나 어리석었는지, 내 뜻대로 살아왔던 지난 과거의 철없는 저를 회개합니다. 주님의 뜻이 어디에 있는지 참고 인내하려고 합니다.

매일매일 저와 동행해 주시는 목자님과 목장 식구들, 그리고 이승준 목사님께도 감사를 전하고 싶습니다. 무엇보다 지금 이 순간에도 예배의 기적을 이루고 계시는 하나님께 모든 영광을 돌리며, 기도와 찬송으로 오늘을 살아갑니다.

사례(간증문)

사랑으로 하나 되는 목장
우리는 세상이 흉내낼 수 없는 "식구"……

홍미경 목자

저는 신앙이 없는 가정에서 태어나 대학교 때 교회 생활을 시작했습니다. 교회 생활을 했다고 하지만, 그야말로 교회에 출석만 겨우 한 것입니다. 메마른 저의 신앙생활에 새로운 문을 열어준 것은 지구촌교회 목장교회 생활이었습니다. 그 곳에서 주님을 인격적으로 만나게 되었고, 그곳에서 진정한 참 사랑을 알게 되었습니다.

주일 예배 한 번으로 근근이 신앙을 유지하던 제게 금요일 오전에 드려지는 목장교회모임은 주님 안에서의 삶의 나눔, 바로 그 것이었습니다. 주님 말씀을 듣고 아는 것으로 끝나는 것이 아니라, 주일 목사님 설교를 통한 하나님의 말씀을 삶에 적용하고 자신이 만난 주님의 사랑을 나누는 시간입니다. 주님을 더 깊이 알게 되는 과정이었고, 나를 돌아보는 시간이었습니다.

그렇게 목자님의 돌봐주심과 목장 식구들과의 교제의 시간이 달콤할 무렵, 목장이 배가를 하면서 3년 전에 제가 그만 덜컥 목자가 되었습니다. 목자를 사모하는 마음이 있어 언젠가는 하게 되리라는 생각은

했었지만, 막상 목자가 되어 보니 그리 편한 길은 아니었습니다. 살아온 삶이 다르고, 생각이 다른 목장 식구들을 품는 일은 쉽지만은 않았습니다. 그러나 그때마다 주님은 서툰 저의 손을 잡아 주셨고, 비록 제 눈길이 미치지 못하는 곳일지라도 주님께서 늘 먼저 가셔서 지키고 보호하고 계심을 경험했습니다.

그 후, 주님의 도우심으로 목자 생활 1년 만에 배가를 하고, 배가한 목장에 식구들을 보내고 목장원 한 명으로 새로운 목장을 시작했습니다. 목장 식구가 적어 조금의 염려가 있었지만, 풍성히 은혜베푸실 주님을 바라며 새벽마다 전도할 사람을 만나게 해달라고 기도했습니다. 잃어버린 양을 찾기를 바라시는 신실한 주님의 은혜로 지금은 여덟 명의 식구들과 매주 목장모임을 하고 있습니다.

하나님께서는 영혼 구원을 위한 기도를 기뻐하셨습니다. 전도의 열매를 풍성히 맺게 해주신 것입니다. 유치원 가는 아이를 배웅하다가 만나서 전도한 자매도 있고, 등산하며 만나 오랜 기도 후에 교회 등록을 한 자매도 있습니다. 또 알고 지낸 지 오래 되었지만 불교학생회라며 신앙을 거부했던 자매는 제가 기도한 지 2년 만에 신앙을 갖고 싶다고 먼저 전화를 하기도 하였습니다. 교회 등록을 하지 않은 채 주일성수를 하던 자매를 주님이 우리 목장으로 보내 주셨고, 날로 험해지는 세상에서 아이 키우는 일이 쉽지 않다는 얘기를 나누다가 함께 기도하자는 말에 기꺼이 주님을 만난 자매도 있었습니다.

또 주님께서 필요한 사람을 보내주시기도 하셨습니다. 자녀 교육이라는 공통의 관심사가 있는 목장 식구들에게 교육학을 전공한 집사님을 보내 주시기도 하셨습니다. 그분을 통해 목장 식구들은 주님의 시각으로 아이를 바라보는 양육 방법에 대해서도 배울 수 있었습니다. 매주 금요일마다 우리는 풍성한 하나님의 사랑을 경험하고 있습니다.

아직은 목장 식구들 모두 초보 신앙이라 서툰 찬양과 익숙하지 않은 기도를 주님께 드리고 있지만, 열심히 참석하여 서로를 위해 기도하고 있습니다. 중보기도를 통해 축복의 열매도 풍성히 맺히고 있습니다. 자녀를 국악중학교에 입학하는 기쁨을 누린 자매도 있고, 축구 선수로 진로를 정하게 된 아들 때문에 새벽마다 주님을 붙들고 신앙을 키워가는 초신자 자매도 있습니다. 이런 열매들을 보면서 목장 안에서의 중보기도가 얼마나 소중한 것인지 경험하고 있습니다.

주님의 사랑 안에서 만나 서로를 위해 기도하는 우리 목장 식구들은 말 그대로 이 세상에서 가장 귀한 "식구들"입니다. 세상의 인연이 흉내낼 수 없는 그런 "식구들"인 것이죠. 아직은 서로가 어리고 여린 신앙이지만, 서로를 위해 기도해 주고, 다른 식구를 진정으로 축하해 주는 정말 "식구"입니다. 주님께서 서로를 위해 준비해 주신 귀한 영혼들이라는 생각에 그저 늘 감사하는 마음 뿐입니다.

이제 긴 겨울 방학이 끝나고 곧 목장교회모임이 시작됩니다. 올 한 해도 우리 목장식구들이 건강한 가운데 자신의 소망들을 주님 안에서 이루기를 목자로서 간절히 기도합니다. 그리고 더 풍성한 나눔과 사랑이 함께 하는 목장이기를, 주님 살아계심과 우리를 사랑하심을 경험하는 목장이기를 바랍니다. 우리 식구들이 올해 더 많이 성장해서 배가의 기쁨도 함께 하기를 소망해 봅니다.

"우당탕탕, 시끌벅적한 가운데 기쁨이 넘치는 우리 목장의 새 학기 새 모임을 기대하며... 우리 "식구들", 사랑합니다!"

사례(간증문)

생수가 흐르는 축복의 통로 ･･･････
채길령 교우

　2007년 어느 주일, 설교 말씀 중에 문득 오랜 신앙생활을 해왔음에도 제 삶에 열매가 없다는 사실이 주님께 송구하게 느껴졌습니다. 주님께 회개하며 '주님! 저도 열매 맺고 싶어요'라고 간절히 기도했습니다. 2008년 목자훈련과 셀컨퍼런스를 통해 목장교회 생활의 초점이 전도에 있음을 알게 되었고, 목장교회의 비전에 대한 이동원 목사님의 말씀을 통해 목장교회를 향한 하나님의 꿈이 제 마음에 새겨졌습니다.

　'목장교회의 비전은 하나님 나라의 비전이고
　한 영혼이 돌아올 때 하나님의 나라가 확장된다'

　그 해 가을, 텃밭을 일구시던 친정아버지 밭에서 아버지가 애써 씨를 뿌리고 가꾸셨던 고구마 수확물을 거두어들였습니다.

　'내가 심지 않은 것이지만 아빠의 수고로 거두어들이는구나.
　영혼 구원도 이와 비슷하지 않을까...'

4장 목장 전도　205

문득 영혼들도 마찬가지라고 주께서 제게 속삭이시는 듯 했습니다. 그때까지 제게 전도대상자는 믿지 않는 친정 식구들에게 많이 초점이 맞추어져 있었는데 친정식구들이 도무지 돌아올 기미가 보이지 않아 낙심하고 있었습니다. 그런데, 이제 누군가가 심어놓은 추수할 영혼들에게로도 시선을 두어야 한다는 생각이 강하게 들면서 이웃들에게 관심을 갖기 시작했습니다. 그때부터 목장교회의 전도 비전을 가슴에 품고, 전도할 VIP를 정해서 목장교회의 방향을 따라가며 그 영혼들을 위해 열심히 기도하였습니다. 그 열매로 세 분의 VIP분을 블레싱 축제로 인도할 수 있었습니다. 그 중에 한 분이 예수님을 영접 하셨습니다. 이 일은 제게 큰 격려가 되었습니다.

앞 선 네 분의 목자님의 사랑과 섬김을 받으며 자라가고 있던 저는 2009년 목자님의 직장생활로 인해 그 후임목자로 부르심을 받아 올해로 목자 4년차를 맞이하고 있습니다. 하나님께서는 목자 초년병인 저를 격려하시고자 열심히 교회 내 잃어버린 지체들을 붙여주셔서 2009년도에 한 번의 배가를 경험하였습니다. 또 블레싱 축제에 이웃들을 초대하는 목장 전도와 열심있는 목장원들의 일상 전도를 통해 2011년 초에 또 한 번의 배가를 하는 축복을 경험하였습니다.

만남과 헤어짐을 통해 일하시는 하나님께서는 다양한 배경을 가진 자매님들을 저희 목장에 엮어 주기도 하시고, 또 이사와 직장생활 등의 이유로 다른 곳으로 보내기도 하시면서 그때마다 하나님의 큰 그림 안에서 목장을 다른 색깔들로 그려내시곤 합니다. 하나님께서는 각기 다른 모양의 영혼들을 다른 방법으로 우리에게 보내주셨습니다.

블레싱을 통해 거듭나 저희 목장에 담긴 영혼, 아이들을 데리고 나가 놀던 아파트 중앙광장에서 다른 이를 전도하는데 옆에서 듣고 있다가 목장에 연결된 자매, 그 자매가 전도한 동서, 같은 단지에 살고 계시는 직장 마을장님께서 전도하셔서 맡겨주신 자매, 올해 아파트 내에서 공부방을 하시게 되어 목장에 오시게 된 분 등등.. 모일 때마다 말씀을 통한 삶의 나눔이 풍성하여 애써 나눔을 절제해야 하는 아쉬움이 있기도 합니다. 하나님 나라와 의를 먼저 구할 때 우리의 필요를 채워주신다는 약속의 말씀을 믿고 개인기도 하기 전에 먼저 늘 교회와 공동체 그리고 목장과 연결된 선교 대상자와 사회봉사 대상자를 위해 매주 빠짐없이 기도하고 있습니다.

무엇보다도 목장 가족들의 가족과 이웃인 60여명정도의 VIP 대상자들의 이름을 부르면서 하나님의 때를 기다리며 계속 기도를 심고 있습니다. 지속적으로 기도하는 가운데 목장은 한 영혼에 대한 아버지의 마음을 품게 됩니다. 해마다 블레싱 기간이 돌아오면 부족한 가운데서도 최선을 다해 준비합니다. 목장의 존재 이유인 한 영혼에 대한 하나님 아버지의 마음을 알기 때문입니다.

블레싱 기간에 이벤트를 준비하여 초대하고, 어설프게나마 몇 분에게 복음을 전하며 블레싱 축제로 초대합니다. 그럴 때마다 약할 때 강함 되시는 하나님을 경험하며 목장에서 함께 기도한 영혼들이 하나 둘씩 주님 품으로 돌아오는 것을 목도합니다. 그래서 주님의 기쁨을 맛보기도 합니다. 이런 시간을 통해 우리는 예수님의 축복의 통로로 조금씩 성장해갑니다.

최근에는 작년부터 목장교회 생활을 시작한 한 자매님의 어머님이 넘어져서 왼손 뼈가 주저앉아 철심을 박는 수술을 하셨습니다. 어머니와 자매를 위해서 목장 가족과 함께 기도하고 병문안을 한 자리에서 마을장님과 함께 그분에게 복음을 전할 수 있었습니다. 어머니께서는 진지하게 들으시는 동안 눈물을 흘리시며 자신과 그간의 삶의 무거운 짐을 주께 맡기시고 예수님을 영접하시는 기쁨을 맛보기도 했습니다. 비록 어머니는 수술 때문에 고통을 당하셨지만, 바로 그 고난이 영혼 구원의 기적이 되었습니다.

그 현장을 보고 들었던 목장 가족들은 그 다음 목장모임에서 '불편함의 축복'이라는 말씀나눔을 하던 중 오랜만에 목장을 찾은 VIP분의 질문에 열과 성의를 다해 본인들이 경험한 하나님과 복음을 자연스레 나누었습니다. 그 모습을 보는 것 또한 기쁨이었습니다. 아직 예수님을 영접하시지는 않았지만 지금은 목장과 목장 사람들이 좋아서 나오겠다고 하십니다. 그분이 우리 안에 계시는 예수님을 속히 구주로 맞아들이시기를 기도합니다.

아울러 믿음은 들음에서 나고, 들음은 그리스도의 말씀으로 말미암는다는 말씀을 따라 우리 목장 식구들이 함께 하나님의 진리로 무장되고 거룩해지도록 교회의 훈련의 자리로 나아가려고 노력하고 있습니다. 때로는 자발적으로 때로는 억지로라도 함께 나아가 서로 도전과 자극 그리고 격려를 주고 받으며, 한 걸음 한 걸음 주님 앞에서 자라가고 있습니다.

한 영혼이 주께 돌아오는 일, 그 영혼이 목장의 그릇에 담겨서 예수님의 제자로 자라가는 일은 그리 쉬운 일이 아닙니다. 저의 경우를 뒤돌아 보더라도 오랜 과정이었고 쉽지는 않았습니다. 하지만, 우리가 하는 것이 아니라, 하나님께서 하시는 일임을 믿기에 우리는 그저 씨앗을 뿌리는 것입니다. 중보와 복음과 사랑을 심고 인내하며 포기하지 않고 기다릴 때 하나님의 때에 그 씨앗은 거두어질 것입니다. 우리의 기도가 밑거름이 되어 때가 되면 하나님께서 일하심을 믿습니다.

우리들은 서로 사랑하면서도 아직도 불협화음을 낼 때가 있습니다. 우리는 여전히 죄인이고, 연약하고, 서로 다르기 때문입니다. 그럼에도 불구하고 예수님의 십자가 사랑으로 우리를 아우르시는 하나님 때문에 우리는 오늘도 화음을 내기 위해 노력합니다.

주님의 사랑하심과 기뻐하심을 입은 공동체로서 우리 목장은 고인물이 아니라 생수가 흐르는 통로로 오늘도 영혼을 품고 하나 되어 나아갑니다. 영원히 목마르지 않는 예수님의 생수를 흘러 보내는 통로가 되기 위해 앞으로 손을 잡고 나아갈 것입니다.

모든 영광을 주께 돌리며...

사례(간증문)

사랑의 시월愛
세상에서 가장 아름다운 시월愛 ········

윤옥자 목자

나의 인생에 길잡이가 되고 있는 주 경배 가족들!

얌전이, 들국화, 장미, 윤정이, 단풍, 천사, 오렌지, 시냇물, 우먼파워, VIP 예쁜이, 막둥이, 나비, 수연.

시월愛 야외예배를 통해서 주님은 목장 식구들에게 귀한 별칭을 하나씩 지어주셨습니다. 별칭 하나에도 다 소중한 사연이 있고, 믿음의 고백이 들어 있습니다. '단풍'은 칙칙하게 힘없이 떨어지는 그런 낙엽은 되기 싫고 끝까지 오색찬란한 빛을 뿜으며 많은 사람에게 기쁨을 주는 그런 단풍이 되고 싶다는 의미입니다. '시냇물'은 깊은 계곡이나 거친 숲속에도 굽이굽이 무리 없이 잘 흘러서 청청한 옥수가 되어 수많은 생명을 품을 수 있는 시냇물입니다.

이름이 사내이름 같아서 '윤정이'라고 불리고 싶다는 분도 있습니다. 제가 감기 때문에 병원에 갔다가 그곳에서 만난 윤정이는 언뜻 보기에도 중환자임이 틀림없어서 한 순간 끌어안고 위로를 했습니다. 그분은 권사의 직분까지 얻었는데, 사탄의 역사로 몇 년 동안 교회를 나오지 않았다고 합니다. 저를 만났을 때도 병마에 시달렸던 터라 심신이 지쳐 있었는지, 하나님을 믿을 수가 없다고 말하였습니다.

"난 교회도 가기 싫고 하나님도 믿을 수가 없어서 친지 중에 절에 계시는 분이 있는데 절에 들어갈까 싶다."

시니어스쿨을 통해서 친분이 있는 터라 저는 우리 목장으로 한번 와 보시고 결정하셔도 늦지 않다고 말했습니다. 감기 때문에 간 병원에서 주님은 왜 윤정이를 만나게 하셨는지 지금 생각해도 꿈만 같은 일이었습니다. 윤정이는 약속한 날짜에 멋지게 모양을 내고 목장의 문을 두드렸습니다. 심한 당뇨로 언행이 어눌하고 예배 중에도 인슐린을 투약하는 급박한 상황도 종종 발생하였고 응급 처치를 받아야 되는 상황도 일어났으나 목장 식구들은 묵묵히 윤정이를 품고 몇 년을 기다려 주었습니다. 윤정이는 지금은 오직 금요일 시니어 예배를 손꼽아 기다리며 목장 식구들을 자랑스럽게 생각하고 계십니다. 아들 하나밖에 없는 단출한 가족이라 매일 가족예배를 드리는 은혜를 갖게 되었고 성전을 통해서 새 삶의 축복을 얻게 되는 기적이 일어났습니다.

"이제 제게는 성전의 삶이 전부예요. 내 삶이 이렇게 바뀌게 될 줄은 나도 몰랐어요."

오렌지를 처음 만났을 때 얼굴빛이 주홍빛이었으면 얼마나 좋았을까? 하지만, 우리에게 첫선을 보인 그녀의 얼굴은 사경을 헤맨 누런 얼굴이었습니다. 오렌지라는 별칭은 생기 있는 오렌지가 되고 싶은 바람에서 나온 것입니다. 대예배때 교역자님들이 중보기도의 제목으로 오렌지의 간이식수술에 쾌유를 비는 간구를 몇 차례 광고를 하셨었습니다. 그 기도 제목의 주인공이 바로 우리 목장 식구가 된 것입니다. 오렌지는 처음 봤을 때는 마치 식물인간이 앉아있나 싶을 정도로 안색도 안 좋았는데, 나날이 안색이 점점 오렌지 빛으로 빛나게 되었습니다. 오렌지는 찬양담당자로서 언제나 선창을 해주었고, 그 동안 자신이 치른 병고를 간증하시면서 우리의 삶을 다시 주님 앞으로 인도하는 통로가 되어 주었습니다. 하지만 하나님의 뜻을 저희들은 알 수가 없습니다. 지난 여름에 갑작스럽게 동반자인 장로님이 하늘나라로 떠나시는 장례를 치르게 되었습니다. 또 한 번의 시련의 고통과 좌절은 오렌지의 얼굴빛을 또 다시 누른빛으로 물들여 놓았습니다.

"이 고통을 누가 위로할 수 있으며 어느 누가 도울 수 있겠습니까?"

예수님의 사랑 없이는 어떤 위로도 소용이 없었을 것입니다. 목장 식구들과 교역자님들의 진실한 사랑과 섬김으로 하나님의 귀한 격려의 말씀을 전해주셨기에 오렌지는 눈물을 거둘 수 있었습니다. 오렌지는 당신의 허망한 현실때문에 밤낮을 헤매다가 이미 갈 길을 잃었을 것이라고 말합니다. 하지만, 지구촌교회가 있어서 당신의 삶의 길을 제대로 찾았다고 고백합니다. 그 감사함과 고마움으로 오렌지는 다시 활기를 찾았습니다. 주경배 목장에는 또 다시 오렌지의 찬양이 아름답게 울려 퍼지고 있습니다.

천사는 언제나 남을 먼저 배려하고 나누는 사랑이 있습니다. 특별히 시월愛에 초대된 VIP들이 붙여준 별칭이라고 합니다. 믿음의 뿌리를 단단히 내려야지 하는 마음은 갖고 있었으나 일상생활이 분주하고 세상이 더 흥미로워서 주일을 지키기도 버거웠던 천사였습니다.

그런데, 하나님께서는 그런 천사를 그냥 놔두지 않았습니다. 주일 예배뿐 아니라 시니어예배와 시니어스쿨을 듣게 하셨고, 어느새 믿음생활을 활발히 하는 천사를 발견하게 되었습니다. 또 문화선교활동을 시작하게 되면서 함께하는 형제자매들에게 사랑을 베푸는 나눔의 은사를 실천하였습니다. 그 때부터 이미 떡을 떼는 주님의 사랑을 몸소 실천하며 천사라는 별칭에 걸 맞는 사람이 되어가고 있었습니다. 바로 삶의 우선순위가 바뀌는 믿음 생활의 대역전이 일어난 것입니다.

시월愛 VIP(예쁜이, 막둥이, 나비, 수연)들도 며칠을 기도한 덕분에 물향기 수목원까지 함께 오셨다는 간증을 하시면서, 두 눈에 눈물이 그렁그렁해서 우리들에게 간증의 증표를 보여주셨습니다. 자신들의 힘으로 한 것이 아니라 하나님께서 목장으로 인도하셨다고 고백합니다. 그들의 진심어린 고백에 우리 모두도 눈시울이 뜨거워졌습니다. 시월愛 야외 예배는 그렇게 자신의 삶과 간증을 나누는 은혜 가운데 마무리를 할 수 있었습니다.

시월愛는 우리 목장 식구 모두에게 뜨거운 은혜와 아름다운 나눔 그리고 진실한 사랑으로 기억될 것입니다. 시월愛는 예수님과 함께 한 아주 소중한 추억입니다.

저는 한 마리의 잃은 양을 찾는 목자의 마음으로 목장을 섬기고 싶었습니다. 또 언제 어디서든지 사랑하는 마음을 잃지 않는 그런 삶을 살고 싶습니다.

목자로서, 예수님의 제자로서...

사례(간증문)

구원의 감격 행복한 목장

방순실 목자

저는 불신 가정에서 태어났습니다. 대대로 유교집안이어서 무속신앙에 깊이 젖어 있는 집안이었습니다. 그래서 제사는 물론이고 굿이며, 고사며, 온갖 미신 등을 섬기는 모습들을 보며 자랐습니다. 어린 시절 주일학교 한 번 가보지 못했고, 교회 다니지 않는 사람도 한 번쯤은 간다는 크리스마스 예배도 가보지 못했습니다.

그런데 딸 아이가 두 살 때 이웃에 여고 동창이 이사오게 되어 저에게 하나님을 소개하면서 서서히 빛이 들어오기 시작하였습니다. 그 친구는 나에게 교회 나오기를 권하였는데, 저는 마음의 문을 닫고 있었고 완강히 거절했지요. 친구는 구역예배에 나오라고 찾아오기도 했지만 저는 그때마다 거절하고 때로는 집을 비우기도 하며 친구를 일부러 피했습니다. 남편이 지방으로 발령이나 이사하게 되자 저는 무척 기뻤습니다. 이제 친구의 그 권면을 듣지 않아도 되니까요.

지방으로 이사를 가서 전도의 손길에서 벗어났다고 좋아했으나 그것도 잠시 뿐이었습니다. 하나님께서 친구 대신 보낸 사람이 또 있었습니다. 제가 사는 곳은 사원아파트라 새로 이사 온 집마다 직원 부인들이 전도를 하고 있었습니다. 제게도 한 분이 열심히 예수님을 소개하며 교회 나오기를 권했습니다. 그런 끈질긴 전도가 저의 마음을 움직이기 시작하였습니다. 어느 날 저도 모르게 마음의 문이 열리며 교회에 다녀야겠다는 생각이 들었습니다. 그분과 함께 교회에 가는 첫날 어색하고 낯설었지만 왠지 마음은 편하고 기뻤습니다. 예배 순서에 따라 찬송을 부르게 되었습니다. 찬송가 440장입니다.

"멀리멀리 갔더니 처량하고 곤하여
슬프고 또 외로와 정처 없이 다니니
예수 예수 내주여 지금 내게 오셔서
떠나가지 마시고 길이 함께 하소서"

갑자기 눈물이 쏟아지기 시작했습니다. 찬송이 끝날 때까지 부끄러움도 잊은 채 펑펑 눈물을 흘렸습니다. 저는 그 찬송을 불러보거나 들어본 적도 없었습니다. 허물 많고 교만하고 철저히 하나님을 거부하던 저를 주님께서는 감동이라는 가장 아름다운 방법으로 만나 주셨습니다. 그 후 기쁨과 감사 속에 여러 가지 크고 작은 체험들을 주셨습니다.

그때마다 저는 친정어머니와 가족들에게 제가 만난 하나님을 전하며 교회 다니라고 말씀을 드렸습니다. 친정 어머니는 마치 제가 그랬던 것처럼 완강하게 거절하셨습니다. 그때야 비로소 제가 친구의 마음을 이렇게 아프게 했다는 사실을 깨닫고 절로 회개가 나왔습니다. 친정어머니의 영혼 구원을 위해 금식기도로, 작정기도로 하나님께 엎드렸습니다. 하나님께서는 제게 어머니를 위해 많이 기도하기를 원하셨고, 저는 이십 년 가까이 눈물 흘리며 기도하였습니다.

그 기도의 눈물이 쌓이고 쌓여 산이 되었을 때 마침내 어머니의 마음을 열어 주셨습니다. 77세에 주님을 영접하신 어머니. 어머니께서 침(세)례를 받으시던 날 얼마나 기뻐하고 감사했는지 모릅니다. 올해로 신앙생활 11년 되신 어머니는 그 동안 성경을 97독을 하셨고, 지금도 돋보기를 쓰시고 늘 말씀 묵상으로 하나님과 쉼 없는 교제를 하시고 계십니다. 오늘도 천국의 소망과 감사함으로 매 순간을 아름답게 물들이고 계십니다.

" 나는 달라진 게 하나도 없는데 늘 이렇게 기쁘고 감사한지 모르겠구나."

하루 하루가 행복하시다는 어머니의 고백을 듣고 있으면 저도 덩달아 가슴이 따뜻해지고 천국의 행복을 느끼게 됩니다. 하나님께서는 친정 가족들도 구원하시고, 제 교회 생활조차 무척 싫어하고 반대하던 남편도 구원해 주셨습니다. 저희 가족이 복음으로 하나 되어 천국의 소망을 갖고 이 땅에서 살아가게 하신 하나님께 감사드립니다.

지구촌교회를 섬기며 자매목자로 섬기던 중 시니어지구에 목자가 부족하다는 것을 듣게 되었습니다. 친정어머니를 구원하신 하나님께 감사드리며 더 나이 들기 전에 시니어 어르신들을 섬겨야겠다는 생각이 저를 강하게 붙들었습니다. 한편으로 두려움도 있었지요. 과연 그 분들을 제대로 섬길 수 있을지 말입니다. 하나님께 기도로 나아갔습니다. 3월초 쌀쌀한 겨울바람이 채 떠나지 않은 이른 봄날에 처음으로 목장식구들을 만나게 되었습니다. 생각했던 것 보다 모두 건강하시고 주님의 은혜 가운데 노년을 보내시며 참으로 평안해 보이셨습니다. 매주 목장 나눔을 할 때면 살아오신 연륜에 따라 풍성한 나눔도 하시며 더욱 큰 은혜를 사모하시는 소중한 분들이십니다. 시니어 성가대원으로, 전도폭발훈련으로, 여러 번의 큰 수술로 육신적으로는 연약하시지만 포근한 미소로 목장에 참석하시는 분, 중계동, 대치동, 약수동 등에서 말씀과 만남의 기쁨을 기대하며 목장에 오시는 분 등 늘 감동과 감사가 목장에 흘러 넘칩니다.

독신으로 계신 집사님 한 분은 일찌기 신앙 생활을 시작하셨지만 정착을 못하시고 불교, 천주교, 기독교를 살피시다 기독교를 택하였다고 하셨습니다. 십여 년 동안 신앙 생활을 하셨지만 하나님과의 만남을 체험하지 못하신 것 같았습니다. 지난 겨울 집사님은 장 유착으로 급하게 입원하여 수술을 받게 되었는데 상태가 심각해 내시경으로는 할 수가 없고 여러 군데를 전개하는 큰 수술을 받게 되었습니다. 모든 목장원이 문병과 중보기도로 빠른 회복을 간구했습니다. 그러나 곧 퇴원할 것 같다가도 수술 상처가 아물지 않아 한 달 동안 입원하게 되어 집사님도 안타깝고 답답하여 하나님께 기도로 매달리기 시작하셨습니다. 저는 집사님께 은근히 하나님께서 집사님과 깊이 만나길 원하시는 말씀을 드렸습니다.

"하나님이 짝사랑하고 계셨는데 집사님과 연애하시길 원하시나 봐요."

집사님은 퇴원하여 회복기를 거쳐 목장 참석을 하시며 필그림에서 성경통독을 하셨습니다. 이동원 목사님의 영성 훈련을 기쁘게 참석하시며 많은 은혜를 받으셨고, 이제 하나님과 제대로 된 연애를 하고 계신 것 같습니다. 얼마 전에는 건강검진 결과에서 유방에 혹이 보이고 자궁도 암 초기 증상이 의심되어 정밀검사를 하라는 통보를 받으셨습니다. 정밀검사는 다행이 큰 문제는 없지만 정기적으로 검사하라는 결과를 들으시고 오히려 감사해 하셨습니다. 집사님의 변화된 고백에 제 가슴이 뭉클했습니다.

"내 몸 관리 소홀할까 봐 하나님께서 정기적으로 검사하게 하셨어요. 고난이 축복인 것을 이제 알겠어요."

전에는 목장나눔 시간에 나눔을 많이 하지 않으셨지만 이제는 한 주간 하나님과의 만남의 은혜를 풍성하게 나누고 계십니다. 또한 GT로, 말씀 묵상과 기도로, 하나님과의 열애로 무척 행복해 하십니다. 작은 것 하나에도 감사해하시고, 모든 것을 긍정적으로 보는 믿음의 자녀로 변화되셨습니다. 그렇게 변화된 집사님을 보며 저의 어머니를 생각합니다. 무속신앙에 젖으셨던 어머니가 이제는 주님을 섬기며 새벽기도와 말씀 묵상으로 주님과 깊은 교제 가운데 계십니다.

저는 앞으로도 어르신들이 주 안에서 더욱 풍성한 은혜로 살아가시도록 재롱둥이가 되어 열심히 섬길 것입니다. 목장 가운데 항상 행복한 웃음이 멈추지 않길 기도합니다.

사례(간증문)

목장모임 나눔 가운데 함께 하시는 주님
은혜의 강을 사모합니다 ▪▪▪▪▪▪▪

박재철 목자

8년 전, 우리 부부는 어린 첫 아이를 유모차에 태우고 우리에게 적합한 교회를 찾아 다녔습니다. 어느 주일에 우연히 찾아 들어간 곳이 바로 수지 지구촌교회 모자실입니다. 처음 모자실 입구를 들어갈 때 은은하게 들려오는 경배와 찬양은 제 마음을 너무나 편안하게 했습니다. 마치 하나님의 품에 들어온 것 같은 느낌을 받았습니다. 또한 중고등학교와 대학시절 힘든 순간에 저를 하나님과 연결시켜주며 위로했던 주옥같은 경배와 찬양곡들이 다시 한 번 저와 하나님을 연결 시켜주었습니다. 다시 찾아온 은혜의 순간이었습니다.

지금 돌아보면 우연히 지구촌교회를 간 것이 아니라, 하나님의 계획하심에 따라 지구촌교회를 가게 된 것이었습니다.

지구촌교회에 등록하고 주일 예배 때 부르는 경배와 찬양 곡들이 너무나 좋았습니다. 처음에는 그냥 찬양하는 것이 좋고 목사님 설교가 좋다는 단순한 이유로 열심히 예배에 참석했던 것 같습니다. 나중에는 부부목장에 소속되면서 여러 집사님들과 나누는 교제와 말씀 공부를 통해 더욱 하나님과 가까워질 수 있는 기회가 되었습니다.

아내는 더욱 열심을 다해 하나님과 가까워졌으나 저는 그렇지 못하고 주일 예배만 드리는 선데이 크리스천으로 자연스럽게 변화되고 있었습니다. 많은 집사님들이 형제목장에 나오라고 하였지만, 저는 목장의 중요성을 알지 못하였고 주일 저녁에 하는 목장모임이 힘들게만 느껴졌습니다.

그 후 아내는 자매목장을 나가고 저는 목장에 소속되지 않은 채 주일 예배만을 드렸습니다. 아내는 둘째를 임신하게 되었는데, 5개월 쯤 지나 신장결석에 걸려 하루하루를 고통 가운데 버티기를 반복하였습니다. 통증이 찾아오면, 몸을 뒹굴정도로 고통이 심했고 응급실로 급히 달려갔습니다. 응급실에서도 뱃 속의 아이 때문에 특별히 치료할 수 있는 방법이 없어 그냥 응급실에 누워 있는 것만으로 위로를 받아야만 했습니다. 우리 가족 모두는 아이 엄마가 너무 고통스러워 하니 아이를 포기하자고 했습니다. 저 역시도 옆에서 지켜보는 것이 너무 힘들어 아내를 설득해야겠다고 생각 할 때였습니다.

아내가 참여하는 자매목장의 목자님께서 매일 매일 집과 병원을 찾아오시며, 아내를 위로하고, 아내와 고통을 함께 해주며 아이를 절매 포기하지 말자며 함께 기도하자고 했습니다. 그때 아내와 함께 울어주시고 본인의 아픔처럼 고통을 함께 해주시는 그 진실된 모습을 보며 나의 마음은 다시 변하기 시작하였습니다. 정말 그 자매목장의 목자님을 보며 저 모습이 진정한 크리스천의 모습이라는 생각이 들었고 저런 사랑과 헌신이 가능하다니 정말 대단하다고 생각하였습니다.

"우는 자들과 함께 울고, 웃는 자들과 함께 웃어라."

목장 식구들은 예수님의 말씀처럼 함께 울어주고, 함께 웃어주신 가족들입니다. 아내의 목장 목자님뿐 아니라 자매님들도 저와 우리 가정에 목장의 소중함과 목적에 대해 온 몸으로, 또 사랑으로 알려 주신 분들입니다. 그때 나를 끝까지 포기하지 않으시고 몇 년을 형제 목장으로 인도하려 노력하신 그 집사님 덕분에 저도 형제목장을 나가게 되었습니다. 목장에서 막내였던 저는 많은 형님들의 사랑을 듬뿍 받으며 목장에 잘 적응하고 또 목장의 소중함도 알게 되었으며 아내와 함께 해주었던 그 자매목장의 분위기를 더욱 이해할 수 있게 되었습니다.

그렇게 몇 해가 지나며 우리 목장은 몇 번의 배가를 하였습니다. 작년 출석 인원이 여섯 명밖에 되지 않는 상황에서 우리 목장은 세 명씩 나눠 배가를 하게 되었습니다. 여섯 명도 적은데 세 명씩은 너무 적을 것 같아서 두려웠습니다. 목자님도 또 예비목자인 저도 너무나 두려웠습니다. 하지만 이상하게도 너무나 자연스럽게 배가되었고 저는 새로운 형제목장에 목자가 되었습니다. '저는 하나님의 뜻이야! 하나님이 나를 목자로 세우셨어!' 라는 마음으로 기쁘게 생각하며 목장을 잘 이끌겠다고 결심하였습니다. 옛날 저에게 사랑을 알려 주신 많은 목자님들처럼 '나도 잘 할 수 있을꺼야' 하는 막연한 기대만을 가지고 있었습니다.

하지만 막상 목장모임이 시작되었을 때 한주 한주 목장모임을 하면서 너무나 힘들고 쉽지 않다는 생각이 들어 목장모임이 부담으로 다가

오기 시작하였습니다. 세 명의 작은 인원, 목자 1명, 예비목자 1명 , 목장원 1명 그리고 연락을 드려도 목장모임은 절대로 나올 수 없다며 나를 더욱 힘들게 하는 우리 목장에 소속만 되어 있는 열 명…

목장모임은 제대로 되지 않고, 목자로서의 자신감도 바닥을 치고 있었습니다. 그렇게 지칠 대로 지친 어느 날이었습니다. 딱 한명인 목장원이 일이 있어 못 나온다는 연락이 왔습니다. 별 갈등도 없이 '그래 그냥 이번 주는 쉬자' 라고 마음먹고 예비목자님께 '쉬는 것이 어떨까요?' 라고 문자를 보냈습니다. 답변도 없이 수요일… 목요일… 금요일… 그렇게 시간이 가고 목장모임은 다가오고 있었습니다. 토요일에 드디어 기다리던 예비목자님으로부터 연락이 왔습니다. 반갑게 인사하며 저는 주저하지 않고 말하였습니다.

"집사님, 우리 둘이 목장모임을 해야 하는데 이번에 쉬는 것이…."
"그냥 우리 둘이 목장모임하면 안 되나요? 꼭 셋이 모여야 하나요? 내일 뵙지요."

제 말이 채 끝나기도 전에 예비목자님은 둘이서 하자고 말했습니다. 형님이 동생을 질타하는 강한 말투였습니다. 저는 너무나 창피하였고 자존심이 상하였습니다. 예비목자만도 못한 목자라고 스스로를 질타하였습니다. 그리고 목장모임 시간이 다가왔습니다. 하지만 이게 무슨 일입니까…

처음 만나 아이스 브레이킹부터 찬양, 말씀나눔, 나눔지, 기도 모임까지 처음부터 끝까지 너무나 풍성한 나눔이었습니다. 오히려 셋일 때보다 더 풍성하게 채워졌습니다. 늘 바닥만 보고 발만 만지며 항상 절제된 모습이었던 우리 예비목자님이 그 날은 본인이 마치 목자인 듯 목장모임을 이끌어 주셨습니다. 분명 두 명이었지만 하나님께서 함께 해주셔서 지금까지 경험하지 못한 은혜를 누릴 수 있었습니다. 은혜는 사람 수에 있지 않고, 성령의 임재에 있었습니다. 두 명이라도 성령께서 함께 하시면, 은혜의 강물이 흐를 수 있는 것입니다.

'인원이 적어 목장모임이 어려워…'
'목장 식구를 채워주셔야 은혜가 있을 텐데…'

이런 생각은 정말 저의 어리석은 생각이었고, 진정한 목자의 모습이 아님을 느낄 수 있었습니다. 적은 인원이지만 '이 목장원들을 위해 난 뭘 했으며 또 목장모임을 어떻게 이끌어 왔나' 를 반성하고 돌아볼 수 있었습니다. 그 때부터 우리 목장은 "인원을 채워주세요"라는 기도 보다는 "하나님이 허락해 주신 이 모임을 소중하게 생각하며 나눔에 최선을 다하게 해주세요!"라는 기도를 드리기 시작했습니다.

그러다 몇 주가 지나 너무나 반가운 소식이 들려 왔습니다. 지금까지 목장에 소속만 되어 있고 가끔 특별한 때에만 목장에 오던 형제님이 목장모임에 나오게 되셨습니다. 그리고 조금 더 지나 어느 자매님의 소개로 또 한 형제님이 들어오게 되었습니다. 와! 이제는 다섯이 되었습니다. 얼마나 기뻤는지 모릅니다. 강남에 땅을 사서 부자가 된 것 보다 더 큰 기쁨은 말로 형용할 수 없는 기쁨이었습니다. 인원증가는 목자나 목장원의 힘으로 되는것이 아님을 느낄 수 있었습니다. 목장이 바로 서 있을 때, 또 목자가 바로 서 있을 때 하나님께서 채워주시는 것이라는 생각이 들었습니다. 목장이 예수님께서 함께 하시는 은혜의 강으로 채워지기 위해 오늘도 무릎을 꿇습니다.

"하나님! 이제는 인원에 연연해하지 않겠습니다.
목장모임 나눔 가운데 하나님이 함께 해주시옵소서.
제가 목장원을 위해 헌신할 수 있게 해 주시옵소서!
그리고 오래전 느꼈던 목자님들의 사랑이 저로 인해
우리 목장원들에게도 전달될 수 있게 해주세요. 아멘!"

0# 5장
목장 배가

GUIDE_13 목장배가는 어떻게 하나요?
GUIDE_14 배가식은 무엇인가?

사례(간증 문)

GUIDE_13

목장배가는 어떻게 하나요?

목장교회의 꽃이 무엇이냐고 묻는다면 그것은 당연히 '목장의 배가' 라고 할 수 있다. 생물학적으로 사과나무의 열매는 사과라고 말할 수 있고 포도나무의 열매는 포도라고 말할 수 있지만 목장교회 철학에 의하면 포도나무의 진정한 열매는 또 하나의 다른 포도나무를 심는 것이다. 그러므로 목장교회의 참다운 열매는 목장원들의 수적인 증가가 아니라 또 다른 새로운 목장을 탄생시키는 것이다. 즉, 한 그루의 포도나무를 원 둥지는 남겨두고, 새로운 장소로 포도나무를 옮겨심는 일이다. 목장교회가 거듭되는 배가를 경험할 수 있다면 그것은 목자나 목장원에게나 놀라운 축복의 경험이 아닐 수 없다.

1. 건강한 목장이란?

목장이 건강하다는 것을 측정할 수 있는 기준 중에 하나는 그 목장 안에 새로운 생명의 잉태에 대해 얼마나 큰 열정과 비전이 있느냐 하는 것이다. 건강한 목장교회는 서로의 나눔과 사랑 안에서 하나님의 나라를 맛보게 되며 그러한 축복의 경험은 곧 자연스럽게 새로운 VIP을 초청하고 전도하고 싶은 열정을 가지게 된다. 그리고 이러한 전도의 열정으로 인해 목장교회는 참석자들의 숫자가 증가하게 될 것이고 어느덧 충분히 성숙하였다고 판단될 때에는 배가를 준비하게 된다.

2. 목장배가 시기는 언제가 좋은가?

목장원들의 숫자가 늘어남에 따라 그 목장원들을 위해 섬기고 기도해야 할 책임을 가진 목자는 돌봄에 대한 영적인 부담감이 증가될 수밖에 없다. 따라서 참석하는 목장원들의 수가 7~8명이 되어 가면 배가를 준비하고 8~9명에서 최대한 12명이 되면 배가를 진행해야 한다.

3. 배가의 과정은 어떠한가?

1) 배가 상담
목장이 건강하게 성장하고 있으며 목장모임이 성숙했다고 판단 되면 목자는 먼저 마을장과 배가에 대해 상담해야 한다. 목장 배가에 대하여 마을장 역시 시기와 상황이 배가에 적절하다고 생각이 되면 마을장은 지구담당 교역자에게 이 사실을 알린다. 지구담당 교역자는 마을장과 목자와 함께 배가 계획을 짜게 되는데 예비목자는 준비되어 있는지, 누가 목자로 섬기면 적합한지를 함께 의논하고 목장배가를 위해 기도를 시작한다.

2) 예비목자 선정

목장배가가 결정되었다면 목자는 먼저 예비목자를 만나 배가에 대한 교회의 의지와 함께 목자로 섬겨줄 것을 제안한다. 이제부터 예비목자는 목자와 동일한 동역자로 함께 목장배가를 의논하고 배가식 준비와 계획에 참여할 자격을 가지게 된다. 아직 예비목자가 준비되지 못한 목장의 경우는 담당교역자와 의논하여 예비목자를 선정한다.

3) 배가 선포와 공감대 형성

교역자와의 만남과 예비목자의 선정으로 목장 배가가 준비되었다고 판단되었다면 목자는 모든 목장원들 앞에서 배가를 선포한다. 이때 주의할 점은 목장원들이 배가에 대하여 전혀 준비가 되어 있지 않은 상태에서 목자가 일방적으로 배가를 선포하면 목장원들의 마음에 상처가 될 수 있으므로 먼저 목자는 목장모임을 통하여 건강한 목장교회가 무엇인지를 충분히 나누고 배가의 필요성과 함께 배가의 축복과 목장교회의 존재의미에 대하여 깊이 있는 나눔이 선행되도록 해야 한다.

4) 배가를 위한 기도

목자의 배가 선포와 함께 배가에 대한 필요성이 모든 목장원들과 함께 공감이 되었다면 목자를 비롯한 목장원들은 함께 기도를 시작해야 한다. 함께 기도해야 할 기도제목은 다음의 몇 가지 정도가 될 수 있다.

① 목장배가로 인해 모든 목장원들이 더욱 성숙하게 하소서.
② 새로운 목장을 섬길 예배목자가 영적으로 잘 준비되게 하소서.
③ 목장원들의 분리가 마음의 상처 없이 은혜롭게 진행되게 하소서.
④ 목장 배가의 시간이 하나님 나라의 확장으로 인한 축제가 되게 하소서.

5) 교역자와 신임목자와의 면담

한 목장원이 새롭게 목장을 섬길 목자로 선정되었다면 지구 교역자는 즉각 목자 면담을 해야 한다. 신임목자는 목자신청서를 기록함으로써 하나님 앞에서 목자로서 헌신할 것을 다짐한다. 목자 신청서를 작성하는 이유는 구원의 확신에 대한 확인과 목자로서의 소명감을 확인하기 위함이며, 신임목자가 목자로서 헌신함에 있어서 특별한 결격 사유가 없는지에 대하여 점검하며 확인하는 과정이 되기 때문이다. 또한 목자신청서에는 신청자가 속한 목장교회의 목자가 목자로 추천하는 이유를 기록하여 앞으로도 함께 목자로 잘 서도록 도울 것을 확인한다.

6) 배가식 결정

배가를 위한 기도가 무르익고 목장배가에 대한 기대와 설렘이 목장원들 가운데 충만하다고 생각될 때에 목자는 지구담당 교역자와 함께 배가식의 날짜를 결정한다. 그리고 그 결정된 날짜를 모든 목장원들에게 알리고 배가식을 준비한다. 배가를 결정한 후 너무 오래도록 배가식을 갖지 않도록 하는 것이 좋은데, 대략 배가 결정 후 약 1달 정도 안에 배가식을 갖는 것이 좋다.

7) 배가식

배가식은 한 목장교회가 탄생되어 성장하다가 목장의 사명을 다하면서 새로운 목장교회 하나를 다시 탄생시키는 역사적이며 기념적인 날이라고 할 수 있다. 목장교회배가식에는 모든 목장원들과 마을장 그리고 지구담당 교역자들이 참여하게 된다. 배가식 순서는 배가식 선포와 찬양으로 시작되며 그동안 이 목장의 성장과정에 대한 소개와 그동안 목장 안에서 있었던 은혜와 간증의 시간을 갖는다. 배가목자와 신임목자의 간증과 각오를 듣는 시간과 마을장과 담당교역자의 축복과 감사의 시간도 포함되면 좋다. 기존 목장과 새로운 목장의 목장원 편성의 과정을 거쳐, 세워진 두 목자를 위한 안수의 기도와 두 목장을 위한 서로의 중보기도, 축하식의 순서가 들어간다면 훌륭한 배가식이라고 할 수 있다.

8) 배가 그 이후

목장교회가 배가되고 난 후에는 두 목장 모두에게 많은 변화가 있을 수 있다. 그래도 기존 목자가 맡은 목장은 목자가 여러 가지 많은 경험과 경력을 갖추고 있기 때문에 큰 변화에 잘 적응할 수 있지만 신임목자가 맡은 목장은 약간의 혼란과 미숙함의 경험으로 어려움을 당할 수 있다. 이때 신임목자는 기존 목자를 찾아가 사역에 대한 도움을 구하며 경험을 배울 수 있다. 기존 목자는 배가된 목장을 위해 함께 기도할 뿐만 아니라 세워진 신임목자를 간헐적으로 만나 격려함으로 두 목장 모두가 건강하게 성장하도록 협력해야 한다. 두 목자의 동의하에 필요하다고 생각될 경우에는 한 학기에 한 두 번 함께 연합하여 목장모임을 갖는 것도 큰 힘이 되며 분위기 전환에 도움이 될 수 있다.

4. 배가시 주의점은 무엇인가?

그동안 한 가족과 같이 사귀며 깊이 있게 정들었던 목장원들과 헤어져야 한다는 것은 그 자체가 아픔이며 상처가 된다. 그러므로 담당 교역자와 마을장은 목장배가의 당위적 의미만을 강조하여 목장원들이 섭섭하지 않도록 주의해야 한다. 이들의 아픔을 깊이 있게 이해해 주며 충분히 공감해 주는 것이 절대적으로 필요하다. 하지만 한편으로 목장배가의 기쁨과 축복 그리고 하나님 나라의 확장에 초점을 맞추어야 한다. 배가란 사명을 다한 목장교회의 영광스런 열매임을 강조함으로써 배가의 섭섭함보다는 배가의 영광이 더욱 아름답고 값진 것임을 강조한다.

5. 결론

목장교회는 살아있는 세포와 같다. 세포는 탄생과 함께 계속적인 변화의 과정을 거쳐 종결기에 이르게 된다. 이와 마찬가지로 목장교회 역시 탄생으로 인한 친숙함의 단계를 지나면서 서로를 알아감에 따라서 자연적으로 발생하는 갈등 극복의 단계를 지나게 된다. 갈등을 극복한 목장교회는 끈끈한 사랑과 헌신으로 연결되어지는 공동체 경험의 단계를 지나며 마침내는 왕성한 사역의 단계를 거쳐 배가의 단계로 발전하게 된다.

정상적인 세포가 무한정으로 커질 수 없는 것처럼 건강한 목장교회는 때가 되면 배가의 단계를 거쳐야 한다. 그러므로 목장이 배가된다는 것은 건강함의 기준이 되며 하나님 나라의 확장에 기여하는 살아있는 그리스도인 공동체가 되는 것이다. 만약 목장교회가 재생산의 과정인 배가를 하지 못하면 그 목장교회는 이미 생명력을 잃어버린 친교 공동체일뿐이며, 현상유지조차 하지 못하고 머지않아 쇠퇴하는 모임이 될 수밖에 없을 것이다.

우리 지구촌교회는 해마다 많은 목장들이 배가되고 또한 많은 새로운 목자들이 새로이 목자로 헌신한다. 이러한 하나님 나라의 운동에 함께 참여하며 그 현장을 볼 수 있다는 것만으로도 참으로 기쁘고 감사한 일이 아닐 수 없다. 그리고 영광스러운 사역의 뒷면에서 이름도 없이 빛도 없이 수고한 수많은 목자들과 마을장들의 헌신에도 하나님의 놀라운 축복이 함께 하시길 기도드린다. 오늘도 하나님 나라 확장을 위해 힘쓰는 모든 목장과 마을마다 이러한 목장배가의 축복이 넘치기를 축복한다.

하나님은 불의하지 아니하사 너희 행위와 그의 이름을 위하여 나타낸 사랑으로 이미 성도를 섬긴 것과 이제도 섬기고 있는 것을 잊어버리지 아니하시느니라 (히 6:10절)

GUIED_14

배가식은 무엇인가?

1. 목장교회 배가식의 의미는 무엇인가?

1) 배가의 기쁨이 있는 축제의 시간이다.

배가는 예수의 심장 속에 있던 교회의 생명 원리가 나타나는 현장이라 할 수 있다. 예수님은 제자들을 통해서 수많은 교회가 탄생할 것을 내다보았다. 하나의 공동체였던 그 제자들이 흩어져서 수많은 열매를 맺어 전 세계의 교회를 이루었듯이 배가는 역동적인 목장교회의 탄생의 시간이다. 그러므로 배가식을 통하여 이러한 하나님 나라 확장의 원리에 초점을 두고 기쁨과 축제의 시간을 갖도록 한다.

2) 서로의 수고를 격려하고 위로하는 시간이다.

배가식은 모두의 수고가 있었기에 새로운 목장교회가 탄생할 수 있었음을 기억하는 시간이다. 모든 목장원의 수고를 인정하고 격려하는 시간이 되어야 한다. 또한 정들었던 목장원들과 헤어지는 시간이기에 마냥 기쁘고 즐거운 시간만은 아님을 기억하고 헤어짐의 아픔을 보듬어 주고 이해해 주는 시간으로 만들어야 한다. 이를 위해 필요에 따라 목장 간에 다시 만날 수 있는 연합목장의 기회를 갖도록 한다. 그리고 감사와 소망을 나누는 간증과 축하 이벤트를 통하여 서로 간에 격려와 위로가 되도록 한다.

2. 배가식은 어떻게 준비하는가?

1) 신임목자 후보(예비목자)가 준비되어 있어야 한다.

배가 준비가 다 되었는데도 신임목자가 준비되지 못하여 배가를 이루지 못하는 경우가 종종 있다. 때문에 예비 목자교육 훈련을 거친 신임목자 후보자를 목장에서 추천받아 배가식이 있기 전에 목자 인터뷰를 거쳐 목자로서의 성품과 신앙을 점검하여 신임목자를 세우도록 한다.

2) 목장교회의 구성원 배분을 사전에 준비한다.

구성원을 나누는 방법은 여러 가지가 있는데 제비뽑기(케어가 필요한 목장원이 있는 경우 정해 놓고 제비뽑을 수도 있음)와 연령과 지역을 고려한 나눔 등의 방법이 있다. 그러나 중요한 것은 배가식이 있기 전까지는 정리가 되어야 한다.

3) 간증자를 준비한다.

간증은 주님의 은혜 가운데 지난 날을 돌아 볼 수 있는 귀중한 기회이다. 헤어짐에 대한 아쉬움을 넘어 감사와 기쁨의 축제로 승화시킬 수 있는 좋은 기회이므로 사전에 5분 분량으로 2명의 간증자에게 서면으로 준비하게 한다.

4) 케이크와 화환을 준비한다.

배가식은 축제의 시간이요 축하의 의미가 깊은 시간이므로 케이크와 화환을 준비하도록 한다. 케이크을 활용하여 배가축하 송, 케이크 커팅 등 다채로운 이벤트를 가질 수 있다. 더불어 화환을 준비하여 그 동안 수고한 목자를 격려하며 신임 목자에게는 축하의 시간을 갖는다.

5) 간단한 다과 또는 만찬을 준비한다.

배가식을 마친 후 간단히 함께 나눌 수 있는 음식(다과 또는 만찬)을 준비하여 잔치 집과 같은 풍성한 시간을 보낼 수 있는 기회로 만든다.

3. 배가식을 어떻게 진행하는가?

1) 배가식에 필요한 제반 사항을 사전에 준비하도록 한다

배가식에 관련한 진행양식(큐시트)을 사전에 마을장과 목자(기존, 신임)에게 설명하여 정보를 공유하고 필요한 사항을 준비하도록 한다

2) 교역자가 인도하여 축복(축하)한다.

담당교역자의 인도로, 배가식이 목장교회의 축제를 넘어서 교회적으로도 귀중한 사역임을 보여준다. 또한 말씀을 통하여 목장교회의 수고에 대한 격려와 목장교회가 나아가야할 방향을 제시해야 한다.

3) 배가식은 1부와 2부의 순서로 진행한다.

1부는 예배의 시간으로 찬양과 기도와 간증 그리고 말씀의 시간이다. 2부는 축복의 시간으로 축하노래와 케이크 커팅, 화환 증정, 축복기도, 축복송, 축복의 허그 순서를 갖는다. 영광스런 예배와 축하의 이벤트가 있는 시간으로 진행한다.

■ 진행식에 관한 자세한 사항은 〈목장교회 배가식 – 큐시트〉를 참고한다!

목장교회 배가식

(인도자: 담당목사)

	순서	시간	담당자	비 고
1부 예배의 시간				1. 신임목자(예비목자)를 추천하여 담당목사와의 인터뷰를 통해 세운다 2. 목장 구성원을 배분하여 목장교회 배가를 준비하도록 한다 (방법: 제비뽑기(부분조정 가능) 또는 연령과 지역을 고려하여 배가식 전에 2개 목장을 구성하도록 한다)
	찬양	5분	다함께	찬양을 1~2곡을 선정하여 함께 부른다
	기도	5분	전도사	목장교회의 배가 감사 와 축복의 기도
	간증	5분 5분	기존목장 1명(목원 또는 목자) 배가목장 1명(목원 또는 목자)	간증은 시간 관계상 아래와 같은 주제로 사전에 작성하도록 한다 1. 지난 날 동안의 감사와 아름다운 추억을 회상 2. 새로운 소망 및 기도의 제목
	말씀	10분	목사	말씀은 아래와 같은 주제들이 다루어지도록 한다 1. 그 동안의 목장교회의 수고의 격려 2. 목장교회가 나아가야할 모습을 제시 예) 본문: 벧전 4:7-11 / 제목:청지기적 목장교회 (말씀 후 기도로 마무리)

2부 축복의 시간	축하 SONG (노래)	5분	다함께	1. 준비한 케이크에 촛불을 밝힌다 2. 생일 축하(SONG을 응용) 　배가 축하 합니다!*2 사랑하는 우리 목장~ 배가 축합니다! 3. 다함께 촛불을 끄도록 한다
	케이크 컷팅 화환증정	2분	기존목자 신임목자	1. 간단한 화분(꽃다발)*2개 준비 / 케이크준비 2. 두 목자님의 케이크커팅 후 마을장님께서 목자님들께 축하의 꽃 증정 3. 축하의 박수
	축복 기도	10분 (15분)	다함께	1. 담임목자와 신임목자를 중심으로 해당 목장원들이 둥글게 선다 2. 두 목자를 축복하는 마음으로 어깨에 손을 얹고 합심기도 한다 3. 목장원이 돌아가며 한 사람씩 자신의 목자를 축복하며 짧게 기도한다 *담임목자의 수고의 격려(감사)와 가정과 사역의 축복을 위해 *신임목자의 가정과 사역 및 권위의 기름부으심을 위해
	축복 SONG (노래)	5분	다함께	ex) 너는 시냇가에 심은 나무라~ 1. 서로를 바라보며 손을 뻗어 축복송을 부른다 2. 목자→신임목자→모든 목장원을 향하여 축복송을 부른다
	축복의 허그	3분	다함께	모든 목장원들이 두 목자님을 돌아가며 허그하여 격려하도록 한다
	다과 (만찬)		다함께	1. 마을장의 다과 감사기도를 드린다 2. 준비한 다과 및 만찬을 즐기도록 한다 3. 감사와 아름다운 덕담을 나누도록 한다
	귀가		다함께	필요에 따라 연합 목장모임을 기약하며 귀가 하도록 한다

 사례(간증문)

모임 때마다 나눔과 중보기도의 깊이가 더 해지는 목장
순종의 선물, 배가의 축복 ･･･････

김상미 목자

주님께서 목자로 세우시고 나면, 목자가 아무리 부족해도 목자를 선하게 빚어가시는 것 같습니다. 저희는 진흙이고 주님은 옹기장이 심을 고백합니다. 주님께서 저를 빚어가는 방식은 좋은 목장원들을 붙여주신 것이었습니다. 그래서 배가하는 목장의 축복도 누릴 수 있었습니다.

배가식을 통해 목장 식구들까지 모두 나누고 보니, 5년 전 처음 목자가 되었을 때가 생각납니다. 기도중 '하나님의 부르심이 있는 자리'라는 응답을 받고 코가 꿰는 심정으로 겨우 수락을 했고, 목장교회모임중에도 저는 매번 긴장의 연속이었고, 제대로 권면하지도 못하는 마음이 여린 목자였습니다. 그러나 하나님께서는 이런 저의 기질적 약점을 너무 잘 아시고 배려심 많고, 이해해주는 성숙하고 순종적인 목장원들을 맡겨주셨습니다.

돌이켜보면 배가는 목자 혼자 잘해서 되는 것이 아니라 목장식구들이 모두 협력하여 잘 순종했을 때 이뤄지는 것이라는 생각이 듭니다. 저희 목장은 천천히 성장하고 배가했던 목장이었습니다. 5년 동안 한 번도 배가 없이 같이 있었던 식구들도 있으니까요. 하지만 믿음의 경험과 삶의 나눔, 기도응답이 풍성했던 목장이었습니다. 목장 식구 한 사람 한 사람도 조금씩 성숙해 나가는 축복을 누렸습니다. 이 또한 하나님께서는 저와 목장 식구들의 성품을 너무 잘 아시고 저희 목장에 맞는 방식으로 빚어주셨습니다. 억지로 재촉하지 않으시고 충분히 무르익을 수 있는 긴 시간을 허락해주신 것입니다. 그것 또한 하나님의 은혜였음을 고백합니다. 그렇게 천천히 성장하던 저희 목장 식구들이 늘어나게 된 계기는 블레싱 축제 때 용기를 내어 이웃 친구들을 초청했기 때문입니다. 목장교회 오픈 하우스 부스를 꾸미며 이 행사를 통해 한 영혼이라도 인도해주시길 기도했을 때 준비된 분을 만나게 해주셨습니다. 또 여러 이유로 목장에 대해 부정적 생각을 갖고 계셨던 분도 저희 목장으로 인도된 후 감사하게도 잘 정착하시고 뜨겁게 하나님을 경험하게 된 은혜도 있었습니다.

연약하고 부족한 목자가 이끄는 목장이었지만, 긴 시간을 함께 하면서 모일수록 나눔과 중보기도의 깊이는 더해가고 진솔해졌습니다. 또한 하나님께서는 상처가 꿰매지고 문제가 해결되는 은혜, 또는 상황은 바뀌지 않더라도 마음을 바꿔주셔서 상황을 이기게 하시는 은혜들을 경험하게 하셨습니다. 그리고 목자인 저에게도 많은 성숙과 성장의 은혜를 부어 주셨습니다. 처음에는 권면해야 할 말들도 하지 못하고 끙끙거리던 사람이었는데, 어느 날 하나님께서는 저를 꾸중하셨습니다.

"식구들이 태어났으면 기고, 걷고, 뛰어야 하는데, 제대로 권면하고 훈련시키지 않아서 목장 식구들을 앉은뱅이로 만들고 있구나."

그 후 목장모임 때 이런 하나님의 꾸중을 솔직하게 식구들에게 이야기 하고 필요한 경우에는 담대히 권면하기 시작했습니다. 목장 식구들도 여러 아이디어를 제시하며 잘 따라와 주었습니다. 목장원들이 하나님 안에서 잘 자랄 수 있도록 목장 안에서 말씀 암송에도 전도 해보고, 말씀읽기 체크, GT 본문 쓰기, 특새 때 다 같이 모여 함께 예배드리기 등등 열심히 순종하는 목장원들이 너무 감사했습니다. 특별히 배가 전 일 년 동안은 목자의 삶이 너무 행복하고 은혜와 열매가 풍성했던 해였는데, 그럴 때 하나님께서는 배가를 말씀하셨습니다. 솔직히 지금 목장이 너무 좋아서 미루고 싶다고 떼쓰고 싶었습니다. 하지만 때를 놓치면 암세포로 변질될 수도 있는데 언제까지 미루겠느냐는 말씀에 결국에는 기쁨으로 순종하게 되었습니다. 돌이켜보면 '있으라'는 자리에 그저 있었던 것이 제게 큰 은혜였습니다. 자신있게 할 수 있는 것이 없었기 때문에, 그저 그 자리에 있었는데, 그런 제게 하나님은 모든 것을 대신해서 일해 주셨습니다. 제가 할 수 없다고 고백하니 주님께서 목장을 책임져 주셨습니다. 주님께서 목장을 배가시켜서 그 목장들을 향한 당신의 뜻대로 또 다른 아름다운 토기를 빚고 계신 줄 믿습니다.

배가식 때 목장식구들이 불러주었던 찬양이 생각납니다. 그 찬양의 가사처럼 나의 나 된 것은 다 하나님 은혜입니다. 목자가 겪는 희로애락을 통해 성장하게 하신 하나님께 감사드리고 영광 돌려 드립니다.

사례(간증문)

참으로 아름다운 배가 예배를 드리며
"내 양을 먹이라" • • • • • • •

송옥례 목자

너희 위에 힘줄을 두고 살을 입히고 가죽으로 덮고 너희 속에 생기를 넣으리니 너희가 살아나리라 또 내가 여호와인 줄 너희가 알리라 하셨다 하라 (에스겔 37:6)
내가 또 내 영을 너희 속에 두어 너희가 살아나게 하고 (에스겔 37:14)

지난 해 12월 27일과 28일, 이틀 연이어서, 다가올 새해에 저와 가족에게 주신 축복의 말씀입니다. 새해를 준비하며, 이 말씀을 묵상하고 기도힐 때에 하나님께서 주신 응답이라고 확신하며 무척이나 기뻤고, 하나님께서 어떠한 삶을 새롭게 인도해주실까 한편으로는 기대가 되었습니다. 그리고는 얼마전 우성 3목장에서, 우성 4목장으로 목장이 배가되면서 저는 목자 직분을 맡게 되었습니다. 이제까지는 일로 인해 바쁘다는 핑계로 계속 꾀를 내었었는데, 주님께서 주님의 때에 부족한 저에게 청지기 사명을 주시며 목원들을 섬길 수 있도록 길을 열어 주신 것 같습니다.

저희 목장은 직장에 다니시는 자매 분들이 매주 목요일 저녁 7시

30분에 모여 8시까지 간단하게 식사하고 9시 30분까지 예배를 드립니다. 제가 목자로 섬기게 되기 일주일 전에 마침 목장모임을 저희 집에서 갖게 되었는데, 보통 여섯 명 정도 모여서 예배를 드리는데 그날은 평소보다 많은 열 명이 모여 예배를 드렸습니다. 그 중에는 처음 참석하신 분도 계셨습니다. 그날 모임은 물론 특별했지만, 앞으로의 목장모임에 대해 생각하게 되었습니다. 목자도 아닌 제가 밤새 잠을 뒤척이며, 고민을 하였습니다. 제한된 시간과 장소에서 평소보다 많은 열 명이 계속 다함께 매주 모여 예배를 드릴 수 있을까 고민하며, 그 사실이 제 마음속에 부담으로 찾아왔습니다.

그 다음날 아침 산책을 하며 저도 모르게 제 발걸음이 전순길 목자님 집으로 향하고 있었고, 목자님과 좋은 나눔의 시간을 가졌습니다. 아마 성령님의 인도하심이었던 것 같습니다. 사실은 얼마전 목자님께서 "집사님, 기도하고 있어요. 시니어 되시기 전에 목자로 섬기셔야지요."라고 하셨지만, 전 귀담아듣지 않았습니다. 하지만, 그날 아침은 달랐습니다. 목자님과 이야기하며 이제는 그냥 무심코 넘겨야 할 도전이 아니라는 생각이 들었습니다. 그래서 목자를 놓고 함께 기도하며 주님의 인도하심을 위해 기도하기 시작했고, 며칠 후 마을장님께서도 저희 기존의 목장을 배가해서, 저에게 목자로 섬겨보라는 전화를 주셨습니다.

그렇게 상황이 진행되고 있을 때에, 새벽기도 중에 요한복음 21장 15-18절에 예수님께서 베드로에게 세 번 물으셨던 말씀을 묵상하게 되었습니다.

"네가 나를 사랑하느냐, 내 양을 먹이라"
"내가 진실로 진실로 네게 이르노니 네가 젊어서는 스스로 띠 띠고 원 하는 곳으로 다녔거니와 늙어서는 네 팔을 벌리리니 남이 네게 띠 띠우고 원하지 아니하는 곳으로 데려가리라"

그날 새벽, 요한복음 말씀을 통해 '겸손히 섬기라' 고 말씀하시는 주님의 음성을 들은 것 같았습니다. 요리조리 핑계만 대며, 주님의 부르심을 피하고 있었는데, 부족한 저에게 미리 예비 해놓으신 주님의 은혜가 너무 감사하였습니다. 저의 믿음의 분량만큼 이 말씀을 붙들며, 순종하겠다는 기도를 드렸습니다.

그리고 바로 그 주에 분당 2지구 교역자님들과 목장원들 모두 모여서 배가 예배를 드렸습니다. 목사님과 전도사님이 케이크를 준비해오시고 김은희 집사님이 음식을 준비해 주셨습니다. 목사님 인도 하에 찬양과 말씀, 케이크 커팅, 전임목자와 신임목자 안수기도, 축복기도, 그 모든 과정을 통해 하나님의 임재와 성령님의 터치하심을 느낀 참으로 아름다운 배가 예배였습니다. 새로운 섬김의 인생을 시작하는 저에게 이제 열심으로 목원들을 섬기는 '서번트(servant)' 목자가 되라는 격려와 축복의 시간이었습니다.

인생의 갈림길에서 끊임없이 하나님께 순종 하며 따라가는 훈련이 바로 우리가 걸어가야 하는 인생의 여정이 아닌가 하는 생각이 들었습니다. 이 여정을 통해 하나님의 영광을 진정 드러내며 살아가야 되는 것이 우리 삶의 목표일 것입니다. 올해를 돌아볼 때, 기도를 통하여 또 말씀을 통하여 하나님께서는 신실하게 제 삶을 인도하여 주시며, 순종하는 법을 하나씩 알려주셨습니다.

부족한 저를 인도해주신 하나님께 먼저 감사드리고, 목사님과 전도사님, 권사님들과 집사님들의 사랑과 기도, 묵묵히 배려해 준 남편과 가족들에게 감사드립니다.

모든 겸손과 온유로 하고 오래 참음으로 사랑 가운데서 서로 용납하고 (에베소서4:2)
아무 일에든지 다툼이나 허영으로 하지 말고 오직 겸손한 마음으로 각각 자기보다 남을 낫게 여기고 각각 자기 일을 돌볼뿐더러 또한 각각 다른 사람들의 일을 돌보아 나의 기쁨을 충만하게 하라 (빌립보서 2:3-4)

앞으로도 이 말씀을 붙들고, 하나님을 의지하며 겸손하게 섬기게 되길 기도합니다. 하나님의 은혜로 우리 목장이 말씀과 사랑으로 충만하기를 기도합니다.

사례(간증문)

서로를 위해 기도하고 위로하고 위로받는 목장
세상에서 가장 아름다운 성장통 ●●●●●●●

김후정 목자

목장 부흥의 열매는 늘 인간적인 슬픔을 동반합니다. 목장이 배가 될 때마다 기쁨과 감사가 나오지만, 한 편으로는 그 동안 예수님 안에서 함께 성장했던 지체들과 떨어진다는 슬픔이 뒤따라옵니다. 하지만, 돌아보면 그것 또한 주님께서 주시는 성장통이 아닌가 생각합니다. 헤어짐을 통해 또 다른 만남을 예비하시는 주님의 계획을 느끼면서, 우리 내면을 성숙시켜 나가는 것입니다.

지난 겨울, 지구가 개편된다는 소식을 접하고 그동안 정들었던 목장을 떠나야 한다는 것이 많이 슬프고 힘들었습니다. 저와 두 자매님들이 지구를 옮기고 새로운 목장으로 배정받아 어떻게 적응해야 하는지 걱정하던 차에, 목자를 권유하시는 마을장님을 만나 뵙고 자신이 없었지만 다른 두 자매님들과 함께하고픈 생각에 순종하겠다고 하였습니다. 그러나 제 자신이 부족하고 연약한 것을 알기에 과연 '내가 할 수 있을까?' 라는 걱정이 앞섰고 기도 하던 중 하나님께서는 모든 것을 내려놓고 주님을 믿고 담대하게 나아가라는 말씀을 주셨습니다. 모든 것을 주님께 맡기겠다는 기도로 첫 모임을 시작하였습니다.

첫 목장모임은 세 명이 함께 하였습니다. 비록 세 명이 모였지만 주님께서 나오지 않은 목장원들의 마음 문을 열어주시길 간절히 기도했고 주님은 너무나도 섬세하게 한 영혼 한 영혼을 계획하듯이 채워 주셨습니다. 그렇게 감사하게 몇 주를 보내고 난 뒤 또 다른 걱정거리가 밀려 왔습니다. 바로 종려주일입니다. 목장원들 중에는 믿지 않는 남편들이 많아서 예배참석 여부가 불확실했습니다. 그러던 중 주일 예배 후 우리 아파트 같은 라인에 사는 부부를 만났는데 평소 그리 친하지 않았지만 문득 종려주일에 예배는 어떻게 드리는지 물어보게 되었습니다. 아직 목장 등록을 하지 않아서 고민 중이라고 하였습니다. "그럼, 저희집으로 오세요. 그날 같이 예배드려요."라고 하였고 예배에 참석하겠다며 활짝 웃음지어 보였습니다.

드디어 종려주일이 되어 목원들이 얼마나 오실지 기대하며 기다리고 있었는데, 초인종 소리에 문을 열어보니 믿지 않던 남편들도 서있는 것이 아니겠습니까. 얼마나 하나님께 감사하고, 감사했는지 모릅니다. 그래서 종려주일 예배를 목장원 여섯 명과 남편분들 네 명이 함께 드리는 축복을 누리게 되었습니다. 그후 이웃의 자매님은 자매목장에 함께 예배를 드리게 되었고 본인의 아픔을 털어놓았습니다.

"목자님이 그때 종려주일에 같이 예배드리자고 말해 주어서 너무 감사했어요. 사실 너무 외로웠거든요. 어떻게 할지도 몰랐고요…"

'아! 이 모든 것을 성령님이 인도하셨구나.'

이제 우리 목장원들은 매 주 모임을 통해 조금씩 서로의 아픔을 드러내고 눈물을 흘리며 서로를 위해 기도하고 위로하고 위로받고 있습니다. 그 동안의 상처가 조금씩 치유됨을 경험하였습니다. 목장 안에 성령님께서 만지시고, 역사하는 은혜를 누리게 된 것입니다.

그렇게 마음을 열고 서로에 대해 조금씩 익숙해져 가고 있는데 배가의 소식을 접하면서 목장원들은 또 한 번 힘들어했습니다. 새로 목장구성을 하여 4개월밖에 지나지 않은 시점이라 더욱 그랬습니다. 그러나 주님은 저희 목장을 통해 또 어디선가 아파하고 힘들어하는 한 영혼을 위해 배가해야 한다는 말씀을 전해 주셨습니다.

우리 목장이 처음 배가할 때 그런 슬픔이 있었지만, 하나님께서 새로운 은혜를 이미 준비하고 계셨습니다. 배가의 부흥은 세상에서 가장 아름다운 열매이며 성장통인 것입니다. '이런 기쁨과 슬픔의 이중주가 앞으로도 우리 목장에 계속 아름답게 울려퍼질 것입니다.'

이제 배가를 통해 또 다시 시작되는 하나님의 놀라우신 계획을 기대해 봅니다. 그동안 부족한 저를 잘 도와주고 따라와 준 목장원들과 많은 기도를 통해 큰 힘이 되어주신 목사님, 전도사님, 마을장님과 많은 기도의 동역자분들에게 감사를 드립니다.

저의 연약함과 부족함을 채워주시고 인도해 주시는 하나님과 함께 또 한걸음 나아가고자 합니다.

모든 영광을 하나님께 드립니다.

사례(간증문)

순종의 열매 - 배가
배가는 순종의 열매 ･･････

김혜동 목자

2009년 한 해가 참 빠르게 지나가고 있습니다. 올 한 해 동안 목장과 가정에 넘치는 은혜로 채워주신 하나님께 감사를 드립니다. 지난해 12월 배가식을 앞두고 어떻게 나눌지 정리가 되지 않아 기도하던 중에 하나님께서 배가식 며칠 전에 세 명의 자매를 보내주셨습니다. 저는 그 자매들과 함께 새로운 목장을 시작했습니다. 이것이 바로 저희 목장의 기적의 시작이었습니다. 잘 정착할지 걱정이 되었기에 자매들의 교회와 목장 정착이 제 기도의 일순위였습니다. 언제나 신실하게 응답하시는 주님께 맡기고 나아갔습니다. 방학이었지만 얼굴을 잊을까봐 시간을 내어 만났고, 오히려 어려운 일을 당한 저를 위해 눈물로 기도해 주며 위로해 주었습니다. 이렇게 저희는 빠르게 하나가 되었습니다.

어느덧 3월 예비목자 과정에 참여한 자매가 배가날짜 알아오는 것이 숙제라며, 언제냐고 물었습니다. 이제 겨우 정식 모임을 두세 번 했는데, 벌써 배가에 대한 생각을 해야 하다니, 순간 잠시 놀랐지만, 마음을 진정하였습니다. 저는 자매에게 자매님이 예비목자를 하시면 작년처럼 12월 둘째 주에 하겠다고 선포했습니다. 이렇게 얼떨결에 만장일치로 3월에 이미 배가날짜가 결정되어 버렸습니다. 고민할 것은 없습니다. 교회에서 시키는대로만 하면 되니까요. 이것이 바로 저의 노하우입니다. 과정이나 결과를 미리 생각하지 않습니다. 그것은 하나님께서 하실테니까요. 그래서, 정말 교회의 모든 명령에 순종하고 참여했습니다.

"종려주일에 자녀들과 함께 모였고, 한마음 마라톤에 참여하여 함께 걸었고, 셀컨퍼런스 참여와 목장을 오픈하며 각자의 부장역할을 강화하였습니다. 또 깃발을 만들어 배가한 전 목장과도 다시 연합하여, 두 날개 비전 교회'에 맞는 두 날개 비전 목장이라며 함께 기뻐하였습니다. 따로 그리고 또 같이, 여름단기선교와 한 해의 열매 이웃사랑 초청잔치 그리고 전도 이벤트인 VIP 목장 초대에도 모두 열심히 참여하였습니다."

저는 그렇게 그저 교회에서 하라는 것을 잘 했을 뿐인데, 복음의 열매가 풍성하였습니다. 전도 이벤트에 모두 네 명의 VIP가 오셨고 세 명이 잘 정착하였습니다. 그 중 두 명은 봄부터 품고 40일을 작정기도 했던 자매들입니다. 얼마나 기뻤는지 모릅니다. 달려들어 안아주고 싶었지만 너무들 놀랄까봐 꾹 참았습니다.

목장 식구들 모두가 온 몸으로 하나님께 감사하며 찬양하는 모습을 봅니다. 그 자체가 얼마나 큰 은혜입니다. 모든 지체들이 은혜를 누리는 모습을 보는 그 은혜... 목자가 누리는 가장 큰 은혜 중 하나일 것입니다.

"목자가 너무 재미있습니다. 제가 하는 것이 별로 없어서 더 감사합니다."

생각 많은 제가 고민할까봐 하나님께서는 미리 '순종'이라는 귀한 지혜를 주셨습니다. 게다가 목장원들도 모두 순종이 특기인 자매들입니다. 그래서 부족하고 연약한 목자가 성숙해지고 세워져 갑니다. 주 안에서 연합함이 참 기쁘고 아름답습니다. 목장에 함께하시는 주님의 은혜가 충만합니다. 더 오랫동안 함께 하고픈 욕심이 생기지만, 그래도 또 배가를 준비합니다.

"보소서 주님, 나의 마음은 선한 것 하나 없습니다. 그러나 내 모든 것 주께 드립니다. 사랑으로 안으시고 날 새롭게 하소서. 주님 마음 내게 주소서. 나를 향하신 주님의 뜻이 이루어지도록. 주님 마음 내게 주소서."

아주 조금씩 주님의 마음을 알아가고 배워갑니다. 너무나 부족한 저에게 넘치는 축복입니다. 주님! 사랑합니다.

사례(간증문)

하나님의 도우심과 축복 가운데 새로워짐을 경험하며
배가의 선물, 주님의 일꾼들 ･･･････
백효민 목자

    2009년 5월 지구촌교회 목장들이 셀컨퍼런스 목장오픈으로 분주할 때 우리 여디디야 3목장은 조용히 배가식을 하였습니다. 목장원 아홉명, 자녀 일곱 명, 열여섯 명의 인원으로 목장모임 때마다 사건사고가 많았습니다. 저의 첫 목장에서 두 번째 배가로 이제는 제가 목자를 해야 하는 배가식이었습니다. 제비뽑기로 목장원은 나뉘지고 목사님의 안수기도를 받으며 저는 여디디야 6목장의 목자가 되었습니다. 신임목자에 대한 하나님의 특별한 선물이었을까? 저와 함께 목장모임을 하게 된 자매들은 목장모임을 사모하는 준비된 일꾼들이었습니다. 목장 첫 모임에서 만난 H 자매는 아들의 어깨뼈 종양을 우연히 발견하고 제거 수술을 받아야하는 힘든 시간을 보내고 있었고, G 자매는 어린 둘째딸이 사시를 교정하기 위해 안경을 썼는데, 이를 알지 못하는 사람들의 말에 상처를 받았습니다. 왜 딸이 이런 취급을 받아야 하는지 하나님을 원망하고 사람들을 만나기도 싫었다며 힘들었던 속내를 꺼내 놓았습니다. 무슨 말로 이들의 고난을 위로할 수 있을지 몰랐지만 자매들을 향한 하나님의 특별한 뜻과 계획이 있을 거라고 믿었습니다.

우리는 첫 모임부터 하나님 뜻대로 사용하시라고 우리를 내놓았습니다. 수적으로는 적지만 무언가를 하기에는 단합하기 편했던 우리 네 명은 몇 번의 목장모임 후 여름방학을 맞이해 어린 자녀들과 함께 모여 성경을 읽으며 방학을 보냈습니다. 아이들 친구 엄마들을 전도하여 어느새 일곱 명이 되었습니다. G 자매가 몸으로 찬양을 드리는 워십댄스를 가르쳐주겠다고 하여 목장모임 후에도 일주일에 몇 번씩 모여 워십을 배웠습니다. 몸치라고 꺼려했던 자매들이 지구 수요예배 때, 새가족 만찬모임 때, 지구 가족축제 때 '하바나길라'라는 팀명으로 부르시는 곳이면 어디든 무대에 서게 되었습니다. 몸치들을 열정의 워십댄서로 사용하시는 하나님이 계시기에 가능한 일이었습니다.

우리는 그렇게 목장을 통해서 자신도 알지 못하는 사이에 주님의 일꾼으로 성장하고 있었습니다. 자신도 알지 못했던 재능들을 발견하고, 하나님 나라를 위해서 사용하게 되었습니다.

2011년 블레싱 이벤트 마을축제 때는 지구촌 문화교실에서 배운 뮤지컬분위기의 '구원열차'를 보여줘 교회에 처음 나오는 분들에게 거부반응 없이 하나님의 구원소식을 전할 수 있었습니다. 금요철야 찬양단원, 지구 찬양단원, 향수예배 콰이어, 교육목장 목자로 자매들의 은사를 구별되게 사용하셨습니다. 하나님의 계획은 여기서 그치지 않았습니다. 벌써 배가된 지 3년이 되었기 때문에 이제 이 일꾼들 중에서 목자를 세워야 한다는 메시지를 주셨습니다. 올해 초부터 배가계획을 목장원들에게 알리고 예비목자 두 명에게 목자로 서길 권유하였습니다. 처음에는 여러 가지 이유로 목자로 서는 것이 불가능하다고 거절했던 G 자매가 섬김의 자리에 서기로 순종하였습니다. 배가되지 않으면 목장이 도태되어 목장기능을 못한다는 것을 누구보다 잘 알기에, 목장을 너무 사랑하기 때문에 순종하였던 것입니다. 아마 이번 목자를 통해서 G 자매는 또 다른 재능을 발견하게 될 줄 믿습니다. 배가의 축복이 개인의 삶에도 아름다운 꽃으로 피어날 것입니다. 3년 동안 목장원들과 서로 격려하며 달려왔고 언제나 하나님의 도우심으로 우리는 지치지 않고 섬길 수 있음에 감사합니다. 배가 직후 적은 인원으로 목장모임을 해야 하는 것도 다시 생각하면 그때만 누릴 수 있는 축복의 시간입니다. 깊은 나눔과 돌봄의 시간이 가능한 것도 하나님의 축복으로 여기고 조급해 하지 않기로 했습니다.

곧 하나님의 사람들을 만날 수 있고 이 속에서 세워질 일꾼들이 어떤 은사로 하나님께 영광 돌릴지 참으로 기대가 됩니다. 새로운 목장도 또 언젠가는 아쉬움 속에서 배가를 하겠지요. 그 때는 또 어떤 모습일지 벌써부터 궁금합니다.

제가 너무 빠르게 달려갔나요? 하나님께서는 그 보다 더 빠르게 달려가 우리를 위해 계획을 해놓으셨을 줄 믿습니다. 하나님을 찬양합니다.

 사례(간증문)

배가를 경험하면서
'나에서 우리'가 된 축복 • • • • • • •

정희정

저는 매사에 나를 중심으로 생각했던 이기적인 사람이었습니다. 그것이 이기적이라고 생각도 못하고 그저 남에게 피해주지 않고 그렇게 살아가고 있었습니다. 하지만, 목장을 통해 그리고 목장의 배가를 통해 '나' 보다 '우리' 가 좋고, '나' 보다 '우리' 를 사랑하는 사람이 되었습니다.

결혼하고 아기를 낳고 키우면서 처음 경험하는 일들로 점점 나의 삶은 단순하게 변하고 있었습니다. 지루하기도 하고 답답하기도 하고 그렇게 하루하루를 보내게 되었습니다. 아이와 함께 지내는 시간들이 행복하기도 했지만, 끊임없는 아이의 요구에 맞추어 살다보니 점점 지쳐가고 있었습니다. 그런 생활에 매여서 예배도 중요하게 생각하지 않고, 목장모임도 귀찮게 여겼습니다.

저는 저의 가족과 오랫 동안 알고 지낸 친구 말고는 마음을 나눌 줄 몰랐습니다. 하지만, 하나님께서는 그런 저의 손을 놓지 않으시고 계속해서 목장모임으로 인도해 주셨습니다. 하나님을 멀리 떠나 거미줄에 꽁꽁 싸여살던 답답함과 양육에 대한 부담 등 삶을 누르고 있던 여러 짐들을 목장모임을 통해 조금씩 내려놓게 하셨습니다.

저만 알았던 이기적인 저를 하나님은 목자로서 섬길 수 있는 큰 은혜를 허락하셨습니다. 그저 주신 말씀에 순종하자는 마음으로 시작하게 되었는데 놀라운 일이 계속 생겼습니다.

하나님께서는 '나' 밖에는 생각할 줄 몰랐던 제 마음에 예수님의 마음을 부어주셨습니다. 우리 주님이 정말 그러신가봅니다. 서로 서로 사랑하며 나누며 도우며 살기를 바라시나 봅니다. 자매님들의 간절한 기도제목에 눈물나게 하시고 앉고 설 때마다 자매님들을 생각나게 하셨습니다. 한 영혼 한 영혼이 참으로 귀하고 사랑할 수밖에 없도록 만드셨습니다. 제가 마음 먹는다고 되는 일이 아니었습니다. 저는 그렇게 사랑이 많은 사람이 아니기 때문입니다. 하나님이 자매님들을 너무 너무 사랑하셔서 저에게 부어주신 성령님의 마음이었습니다.

십자가에서 흘리신 그 보배로운 피가
우리를 씻기시고 회복시키시는 모습을 보게 하셨습니다.

부족한 저에게 하나님은 참 예쁘고 귀한 자매님들만 보내 주셨던 것 같습니다. 혼자 몸으로 우아하게 오시지 않고 자고 있는 아기 깨워 밥도 먹이지 못한 채 데리고 오는 자매, 아픈 아기 병원 들러서 약 먹여가며 목장모임에 참석하는 자매, 아기때문에 잠도 제대로 못자서 힘들고 지친 몸 이끌고 무거운 아기안고 열심히 목장모임에 나와 준 우리 자매님들, 너무 고맙고 사랑합니다.

찬양할 때면, 언제나 엄마 무릎에 앉아 몸을 흔들어가며 흥얼흥얼 함께 찬양하는 예쁜 아이들이 울기도 하고 떼쓰기도 하고, 서로 장난감을 갖겠다고 싸우기도 합니다. 테이블위에 정성스레 올려놓은 커피와 간식을 아이들을 피해 여기저기 옮기고 숨겨도 행복했던 시간입니다.
삶을 나누다 엄마는 울고, 아이들은 웃고 박수치고...
무엇하나 제대로 된 모양 없이 그저 마음을 모아 그 자리만 사모하며 나왔을 뿐인데... 우리가 드린 것이라고는 아이들과 정신없는 나눔과 기도였는데...

"하나님은 그것이 너무 기쁘셨나 봅니다."

그래서 그런지 하나님께서는 기도응답도 풍성히 해주셨습니다. 자매님들의 기도제목이었던 귀한 태의 열매도 주렁주렁 열리게 하셨고, 금보다 은보다 귀한 새교우도 보내주셨습니다. 1년간의 수많은 기도제목에 선하게 응답하심을 바라보게 하셨습니다.

이렇게 넘쳐나는 주님의 은혜 속에 배가를 경험하게 되었습니다. 우리가 함께 경험했던 주님의 풍성하신 사랑과 은혜 그리고 우리가 무엇을 드릴 때 주님이 참 기뻐하셨는지 그 귀한 경험의 자리를 이제는 우리가 나누어 주어야 할 때입니다. 삶에 지치고 하나님의 참 사랑을 경험해보지 못한 자매님들께 은혜의 자리를 마련해드려야 합니다. 그것이 바로 주님께서 간절히 원하는 것이기 때문입니다.

새롭게 섬기실 영희 목자님을 비롯하여 문숙, 민정, 미, 경선, 수연, 미경, 윤주, 정심 자매님이 부족한 저를 더 많이 섬겨주시고 격려해주셔서 감사합니다. 자매님들이 나누어준 그 사랑과 섬김을 통해 살아계신 하나님을 경험하게 되었습니다. 1년 동안 함께 경험했던 주님의 기적이 저의 삶을 바꾸어 놓았습니다.

이제 저는 '주님께 드리지 않고는 살 수 없는 사람'이 되었습니다. '나'만 생각했던 사람에서 '우리'를 생각하는 사람이 되었습니다.

우리 자매님들 어디에 계시던지 시냇가에 심겨진 나무가 되어 하나님 말씀에 거하셔서 귀한 열매를 맺으시길 기도합니다. 또 그 가정이 주님 안에서 늘 평안하고 모든 일에 주의 은혜로 형통히시길 소망합니다.

우리와 늘 동행해주시며 도우시는 성령하나님의 인도하심을 기대합니다. 화이팅!!!

6장
봉사 사역

GUIDE_15 목장교회와 사회봉사는 어떻게 진행되는가?
GUIDE_16 목장교회와 국내전도는 어떻게 진행되는가?
GUIDE_17 목장교회와 해외선교는 어떻게 진행되는가?

사례(간증문)

목장교회와 사회봉사는 어떻게 진행되는가?

1. 사회복지부에서는 어떤 일을 하는가?

1) 사회복지부 조직

경조사역팀, 사회봉사팀, 문화사역팀, 호스피스팀, 아름학교팀, 장학위원회가 있어 교회 및 지역사회의 다양한 복지욕구에 대해 반응하고 복지프로그램을 기획 실행하는 부서이다.

2) 지역사회의 복지욕구 파악 및 지원

지역사회 조사를 통해 지역사회의 복지 대상자 및 복지 욕구를 파악하여 목장교회와의 연계방안을 기획하고 교회 예산을 통해 지역사회의 복지필요에 반응한다.

3) 목장교회와 복지기관 연계 및 후원

1300여 개의 목장교회와 130여 개의 복지시설의 결연사업을 진행하여 목장교회로부터 나오는 구제헌금으로 정기적인 후원과 함께 정기봉사를 할 수 있도록 안내한다.

4) 후원대상자 발굴 및 지원

지역사회 및 목장교회내 어려움을 겪고 있는 후원대상자를 발굴하여 정기적인 후원과 복지 욕구를 해소해 준다.

5) 봉사 프로그램 개발 및 진행

목장교회가 함께 참여할 수 있는 복지 프로그램을 개발하여 목장교회의 참여를 유도하고 복지를 통해 지역사회와 소통한다.

2. 목장교회가 함께 참여할 수 있는 프로그램은 무엇인가?

1) MET 사회봉사

연 1회 목장 단위로 연계된 시설과 함께 하는 프로젝트 기획 봉사로 사회복지부가 기본 예산을 지원하고 목장이 프로그램을 기획하여 연계된 시설에 가서 봉사활동을 실시한다.

2) 함께 나누는 선물(추석)

추석을 기점으로 연계된 복지시설에 생필품 선물박스를 제공하는 프로그램이다.

- 사회복지부에서 선물박스를 제작하여 각 목장별로 나눠준다.
- 목장모임시 각 가정에서 생필품들을 가져와 박스에 담고 전도용품과 카드를 작성하여 사회복지부로 제출한다.
- 박스를 취합하여 지역사회 복지시설 및 후원대상자들에게 배포한다.

3) 행복한 열매(성탄)

성탄절을 맞이하여 복지시설에 거주하는 분들이 받고 싶은 성탄선물을 준비하여 전달하는 행사이다.

- 복지시설을 선정 하고 기관에서 생활하시는 분들이 받고 싶은 선물 리스트를 받는다.(선물은 3만원 내로 제한)
- 선물 리스트를 사랑의 열매 스티커에 기록하여 성탄 트리에 장식한다.
- 주보와 영상광고를 통해 행사 취지를 설명하고 성도들이 자율적으로 따갈 수 있도록 한다.
- 선물을 준비하여 사회복지부로 가져오면 기관별로 취합한다.
- 선물 배달팀을 조직하여 성탄 전에 시설을 방문하여 선물을 전달한다.

4) 사랑의 김장축제

가을 김장철을 맞이하여 목장교회와 함께 김장을 담그고 담근 김장 김치를 독거노인이나 장애인, 소규모 시설에 배달하는 사업이다.

- 김장할 양을 정하고 업체를 선정한다.(견적에 의한 공개입찰방식)

- 목장교회및 권사회의 봉사참여를 독려한다.
- 김장김치 신청 리스트를 작성하고 취합한다.
- 김장김치 담그기 행사를 통해 김장을 담그고 당일 배송한다.

5) 사랑의 장바구니

몸이 불편하여 외부 출입이 어려운 독거노인이나 장애인들을 위해 대신 장을 봐 드리고 말벗 서비스 및 집안 청소를 해 드리는 사역이다.
- 복지관과 연계하여 대상자를 선정하고 매달 정기적으로 시장을 봐 드리는 자원봉사자를 모집한다.
- 월 5만원의 상품권을 제공하여 기본적인 생필품 시장을 봐서 대상자의 가정까지 배달해 준다.
- 매월 봉사보고서를 통해 대상자의 건강상태나, 욕구들을 파악하여 사역에 반영한다.

6) 밑반찬 봉사

스스로 밑반찬을 만들 수 없거나 영양 상태가 부실한 장애인과 노인을 대상으로 목장교회가 월 1회~2회정도 밑반찬을 만들어 배달하는 사업
- 밑반찬 서비스를 희망하는 장애인 및 독거노인의 신청을 받는다.(대상자는 복지관이나 성도들에게 추천받는다.)
- 월 1~2회 목장교회모임시간에 예배를 드리고 밑반찬을 만들어 목장원들이 직접 가가호호 배달한다.(한 번에 약 20인분을 만든다.)
- 사회복지부에서 매월 20만원의 사역비를 지원한다.

- 분기별로 평가모임을 통해 사역의 필요나 개선방향을 논의한다.

7) 무료급식 봉사(상대원1동 복지관, 분당 노인복지관, 사랑마루)
매월 정기적인 급식 봉사를 통해 어려운 이들을 돕고 복지관의 급식 사역을 돕는다.
- 급식봉사반을 조직하여 정기적인 봉사가 진행될 수 있도록 팀을 조직한다.
- 월 1회 정도 목장교회가 부담없이 참여할 수 있도록 복지관과 잘 연계하여 안내한다.
- 연 2회 정도 팀간담회를 통해 사역이 잘 진행되는지, 봉사자들의 어려움은 없는지 체크한다.

8) 긴급구호봉사(수해복구, 화재, 지진 등 천재지변)
국가적인 재난이나 여름 수해 현장을 찾아 복구 봉사를 실시하는 행사로 매년 수해현장과 태풍피해 현장에 약 200~300명의 복구봉사자를 파견하는 프로그램이다.

9) 지역사회 복지기관 봉사활동
지역사회 복지기관이나 관공서, 또는 유관기관에서 요청하는 봉사 프로그램에 적극적으로 반응해 주고 봉사자 및 후원금품을 제공하는 프로그램이다.

10) 복지대상자를 위한 각종 지원 프로그램
- 사랑의 쌀 지원
- 장학금 및 교복 지원
- 난방비 지원
- 경조 및 호스피스 지원

3. 사회복지부와의 연계사역을 통한 목장교회의 변화와 시너지는 무엇인가?

1) 지역사회와 함께 하는 교회 이미지
지역사회의 어렵고 소외된 이웃들을 향한 선한 사마리아인의 역할을 감당하고 지역사회의 필요에 적극적으로 반응하여 교회 이미지를 제고한다.

2) 목장교회의 사회봉사 참여율의 증가
사회봉사에 대해 수동적인 참여에서 적극적이고 자발적인 참여로 변화한다.

3) 사회봉사를 통한 목장교회의 활성화
이웃에 대한 사랑의 실천을 통해 목장교회 안에서의 자긍심과 신앙인으로서의 자부심을 갖고 이웃을 돌봄으로 인한 서로간의 유대감 확대하고 활발하고 다양한 목장교회 활동과 목장원들의 참여율 증가를 통해 목장교회를 활성화시킨다.

4) 지역사회를 향한 사회복지 사역의 확대

지역사회가 스스로 해결하지 못하는 복지에 대한 필요를 교회가 반응해줌으로써 지역사회와 함께 호흡하고 지역사회의 어려움을 함께 책임지는 이미지 제고와 함께 교회 내에 다양한 복지 사역을 확대한다.

5) 지역사회에 선한 영향력을 행사하는 목장교회

목장교회가 단순히 예배하고 교제하는 공동체를 넘어 지역사회의 필요에 반응하고 그 필요를 채워주는 역할을 감당할 뿐만 아니라 목장교회의 영적 건강성 또한 회복할 수 있다.

목장교회와 국내전도는 어떻게 진행되는가?

1. 국내전도부와 목장교회가 함께 할 수 있는 사역은 무엇인가?

목장교회는 목장+교회이다. 지극히 당연한 것 같지만 여기에는 중요한 내용이 담겨있다. 목장은 영적 가족공동체이면서 동시에 사역을 펼치는 교회라는 것이다. 이는 목장교회가 교회의 중요한 기능을 감당한다는 말이다. 학자들의 분류에 따르면 교회의 4대 기능은 예배, 봉사, 선교(전도), 교제이다. 지구촌교회는 선교를 '해외'라는 범주에 사용하고 전도를 '국내'라는 범주로 사용한다. 국내전도부의 사역의 핵심은 '국내'에서 목장교회가 '전도'를 목적으로 할 수 있는 모든 사역들을 연구하고 목장교회가 전도 사역의 현장 일선에 서도록 지도하는 것이다. 지구촌교회 국내전도부의 사역은 매우 방대하지만, 여기서는 목장교회 사역과 관련하여 설명하기로 한다.

1) 미자립교회 단기선교

지구촌교회와 연결된 100개의 미자립교회는 100개의 마을(목장 5~8개로 구성)이 중보기도, 헌금, 단기선교를 통한 현장사역 등으로 돕고 있다. 7~8월에 집중단기선교를 진행한다. 5년간 울진, 태백, 포천, 진도, 음성지역을 섬겼고 2013년에는 문경지역을 섬긴다. 연중 10회는 미자립교회 단기선교로 매월 팀을 구성하여 사역한다. 모든 목장교회들이 자발적으로 섬기고 있다. 집중단기선교의 경우 해마다 3,000명 이상이 참여하고 있다.

2) 특수선교

국내전도부에서 주관하는 특수선교는 교도소사역, 군선교사역, 병원사역, 북한 탈북민사역이다. 모두 전도를 목적으로 사역한다. 9개의 교도소를 매월 방문하여 예배, 성경공부, 나눔(간식제공), 중보기도로 섬기고 있다. 3, 6사단 5개의 교회에 군선교사를 파송하고 매월 신병교육대 침례식을 진행하며 성경보급, 중보기도, 방문사역, 단기선교, 행사지원 등으로 섬기고 있다. 병원사역은 환자들을 위한 주일예배사역과 주중 전도 사역이다. 북한 탈북민사역은 주일 새터민 연합목장, 북한을 위한 화요기도회, 정착프로그램 지원 등을 섬기는 것이다. 모든 목장교회들이 자발적으로 섬기고 있다.

3) 지역전도

지구촌교회의 목장교회는 지역과 인맥을 기반으로 관계중심전도를 한다. 국내전도부는 관계 중심전도에 필요한 전도전략과 전도 도구를 제공한다. 또한 전도폭발팀, 지역전도단 같은 전도그룹을 지역에 파송하여 현장전도를 진행함으로 목장교회가 자발적으로 참여하도록 사역의 장을 만든다. 그리고 모든 목장교회가 전심으로 전도에 집중할 수 있도록 1월에 '블레싱 축제'(전도축제)를 해마다 진행하고 있다. 이 사역은 그동안의 사역의 열매를 보는 것으로 해마다 4,000명 이상의 전도대상자들이 참석하고 50%가 넘는 결신률을 낸다.

2. 국내전도부와 목장교회는 어떻게 사역을 준비해야 하는가?

1) 국내전도부의 준비

국내전도부에는 사역의 내용에 따라 국내선교팀, 군선교팀, 전도전략팀이 구성되어 있고, 세부적으로 팀 안에 사역의 필요에 따라 '단'을 둔다. 부, 팀, 단으로 조직이 만들어진 것이다. 국내전도부에서 사역하는 교인들은 주로 마을장, 목자, 목장 내 전도부장, 전도에 관심 많은 목장원들로 구성된다. 이들은 자발적으로 지원한 교인들이기 때문에 헌신도가 매우 높다. 전체 조직을 이끄는 담당목사, 전도사들이 있지만 교회 형편상 별도의 교역자를 배치할 수 없는 경우 평신도 중에서 리더를 세워도 사역이 가능하다. 국내전도부는 다음과 같은 준비를 한다.

① 다양한 전도 사역들에 대한 연구, 사역 피드백 분석, 현장 분석, 사역참가자 간담회, 사역 계획, 사역인원 준비계획, 재원마련 계획, 교회홍보 계획, 자료정리 및 보존, 예배시 영상보고, 교회에 문서보고 등

의 사역을 계획하고 준비하고 진행해야 한다.

② 모든 사역의 시작과 끝을 목장교회에 알리고, 사역참여를 위해 동기부여하고, 목장교회가 전도중심적 목장교회로 성장하도록 돕는다. 목장교회는 사역인원 및 사역재원을 감당하는 사역의 주체이다. 그래서 국내전도부 최고 리더는 목장교회사역을 충분히 경험한 사람으로 세워야 한다.

③ 집중단기선교 및 블레싱 축제와 같은 큰 사역은 국내전도부가 주관하고 전체 목장교회가 참여하지만, 교회차원의 힘의 집중과 협력이 필요하다. 지구촌교회의 경우 수개월 전에 TFT(준비팀)를 구성한다.

2) 목장교회의 준비

① 지구교역자(목사 및 전도사): 전도 사역에 관련하여 교회 전체의 방향을 인지하고 국내전도부의 인도를 받으며 지구내 마을과 목장을 전도 사역에 실재적으로 연결되도록 동기부여하고 격려한다. 다양한 전도 사역들 중에 지구 내 마을과 목장의 능력에 따라 참여하도록 지도한다.

② 마을장: ①의 지구교역자의 사역을 마을차원에서 지도한다.

③ 목자: 목장이 전도지향적 목장교회로 성장하는 것을 목표로 목장의 능력에 맞게 VIP(전도대상자) 작정, 전도훈련참여, 전도 사역참여 등에 목장원들이 나아가도록 인도한다. 이를 위해 국내전도부, 지구교역자, 마을장의 지도를 따른다.

④ 전도부장: 목장교회가 전도 사역에 실질적으로 연결되게 하는

핵심인물로 국내전도부의 다양한 사역들을 이해하고 전달하며 목장의 능력에 따른 전도계획 및 진행을 인도한다. 자발적으로 국내전도부 스텝사역에 참여해 본다.

3. 국내전도부와 목장교회의 사역자는 무엇을 해야 하는가?

국내전도부 사역자를 지도목사로 보고 목장교회의 사역자를 목자로 본다면, '이 둘의 관계성이 어떻게 만들어져 있는가'는 교회의 전도 사역의 성패를 좌우한다. 다음과 같은 것은 핵심가치들이다.

① 전도를 계획하고 지도하고 실행시키는 지도자들은 영혼구원에 대한 지속적인 관심이 있어야 한다.

② 국내전도부와 목장교회가 전도 사역의 모든 내용들을 '공유'하고 있어야 한다. 목자는 교회와 국내전도부의 전도 사역을 목장에 접목시켜주는 책임자이다.

③ 국내전도부를 섬기는 평신도 사역자들 그룹에 목장교회의 목장원들이 적극 들어갈 수 있도록 한다. 여기에는 마을장, 목자, 전도부장, 전도에 관심있는 모든 목장원들이 포함될 수 있다.

④ 국내전도부가 주관하는 사역에 목장교회가 참여할 때, 두 가지 패턴의 사역이 있다.

그중 한 가지 패턴은 일회적이고 전 목장교회가 집중하는 교회 차원의 전도 사역 패턴으로, 지구교역자, 마을장, 목자가 참여한다.

교회적인 방향설정 → 국내전도부의 연구, 자료 분석, 계획, 준비 → 지구, 마을, 목장과 사역연결 → 목장중심의 실재적 사역참여(국내전도부, 지구교역자, 마을장의 지도) → 사역평가 → 사역보고(영상 및 문서) → 차기 사역을 위한 연구, 자료분석, 계획

다른 한 가지 패턴은 목장 차원의 매월 또는 매주 진행되는 전도 사역패턴으로 목자, 전도부장이 주축이 된다.

교회적인 방향설정 → 국내전도부의 연구, 자료 분석, 계획, 준비 → 목장중심의 사역인원 및 재원 확보 → 지속적인 사역진행 및 보고 → 국내전도부의 현장참여를 통한 평가 → 주기적인 간담회 → 사역방향 및 내용 수정(이 경우 다시 교회 차원 또는 국내전도부 차원의 준비부터 재시작되며 몇 번이고 반복될 수 있다.)

목장교회와 해외선교는 어떻게 진행되는가?

지구촌교회는 예수 그리스도의 전도명령과 사랑의 명령에 순종함으로써 민족을 치유하고 세상을 변화시키는 교회의 비전을 갖고 지구촌 공동체에 속한 모든 목장교회를 통하여 온전히 헌신된 선교사적 삶을 살아가는 평신도 선교사를 발굴, 훈련시켜 복음 증거사역을 감당해 왔다. 특별히 지구촌 선교사의 대부분이 평신도 출신 선교사임을 볼 때 목장교회를 통한 훈련과 친교, 그리고 영혼구원의 열정이 더 넓은 주님의 세계로 향할 수 있는 계기가 되었고, 장기적이고 효과적인 팀 사역의 방향성을 세울 수 있는 계기가 되어 풍성한 열매를 맺는 사역이 될 수 있었다. 따라서 지구촌 해외선교부 안에 있는 선교사지원팀과 M.E.T(Mission Explosion Team) 의료선교팀이 목장교회와의 관계를 통해 어떻게 사역하고 있는지 소개하고자 한다.

1. 목장교회별 선교대상교회 관리는 어떠한가?

① 선교대상자 목장교회 연결 관리
현재 우리 교회가 지원하는 267명의 선교사들을 목장교회와 연결시키고, 각 목장이 마을단위로 연결된 선교사에게 기도와 물질로 지원한다.
② 선교사와 후원목장교회, 혹은 본 교회 성도와의 개별접촉을 통해 현지 사역의 필요와 참여를 요구하지 않고 본 교회 선교부를 통해 사역안내를 받는다.

2. 목장교회별 선교담당자 사역은 무엇인가?

① 목장교회별로 선교담당자를 선정하도록 하고 선교사를 위한 중보기도자의 역할을 감당한다.
② 중보기도책자를 활용하여 선교사와 선교지 상황을 안내한다.
③ 목장교회 선교담당자들이 물품보내기의 자원봉사자 역할을 하도록 한다.
④ 정기적인 목장교회 선교담당자 교육에 참여하도록 안내한다.

3. 해외단기선교팀 구성과 사역계획은 어떠한가?

① 매년 11월 선교사는 해외선교부로 MET 단기선교 사역요청서를 보낸다.

② 해외선교부에서는 선교사가 제출한 사역요청서를 지역별, 사역별, 팀 인원, 시기 등의 자료로 정리하여 지구촌교회 교역자들에게 1월 중 배포한다.

③ 교역자들은 해외 선교 요청 정보를 가지고 선교지를 결정한다.

④ 선교부의 전략과 방향 지침을 따라 지구 차원의 단기선교 계획을 세운다.

⑤ MET OT 와 선교폭발을 이수하고, MET 출정식을 갖고 선교사역에 참여한다.

⑥ 지구차원의 단기선교 보고회를 갖는다.

⑦ 단기선교 결과에 대한 보고서를 작성하여 선교부에 제출한다.

4. 해외단기선교 팀원의 자격은 무엇인가?

① 구원의 확신이 있어야 한다.
② 복음증거의 열정이 있어야 한다.
③ 자발적인 헌신이 있어야 한다.
④ 성령의 역사하심을 의지해야 한다.
⑤ 영적 동역자를 구성한다.
⑥ 기본적인 건강을 유지해야 한다.
⑦ 팀워크를 존중하고 리더에 순종한다.
⑧ 가르치려는 것이 아니라 배우려는 자세를 갖는다.
⑨ 팀원의 3대 원칙을 지킨다(주는 대로 먹는다, 어디서든 잔다. 시키는 대로 한다)

⑩ 성숙한 그리스도인으로서의 본이 되는 삶을 살아야 한다.

5. 선교팀 구성 및 준비 사항은 무엇인가?

① 선교지는 선교부로 요청된 파송 및 협력 선교사의 사역요청에 근거하여 선정한다.
② 선교 참석자는 개인 신청서 및 두 명의 추천서를 제출한다.
③ 해외선교 사역 참여자는 중보기도 후원자 10명을 선정하고 그 명단을 각 팀 교역자에게 제출하여 지속적인 중보기도의 동역이 일어날 수 있도록 한다. 중보기도후원자 명단에는 영구제직이 반드시 2명 이상 포함되어 있어야 하며 중보기도후원자는 2명 이상의 단기선교 참여자 후원을 할 수 없다.
④ 여권은 출국일을 기준으로 적어도 6개월이 남아 있어야 한다.
⑤ 여권 분실을 대비하여 여권사진과 여권을 복사하여 보관한다.
⑥ 지역에 따라 예방 접종 리스트를 참고하여 준비한다.
⑦ 선교지와 구체적인 사역을 논의할 때 보안 사안을 철저하게 준수한다.
⑧ 팀별로 정기적인 사역 및 기도모임 계획을 세운다.
⑨ 팀별로 역할 분담을 정하고 사역 준비기간부터 사역이 마치는 시점까지 보고서를 작성한다.
⑩ 선교사역 이후 개인 소감문을 제출하고 팀별 사역보고서와 재정 보고서를 제출한다.

6. 선교재정 모금과 사용은 어떻게 진행되나?

① 선교 참여자 본인은 항공료(비자, 여행자 보험), 현지 숙소 및 식사비용을 준비한다.

② 사역비는 국내 및 현지 교통비, 사역 준비비, 현지사역 경비이다.

③ 각 지구별 목장헌금 과 지정헌금은 재정국으로 제출하여 운영하되 사역비로 사용한다. 재정국으로 선교헌금을 낼 때는 반드시 소속지구와 팀명을 기입한다.

④ 사역비는 일차적으로 해당 지구에서 모금된 목장 혹은 지정 헌금을 통해 사용되고 부족한 사역비에 대해서는 교회 지원을 받는다.

⑤ 선교 참여자가 해당 지구팀이 아닌, 전체 모집을 통해 선교사역에 참석할 때의 사역비는 1차적으로 해당 지구에서 모인 경비로 지원을 받고, 모자라는 부분은 교회가 지원한다.

⑥ 전체 선교사역비를 위해 선교출정시 주일 선교특별헌금을 통해 모금한다.

⑦ 사역지 주일헌금은 개인적으로 5달러를 넘기지 않도록 한다.($1~5) 지나친 헌금은 현지교회와 성도들을 나약하고 자립할 수 없는 어린 신앙을 소유하게 만들 수 있기 때문에 정해진 원칙 안에서 하되 특별헌금을 한다면 교회와 현지 선교사에게 문의하여 진행한다.

⑧ 개인적인 감동에 의해 선교지 사역 프로젝트를 지원할 때, 현지 선교사에게 약속하지 말고, 본국 교회에 돌아와 선교부와 협의하고 교회를 통하여 헌금이 전달되도록 한다.

⑨ 단체 팀으로 얻게 되는 프리티켓은 팀 전체 사역비로 사용한다.

⑩팀 서기는 사역보고를, 팀 회계는 전체 경비에 대한 정확한 보고를 교회와 해당 지구에게 한다.

7. 국내/해외 MET 단기선교사역 현황

년도	주 제	나라	팀	참석인원	접속횟수	결신자
2007년	멈출 수 없는 사랑의 기적	17개국	41	1,054	2,368	593
2008년	약속의 땅을 향한 믿음의 여정	14개국	40	619	5,326	1,161
2009년	하나님 나라의 지경을 넓혀가는 믿음의 사람들	10개국	33	749	10,337	519
2010년	완성해야 할 남은 일	18개국	43	574	12,896	1,212
2011년	그리스도의 날에 내가 자랑할 것	13개국	32	427	6,965	923
2012년	그들의 땅을 고칠지라	16개국	36	405	10,545	1,317

 사례(간증문)

2012 블레싱음성 국내단기선교를 다녀와서...
음성에 펼쳐진 각본없는 감동의 드라마 •••••••

강동휘 목자

몇 년 전, 태백으로 국내단기선교를 처음 다녀온 이후, 이번에 음성 지역 단기선교에 참여하기를 다시 신청하였습니다. 태백에서 하나님의 은혜와 영혼 구원의 기적을 경험하며, 하나님 나라의 일에 동참하고픈 마음이 또 들었던 것입니다. 단기선교의 특별한 은혜와 감동을 경험한 사람들은 제 마음에 동감할 수 있을 겁니다. 하지만, 기대와 설레임 못지않게 무더운 날씨 때문에 염려도 되었습니다. '모처럼 여름휴가를 이렇게 희생해도 될까' 하고 남몰래 아까운 생각도 들었으나 순종하는 마음으로 한 여름 뜨거운 햇빛을 이고 음성 땅으로 향했습니다.

저는 충북 음성군 대소면 오류리 70번지에 있는 하늘목교회를 섬기게 되었는데, 그곳 윤병기 목사님은 저와 비슷한 40대 초반의 젊은 분이셨습니다. 지역주민 전도를 위해 바자회를 미리 요청하셨고, 우리 지구에서 여러 차례의 현지답사를 한 후 준비한 바자회를 열게 되었습니다. 저는 첫날에 아파트 단지를 돌며 각 세대마다 홍보전단지를 부착하는 일을 맡아 교회 인근 개나리아파트 450세대를 돌며 열심히 홍보했습니다.

　언론보도와 같이 불볕더위가 유난히도 기승을 부리는 가운데 오후에는 하늘목교회 목사님이 직접 운전하시는 봉고차를 타고 여러 명이 SK아파트 등 큰 단지를 방문하게 되었습니다. 저는 차량의 맨 앞좌석 중앙에 앉았는데, 바로 옆에서 운전하시는 목사님의 손을 보니 왼손은 의수고 오른손도 네 손가락 모두 중간마디 이상이 없는 장애를 갖고 계셨습니다. 저는 손을 다친 사연이 궁금했으나 혹시라도 마음의 상처를 건드릴까 염려되어 목사님께 여쭤보지 않고 묵묵히 맡은 임무를 수행했습니다. 그날 일과를 마치고 저녁 정리예배 때 우리 지구 임양란 전도사님의 소개로 앞에 나오신 목사님은 그 교회에서도 간증하지 않았다는 당신의 사연을 구체적으로 밝혔습니다.

　목사님이 기어 다니던 아기 때 집에서 혼자 놀다가 방안에 놓여있던 화로를 엎어서 뜨거운 숯덩이를 뒤집어쓰고 두 팔과 전신에 심한 화상을 입어 거의 죽게 되었다고 합니다. 어렵게 수술에 성공하여 목숨은 건졌으나 이미 두 손은 회복될 수 없을 정도로 훼손되었답니다.
　장애의 몸으로 성장하면서 사춘기 때 불투명한 본인의 장래에 대해 고민하며 '이 몸으로 결혼조차 할 수 있을까' 염려하여 교회 뒷자리에서 혼자 많이도 울었다고 합니다. 그렇게 기도하던 중에 한 교회 여집사님께서 주님께서 정해 놓으신 배필이 있다는 확신을 주셨고, 그 믿음을 지켰습니다.
　주님께서는 약속하신대로 목사님에게 좋은 배우자를 주셨고 아들 셋을 낳아 길렀다고 합니다. 그러던 중, 아내에게 위암3기라는 선고가 내려졌고, 항암치료를 하며 기도했으나 주님께서 그녀를 너무 사랑하시어 먼저 하늘로 데려가셨답니다.

저는 목사님이 몸이 불편한 중증장애의 몸으로 어려운 환경 속에서도 하나님께 감사하면서 매일 매일 기쁘게 주의 일을 하는 모습을 보면서 마음속에 큰 감동이 있었고, 제 자신을 돌아보게 되었습니다.

'하나님께서 주신 건강한 몸과 환경에 대해 감사했는지, 평소에 평탄하게 살아온 삶에 대해 감사했는지, 목사님 앞에서 제 믿음이 참 많이 부끄러웠습니다. 제 부족함과 연약함에 대해 많이 깨닫고 크게 뉘우쳤습니다.

또한 그 교회 여전도사님은 고관절 질환을 심하게 앓으며 치료비가 없어서 제대로 치료도 받지 못한 채, 비쩍 마른 야윈 몸을 이끌고 다리를 절면서도 열심히 교회를 섬기셨습니다. 그 모습도 참으로 감동스러웠습니다. 나중에 알게 된 사실이지만, 그 교회는 성도가 이십 여 명에 불과하여 임대료조차 내지 못해 넉 달 치가 밀려있는 딱한 상황이었습니다. 저는 주님께서 그것도 다 풀어주시리라고 믿었습니다.

저와 우리 팀원 모두는 전도 사역을 위해 하나님께 뜨겁게 열심히 기도했습니다. 정성껏 준비한 '바자회'에 많은 주민들이 찾아와서 복음을 듣고 주님을 구세주로 영접함으로써 구원받는 사람이 많게 해 달라고 눈물로 간절히 기도했습니다. 저는 기도를 하면 할수록 바자회행사와 연계한 전도 사역이 잘 될 것이라는 확신이 들었습니다.

둘째 날도 역시 무더워 힘든 시간이었지만, 우리 사역팀과 하늘목교회 교인들 모두가 하나되어 기쁘게 섬겼습니다. 그 결과로 많은 주민들이 찾아와 여러 물건을 구입하고 이어서 교회를 방문하여 복음을 듣고 결신하는 사람도 많이 생겼습니다. 어떤 여자 분은 영접기도를 하면서 눈물을 흘리며 마음으로 기도하는 모습도 보았습니다. 그 모습을 보는 저 또한 뭉클한 감동을 느끼며 하나님의 은혜를 누릴 수 있었습니다.

둘째 날 오후에는 미리 준비해 간 감자와 옥수수 등 간식으로 한끼 식사를 대신하여 절약한 식사비와 바자회 성과금 및 우리 지구에서 익명으로 기부한 기금 등을 모아 하늘목교회에 헌금하였습니다. 목사님은 오히려 우리 교회 사역팀원들이 뜨거운 날씨에도 모두가 기쁨으로 섬기는 모습을 보면서 큰 도전을 받았다고 회답했으며, 다 힘께 하나님께 감사의 찬양을 크게 불렀습니다. 그 순간 그곳 교회의 모든 성도들과 지구촌사역팀에 참가한 교인들은 모두 하나님께서 주신 큰 은혜에 감사의 눈물을 흘리며 뜨겁게 기도했습니다.

이것이 단기선교 현장에서 주님께서 부어주시는 은혜의 단비가 아닐까요. 이기심이나 미움이나 시기 없이 순도 백퍼센트의 믿음과 하나님을 향한 뜨거운 사랑으로 함께 찬양하는 그 모습들은 이 세상에 어디에서도 볼 수 없는 가장 아름다운 장면일 겁니다. 이 동역의 모습이 어찌 그리도 아름다운지요!

주님이 주신 이 천사들을 제 눈으로 함께 지켜보면서 살아계신 하나님의 큰 사랑과, 자신의 몸까지 던져 피 흘리시며 인간을 구원하신 예수님의 십자가를 가슴에 느끼며, 성령님의 감동·감화·교통하심을 찬양하고 사랑합니다.

저는 이번 단기선교를 통해 제가 도움을 주러 갔으나 제가 오히려 도움과 감동을 받았고, 주님의 사랑을 전하러 갔으나 제가 오히려 더 큰 사랑을 받고 있음을 깨달았습니다.

이렇게 주님을 삶의 중심에 두고 주님만 바라보고 나아가는 사역처럼, 우리의 인생을 통해 더 보람 있고 가치 있는 일이 또 있을까요!

이 은혜를 동일하게 나누기 원하는 여러 성도님들은 꼭 한번 참여하시기를 충심으로 권면합니다. 두려워하지 마십시오. 주님께서 다 이루어주십니다. 이렇게 각본 없는 감동의 드라마 주연으로 여러분을 초대합니다.

"자, 이제부터 우리 모두 주님 안에서 승리하는 힘찬 행진에 동참하지 않으시겠습니까?"

사례(간증문)

단기선교의 일석삼조의 축복 •••••••
윤정실

2012년 한 여름의 뜨거운 더위는 잊을 수가 없습니다. 하지만, 뜨거운 날씨보다 더 뜨거웠던 것은 음성단기선교에서 우리 목장이 보여준 복음을 향한 열정이었습니다. 무더웠던 한 여름에 우리를 더욱 뜨겁게 했던 선교의 열정과 섬김은 지금 생각해도 입가에 저절로 흐뭇한 미소가 번집니다.

우리 목장 식구들은 대부분 초등생과 중학생 자녀를 둔 학부모들입니다. 여름방학 기간에는 자녀들 관리로 더 바빠져 단기선교에 참여하지 못하는 경우가 많습니다. 하지만, 이번 단기선교에는 마을장님과 목자님의 권유와 솔선수범을 보여주셔서 아이들을 데리고 목장 식구들 여러 명이 함께 참여하게 되었습니다.

우리들은 단기선교를 통해 일석이조를 바라고 있었습니다. 우리들이 하나님의 나라를 전하는 귀한 선교에 동참한다는 커다란 의미와 함께, 아이들이 전원교회와 여름성경학교를 경험해서 예배와 선교의 기쁨을 맛보길 소망하였습니다.

제가 속한 목장은 모두 함께 '주방봉사'를 하게 되었는데, 정말이지 모든 뜨거운 것들의 대결장 같았습니다. 조리하는 불은 물론이고 열풍을 불어주는 선풍기도 뜨거웠지만 무엇보다도 이백여 명의 식사를 책임지겠다는 주방팀의 권사님, 집사님, 자매님들의 말리기 힘든 열의와 그 열성적인 수고의 땀방울로 가슴이 더욱 뜨거웠습니다. 저도 1년 흘릴 땀을 그 곳에서 다 흘렸습니다. 그래도 그곳의 청결한 현대식 조리실과 충분한 기구들, 풍족한 식재료들, 그리고 주방 뒤뜰에서 불어오는 신선한 바람에 감사하며 주방을 지켰습니다.

줄 맞춰 펴놓은 상에서 여름성경학교 아이들이 가득 앉아 식사하는 모습을 보면서 어찌나 뿌듯하던지요. 그 아이들 한 명 한 명에게 하나님의 나라가 온전히 임하길 기도하였습니다. 또한 농활과 도배, 전도와 의료봉사, 사진과 마사지 등 귀한 봉사와 수고를 하고 돌아와 식사하시는 여러 선교 봉사팀원을 뵈며 '저분들은 삼호교회와 지역주민을 섬기고 우리는 저분들을 섬기는거구나' 생각하니 가슴이 뭉클하고 감사가 절로 나왔습니다. 그러나 바쁜 마음에 좀 더 친절히 응대하지 못했던 것이 못내 아쉽기도 합니다. 다음번에는 뷔페식 셀프 배식과 개인접시 사용 등의 편리한 방법으로 좀 더 여유롭고 화기애애한 식사 분위기를 만들면 좋겠다는 생각도 해보았습니다.

무엇보다 가장 소중한 열매는 선교팀원들을 더욱 사랑하게 되었다는 것입니다. 발바닥에 불나도록 쉴 새 없이 식재료를 사러 다닌 것도 모자라 주방에서 맨발로 일하신 마을장님, 끊임없이 주변 사람들의 칭찬거리를 찾아내며 정작 본인은 한 번도 못 쉬면서 목장원들 가서 좀

쉬라고 등 떠밀고 궂은 일 묵묵히 다 하신 목자님, 함께 봉사하며 웃다가 돌아오는 길에는 뻗어버렸던 우리 목장 자매님들 모두 얼마나 사랑스러운지요. 조리 중 입은 상처에도 불 앞을 못 떠났던 집사님, 삼계탕 200마리에도 개의치 않던 카리스마의 베테랑 권사님, 연약한 몸매에도 거침없이 조리를 해내던 부쉐프 자매님, 나는 세수하면 못 알아본다며 주방에서도 꽃다운 화장을 하고 우리를 즐겁게 해주셨던 유머러스 권사님... 그 분들이 보여주신 섬김에 저는 큰 은혜를 받았습니다. 각 봉사팀에서 전해주신 현장에서의 은혜로운 체험담과 뜨거운 여름 볕에서의 노고를 마다 않는 여러 단기선교팀의 멋진 모습은 바로 주님의 은혜였습니다.

마무리 저녁집회의 아름다운 공연과 성령 충만한 말씀과 기도회 또한 매우 인상적이었습니다. 귀갓길에, '예수그리스도의 메시지를 전해준 〈샌드아트〉가 가장 좋았다'는 우리아이 말을 듣고, 여름밤 30도가 넘는 실내 체육관의 답답한 공기 속에서도 예수님에 대해 감동할 수 있도록 아이의 감성을 만져주신 주님의 손길에 감사했습니다.

비록 단기선교 참여를 위해 일주일간의 휴가기간을 토막내야 했었고, 다녀와서는 목이 부어오르며 며칠 동안 몸살을 앓아야 했지만 영광스런 선교현장에 동참할 수 있게 해주신 주님의 은혜에 감사합니다.

단기선교에 와서 일석이조를 기도했는데, 주님께서는 그 이상으로 일석삼조의 축복을 주셨습니다. 하나님의 나라의 귀한 선교에 동참하여 무사히 마칠 수 있었고, 아이들이 함께 하면서 조금씩 변화되고 기뻐하는 모습을 보여준 것도 아주 귀한 열매였습니다. 거기에 목장 식구들을 향한 더욱 진한 사랑을 갖는 복도 주셨습니다. 목장 식구들과 함께 섬기면서 서로 더 잘 이해하게 되고, 사랑하게 되었습니다. 단기선교를 통해 예수님의 끈으로 더욱 단단히 묶여진 하나가 될 수 있었습니다.

또한 단기선교를 통해 재미있는 팁도 얻었습니다. 세 가지 깨달음인데요. 첫 번째는 5학년 남자아이인 아들에 대한 것입니다. 아이가 캠프같은 데서 목걸이 이름표를 받게 되면 등 쪽으로 돌려버려서 이름표가 앞에서 안 보인다고 나무랐었는데 주방팀에서 일을 해보니 저도 바로 이름표를 돌리게 되더군요. 아이도 적극적인 의욕이 충만하여 그리하였다는 걸 깨달았습니다.

두 번째는 식당에서 음식에 손을 안 댄 손님에게 쫓아가 '왜? 맛이 없냐고?' 따져 묻는 드라마에서의 쉐프의 마음을 이해하게 되었습니다. 저도 남겨져 되돌아오는 음식을 보면 마음이 아팠습니다. 앞으로 음식에 대해 조금은 달라진 마음으로 대할 것 같습니다.

세 번째는 단체급식을 책임지시는 모든 분들에 대한 감사와 존경을 하게 되었습니다. 여러 명의 식사를 적절한 온도와 맛있는 상태로 유지하기가 무척 힘들다는 걸 알게 되었습니다.

아이와 함께 참여한 이번 단기선교는 저에게도 아이에게도 정말 좋은 경험이었습니다. 저도 아들을 좀 더 잘 이해하게 되고, 아들은 엄마의 섬기는 모습을 통해 조금은 예수님의 마음을 느꼈으리라 믿습니다. 얼마 전에 아이가 소년촌 수련회를 다녀와 단기선교 여름성경학교 주제랑 똑같았다며 흐뭇해하였습니다.

하나님께서 우리 아이에게 단기선교와 수련회에서 동일하게 주신 말씀으로 제 간증을 마무리하고자 합니다.

만군의 하나님 여호와시여 나는 주의 이름으로 일컬음을 받는 자라 내가 주의 말씀을 얻어먹었사오니 주의 말씀은 내게 기쁨과 내 마음의 즐거움이오나 (예레미야 15장 16절)

 사례(간증문)

우리는 사랑의 군사입니다 ･･･････

전경주 목자

저는 국내단기선교를 통해 새로운 도전을 하였습니다. 인생에서 처음 해보는 도전이었습니다. 그래서, 준비하는 과정부터 제게는 은혜의 소나기가 내렸습니다. 어디에서도 맞을 수 없었던 굵은 은혜의 소나기였습니다. 주님께서 부어주시는 마음을 경험하고, 성령의 은혜를 깊이 체험하였습니다. 단기선교를 떠나기 전부터 은혜의 도가니 속에서 살았습니다.

작년 포천국내선교에 다녀온 후 그곳에서 받은 은혜와 감사가 너무도 따스했기에, 저희 가족은 올해도 주저 없이 휴가를 대신하여 음성국내선교를 신청하게 되었습니다. 그저 '무엇이든 맡겨진 일을 열심히 하리라' 는 마음이었습니다. 어느 날 마을장님께서 "성경학교를 섬기면 좋을 것 같은데요?"라고 말씀하셨습니다. 저는 바로 대답하지 못했습니다. 왜냐하면, '아이들을 별로 좋아하지 않는 내가 그들을 진심으로 대할 수 있을까?' 하는 마음이 있었고, 교회를 다닌 지는 8년 정도 됐으나 성경학교는 가본 적도 없는 미지의 세계였기 때문이었습니다. 며칠을 고민한 후에 정말 자신없었지만 순종하리라 마음을 정했고, 그렇게 음성 삼호교회의 성경학교를 섬기게 되었습니다.

저는 성경학교를 준비하면서부터 하나님의 큰 은혜를 누렸습니다. 성경학교 교사는 처음하는 것이기 때문에 떨리는 마음으로 열심히 준비하였습니다. 공과선생님으로서 말씀을 잘 전달하기 위하여 스토리를 매끄럽게 이어나가는 연습을 했습니다. 역할극에서는 요시아 왕의 대사를 외우고, 노래를 차에서도 집에서도 반복하며 연습하다보니 요시아 왕의 백성들을 향한 기도는 어느새 저의 기도가 되어 버렸고, 그 아이들에 대한 미안한 마음과 긍휼의 마음이 생겨 펑펑 울며 하나님의 마음을 느끼게 되었습니다. 또 찬양과 율동을 익히기 위해 밥을 하다가도 국자를 들고 율동연습을 했습니다. 남편과 아이들이 진짜 못한다며 연습하는 제 모습을 녹화해 놓고는 말 안 들으면 인터넷에 올리겠다고 협박 아닌 협박을 받으며 즐겁게 준비하였습니다.

성경학교를 준비하는 팀원들 또한 너무도 열심히 섬기시는 모습이 아름답고 어여뻤습니다. 각 팀에 맞게 오리고, 만들고, 외우고, 소품준비하고, 기도하며 그 어느 것도 감사가 아닌 것이 없었습니다. 반면 제 마음속에는 처음 해보는 일에 대한 두려움에 '잘할 수 있을까?' '대사를 까먹으면 어쩌지?' '아이들이 잘 따라줄까?' '재미없다하면 어쩌지?' 하는 걱정들이 밀려왔습니다. 저는 하나님을 붙잡고 기도할 수밖에 없었습니다. 이렇게 우리 팀은 서로를 격려하며 보듬으며 그렇게 '해피아이'가 되어가고 있었습니다.

도착 후 우리는 각자맡은 역할을 너무 착착 잘해서 꼭 '사랑의 군사'들 같았습니다. 준비했던 것들을 하나하나 해나가는 동안 주님께서 섬세하게 도우셨습니다. 성경 말씀, 찬양과 율동, 모든 시간마다 아이들은 행복해 했고 성령님의 임재하심을 가득 느낄 수 있었습니다. 역할극도 아이들의 초롱초롱한 눈빛에 힘을 얻어 멋지게 끝낼 수 있었습니다. 저의 노심초사하던 걱정은 성령님이 주시는 기쁨으로 인해 다 날아가버렸습니다. 저희들을 대신해서 예수님께서 아이들과 함께 계신다는 생각이 들었습니다. 준비하며 하나님께서 아이들을 향해 주셨던 사랑의 마음들을 제대로 표현할 수 있었습니다. 특히 찬양과 율동이 얼마나 힘이 있고 은혜로웠는지 마치 천국의 모습 같았습니다. 어린아이들과 예수님께서 함께하시는 천국말입니다.

집으로 돌아온 후에도 그 찬양소리가 맴돌아 딸아이와 흥얼거리며 연신 엉덩이를 씰룩거릴 정도였습니다. '그 아이들도 이러고 있겠구나' 라는 생각에 아이들이 그리웠지만 축복의 기도를 해주는 것으로 사랑의 마음을 대신했습니다. 준비할 때부터 그 아이들을 마음에 품고 기도하고, 오고 나서도 그 아이들을 위해 기도하였습니다. 이것이 바로 단기선교의 힘이요, 은혜일 것입니다. 이런 마음은 저만의 마음이 아니었습니다. 함께 섬겼던 모든 분들도 행복해하고 아이들에 대한 마음을 간직하셨습니다.

그저 순종하고 하나님의 동행을 구했더니 하나님께서는 가슴 벅찬 은혜와 감동으로 가득 채워 주셨습니다. 하나님은 해보지 않은 일에 대한 두려움 때문에 작아져 있던 저에게 용기와 힘을 주셨고, 또 아이들을 위해 사용해 주셨습니다. 또 감당할 수 있는 지혜와 능력도 주셨습니다. 이번 단기선교를 통해 사실은 제가 가장 은혜를 많이 받았습니다. 현지의 아이들을 축복해주고자 하는 마음이었지만, 실은 그 아이들을 통해 제가 천국을 경험하는 더 큰축복을 누린 것입니다.

단기선교를 위해 귀하고 아름다운 분들과 함께 섬길 수 있었던 것도 또 다른 축복이었습니다. 해외와 국내 선교로 섬기신 모든 분들에게 박수를 보내 드리며, 이 모든 일을 행하신 하나님께 영광을 올려 드립니다.

 사례(간증문)

국경을 넘어서 동역하는 목장
강정미 선교사

지구촌교회는 목장교회입니다. 저는 선교사로 나오기 전에 두 목장을 섬겼습니다. 평일에는 뉴라이프(암환자) 목장 목자로 암환자들을 섬겼고, 주말에는 스리랑카 목장을 통해 한국 땅에 나그네로 보내진 스리랑카 노동자들을 섬겼습니다. 두 목장 모두 평범하지 않은 특수 목장으로 지칠 틈도 없이 분주했지만, 그 시간이 제 인생에 가장 행복한 시간이었습니다. 암환자들의 연약해진 육체와 심령들을, 저또한 연약한 암환자로서 감당하기에는 아주 벅찬 일들이었기 때문에 저는 하나님을 의지하지 않을 수 없었습니다.

뉴라이프 목장은 병원에서 암 진단을 받고 치료를 받는 환자들이 모인 목장입니다. 여러 교회에서 모여서 서로의 아픔을 너무도 잘 이해하고 공감하는 목장이었습니다. 저는 기도할 줄도 잘 모르고 성경에 대해 잘 알지도 못하지만 먼저 아픔을 겪었다는 이유 하나로 목자로 섬기게 되었습니다. 그래서, 제가 할 수 있는 그저 제가 아픔을 어떻게 극복했는지 나누고, 제 경험을 통해 목장원들의 손을 잡아 주는 것이었습니다. 조금 덜 고통스러운 사람이 더 고통스러워하는 목장원을 섬기는 그런 사랑의 공동체였습니다.

또 매일 함께 모여 서로를 위해 기도하고 가족들에게 부담을 주지 않으려고 우리끼리 아픔을 나누며 눈물을 흘렸던 눈물의 공동체였습니다. 우리 목장에서는 복음을 전하는 것이 너무도 절박한 것이었습니다. 목장에 오고 싶어하는 분의 연락을 받으면 병원으로 달려가 복음을 먼저 전해야 하기에 전도폭발팀과 호스피스팀의 도움을 많이 받았습니다.

참 많은 목장원을 천국에 먼저 보냈습니다. 그러나 모두가 예수님을 알고 평안하게 떠났기에 헤어짐의 아픔은 있었지만 다시 만날 것이라는 확신으로 헤어짐의 슬픔을 이겨낼 수 있었습니다. 지금은 남아 있는 뉴라이프 목장원들을 개인적으로 만나면서 모임을 이끌어 가고 있습니다. 왜냐하면 모두가 교회가 다르고 각자의 교회에서 목자로 리더로 헌신하고 있기 때문에 뉴라이프 목장모임은 공식적인 모임이 아닌 개인적인 모임으로 하고 있습니다. 이제는 주변의 암환자들을 섬기며 선교사로 헌신한 저를 위해 기도와 재정으로 후원하는 목장이 되었습니다. 제가 이 땅 스리랑카에 선교사로 와서도 하나님 나라를 넓히는 일에 동역하며 선교목장으로 주님께 나아갑니다.

또 다른 목장인 스리랑카 목장에서는 한국에 노동자로 온 스리랑카 사람들을 섬기며, 아름다운 교제를 하였습니다. 주님을 몰랐던 이들이 목장의 사랑을 통해 주님을 만나고, 제자가 되어 다시 스리랑카로 돌아가서 자기 조국을 위해 헌신하는 풍성한 열매도 많았습니다. 제가 스리랑카 목장에서 노동자들을 섬기며 교제를 나눈 열매가 제가 스리랑카를 나온 후에도 이어지고 있습니다.

지구촌교회에서 침례를 받은 스리랑카 부부가 스리랑카로 돌아와 현지인 리더가 되었던 것입니다. 이 부부와 함께 첫 열매 목장을 만들어 목장모임을 시작하였습니다. 부모님들과 가족들이 믿지 않기에 교회를 함께 가거나 목장모임을 정기적으로 하기는 어려웠지만 가끔 만나 식사를 함께 하며 기도제목들을 나누고 함께 기도를 합니다. 언젠가 제가 하는 사역인 스리랑카 북쪽 내전 난민지역 어린이 사역 얘기를 나누며 기도를 부탁했는데, 이 부부는 같은 나라인데도 그렇게 어렵게 사는 아이들이 있는 줄 몰랐다며 가슴 아파했습니다. 어떻게 그들을 도울 수 있는지 함께 기도했는데, 이 부부는 제가 사역하는 한 지역의 유치원 경비를 모두 후원하겠다고 헌신하였습니다. 그래서 지금은 이들을 통해 M 지역에 있는 오십여 명의 어린이들에게 점심을 주고 학용품을 주고 선생님들에게 월급을 주게 되었습니다. 그렇게 제 선교 사역의 일부는 첫 열매 목장원인 이 부부를 통해 진행되고 있습니다. 기쁨으로 섬기는 이들 부부의 말이 제 가슴에 남습니다.

"한국에 노동자로 있을 때 지구촌교회 목장에서 저희를 사랑해 주시고 섬겨주셨잖아요, 저희는 그것을 잊지 못해요. 이제 저희가 그렇게 해야 할 차례예요."

지구촌교회 목장의 열매는 한국만이 아니라 열방에도 심겨지고 있습니다. 외국인 노동자를 섬겼던 목장의 열매가 하나님께서 품으신 땅 끝으로 이어지고 있는 것입니다. 목장을 통해 섬기는 사랑의 손길은 우리가 알게 모르게 주님의 끈으로 연결되고 있습니다.

저는 한국에서는 뉴라이프 목장을 통해 저보다 더 고통스러운 목장원을 섬기느라 제 고통을 잊을 수 있었고, 지금은 선교지의 기도제목에 밤새며 눈물로 기도해 주는 목장원들로 인해 스리랑카에서 담대하게 사역에 임할 수 있습니다. 첫 열매 목장을 통해 귀한 사역의 동역자를 얻었고, 그들을 통해 낯선 스리랑카 땅에서 귀한 섬김을 받고 보호를 받으며 기쁨으로 사역할 수 있습니다.

이렇게 목장은 저에게 가족이고, 제 선교의 동역자입니다. 그만큼 없어서는 안 되는 제 선교사역의 가장 중심에 있습니다. 뉴라이프 목장은 한국에서, 첫 열매 목장은 스리랑카에서, 저는 선교지에서 아름다운 조화를 이루며 팀사역을 하고 있습니다. 하나님 나라를 위해서 국경을 넘어서 하나님 나라의 귀한 일꾼으로 복음의 씨앗을 뿌리고 있는 것입니다.

사례(간증문)

키르기즈스탄의 셀 교회 사례
목장의 은혜는
키르기즈스탄 시골에도 계속된다 ......

이병무

저는 키르기즈스탄의 수도 비쉬켁으로부터 두 시간 거리의 K라는 소도시에서 현지인 키르기즈인 교회에서 사역하고 있습니다. 나름대로 즐겁고 감사하게 섬기고 있지만, 낯선 땅에서의 사역이 쉽지만은 않습니다. 어려운 점 중 하나가 현지인 사역자가 러시아어를 쓰는 고려인 인데, 교인들은 모두 키르기즈인으로서 키르기즈어를 쓴다는 점입니다. 그래서 예배 중에 현지의 고려인 사역자가 러시아어로 설교하면 키르기즈인이 키르기즈어로 통역을 합니다. 그럼에도 불구하고 감사한 것은 교인들이 은혜를 받고 있다는 것입니다. 이것이 선교지에서 경험하는 하나님의 은혜일 것입니다.

이 나라의 종교법에 의해 외국인은 주일에 예배 중에 설교를 할 수 없기에, 저는 주일 예배 때에는 설교를 하지 못합니다. 대신 주로 양육하는 일을 열심히 섬기고 있습니다. 그때도 계속 누군가 통역을 해야 합니다. 주중에 현지인 사역자와 리더들 그리고 교인들 중 희망자에게 키르기즈어로 말씀 양육을 하고 있는데, 그때는 반대로 제가 말하는 키르기즈어를 교인들이 현지사역자에게 러시아어로 통역을 해주게 됩니다. 그런데도 서로 은혜를 받는 것을 보면, 이는 전적으로 성령님의 일하심이라고 고백할 수밖에 없습니다.

우리 교인들 대부분은 아주 어린 초신자들이고, 또 교인들 중 절반 이상이 청소년과 어린이들이므로 성경의 기본 지식들을 주로 반복하여 가르치고 있습니다. 복음의 말씀은 아무리 강조해도 지나침이 없다고 생각하고 있기에, 이동원 목사님이 쓰신 새 생명과 새 가족 교재로 주중에 양육하고 있습니다. 또 주일 예배 때마다 그 교재에 나오는 구원의 도리에 관한 생명의 말씀 구절들을 프로젝터로 띄워, 전교인이 20분 쯤 큰소리로 두 세 번씩 반복하여 읽으며, 암송을 하고 있습니다. 주중에 공부한 말씀을 주일 예배를 통해 마음속에 깊이 새기고 있는데, 우리는 이를 말씀 선포라고 합니다.

이 말씀들은 새생명, 새가족 교재 과정에 따라 열 개 정도의 코스가 있으며, 이를 순차적으로 선포하고 있습니다. 이와 더불어 성경읽기운동을 시작하여 6개월 정도 걸려 성경 일독을 하고 있습니다. 교인들이 성경 전반에 관해 너무나 모르고 있다는 점이 안타까워서, 성경일독 세미나를 키르기즈어로 일차 실시하였더니 반응이 너무 좋았습니다. 이런 세미나를 생전 처음 접한다면서 하나님 말씀을 읽을 수 있는 길을 안내해주는 세미나를 자주 해달라고 했습니다. 초신자들과 아직 성경을 잘 모르는 사람들에게 성경을 가르쳐주고 그들이 하나님 말씀을 스스로 찾아 먹게 하는 훈련이야말로 가장 시급하다는 생각으로 추진하고 있습니다. 지구촌교회 양육의 모습이 선교지에서도 아름다운 열매를 맺고 있는 것입니다.

현지, 교인들 대다수는 시골 마을의 극빈층인데다 일을 하고 싶어도 일자리가 없어 가난이 대물림되고 있는 형편입니다. 거기다 대부분 교회에서 1시간 정도 걸리는 먼 곳에 살고 있습니다. 그래서 주일 예배에 오고 싶어도 먼 교회까지 올 교통비가 없어 모이기가 쉽지 않습니다. 지금은 제가 지프차와 교회 승합차로 주일 예배에 수송을 하고 있지만, 포화상태인지라 앞으로 어떻게 해야 할지 걱정스럽습니다. 그래서, 앞으로는 각 지역의 사람들을 굳이 먼 교회까지 수송하는 것보다 각 마을의 교인들을 찾아가는 방향을 모색하려고 합니다. 바로 교인들이 사는 먼 곳에 셀을 만드는 것입니다.

현재, 우리 교인들은 예닐곱 마을에 흩어져 살고 있는데, 이들이 사는 각 마을에 셀(목장)을 만들게 하고, 그 셀들을 활성화시켜 장차 거점교회로 성장시키려고 합니다. 교인들이 많아지면 주일날 예배시간만을 통해서는 신앙의 성숙을 이룰 수도 없고, 교인들의 교제도 제대로 이뤄질 수 없기 때문에 셀이 가장 좋은 해결책입니다. 지금 세 개 정도의 마을에는 이미 셀이 있는데, 나머지 마을에도 셀을 만들어 나갈 것입니다.

교회가 집에서 멀리 떨어져 있기에 교인들이 교회를 일주일에 두세 번 이상 가기에는 현실상 어려움이 있습니다. 제가 섬기는 교회는 본교회는 K지역에 있고, 지교회는 15킬로미터 떨어진 곳에 있으며 그

외 두개 지역에 셀이 있습니다. 교인들이 교회(목장교회)로 모이고, 자기들끼리 모임도 갖고 있어 얼마나 도움이 되는지 모릅니다.

선교지에서 복음을 전하는 장벽을 제거하는데도 셀 교회는 아주 유용한 도구입니다. 셀 교회를 통해 키르키즈스탄의 시골 마을에도 예수 그리스도의 복음이 살아 쉼 쉴수 있을 것입니다.

이 방법이 효과가 있어 앞으로도 셀을 더 늘려나가서 금년에 새로운 지역에 하나의 셀을 새로 열고, 그곳을 거점으로 하여 또 하나의 지교회를 세울 계획입니다. 그 지역에 몇 명의 목장원이 확보된다면 그들을 축으로 전도를 통하여 새로운 목장원을 영입하고, 그들을 셀로 모이게 합니다. 필요한 성경공부와 양육과정을 거치게 한 후에 그 셀을 주축으로 지교회를 열고, 나중에는 배가를 통해 셀을 늘려 나가는 방법을 쓰려고 합니다. 이러한 방법을 통해 아직 셀이 생성되지 않은 다른 지역에도 몇 년 후에는 기초 셀을 만들고 그 후 역시 같은 방법으로 지교회를 만들어 나갈 것입니다. 한국에서 목장을 세워가는 동일한 방법으로 이곳 키르키즈스탄에도 적용하여 동일한 은혜를 누리려고 합니다.

저는 앞으로 십년 안에 이러한 방식으로 모두 열개의 지교회를 세워 나가고자 하는데, 가장 기본적인 단위는 역시 셀(목장)이어야 한다고 생각합니다. 셀(목장)은 이 땅에도 복음을 확장시킬 수 있는 가장 효과적인 수단입니다. 목장이 있어 너무 행복하고 감사합니다.

하나님 나라의 확장을 위해 우리가 열심히 뛰며 일할지라도 이를 이루시는 분은 하나님이십니다. 그분이 주시는 지혜와 은혜를 통해 우리가 목장을 세우지만, 목장에서 예수 그리스도 십자가 사랑이 느껴지도록 하시는 분은 바로 하나님이십니다. 이 곳 목장에서도 성령님의 역사하심으로 목장원들이 하나님이 기뻐하시는 삶을 살고, 성령님의 교통하심과 감동 주심으로 건강한 셀을 꾸준히 만들어 나갈 수 있길 기대합니다.

저는 모든 힘과 정성을 다해서 이 길을 주님과 함께 걸어가고 싶습니다. 저는 할 수 없으나 하나님께서 목장을 통해 일하실 것을 믿기 때문입니다. 여러 어려움이 있음에도 불구하고, 주님이 일하시는 현장에 참여할 수 있는 귀한 기회를 주셔서 감사를 드립니다. 모든 사역을 하나님께서 직접 하고 계심을 매일 깨달으며, 오늘도 주님 앞에 무릎을 꿇습니다.

사례(간증문)

호치민 교회에서 역사하신 하나님
뜨거웠던 호치민, 더 뜨거웠던 복음 ‥‥‥‥

윤선영 집사

7월 17일 새벽 5시, 전화벨 소리에 잠이 깼다.
"지금 어디신가?".
"집이요."
'이 시간에 왜 팀장님이 전화를 하셨지?' 잠결이라 금방 생각이 나지 않았습니다. '맞다! 우리팀이 오늘 새벽 4시 30분까지 모여 5시에 공항으로 출발하기로 되어 있지!'

거의 반사적으로 옷을 갈아입고 세수도 하지 못하고 뛰쳐나갔습니다. 어떻게 이런 일이! 너무 어이없고 아무리 생각해도 있을 수 없는 일입니다. 팀원들은 얼마나 놀랐냐며 오히려 나를 위로해주시고 아직 젊어서 잠이 많은 것이라며 농담으로 나의 마음을 달래주셨지만 미안한 마음은 쉽게 풀리지 않았습니다. 그렇게 저의 첫 번째 단기선교는 요란하게 시작되었습니다.

5시간 만에 도착한 호치민은 역시나 끈끈한 날씨와 정신없이 오가는 오토바이 소음으로 우리를 맞아주었습니다. 해외단기선교에 처음인 저는 무엇을 보고, 무엇을 느끼고, 무엇을 행해야 하는지에 온 마음을 집중하며 찬양과 기도로 매순간을 준비하였습니다. 차가 다닐 수 없는 곳을 현지인이 운전하는 오토바이에 두세 명 씩 나누어 타고 울퉁불퉁한 길과 뜨거운 햇빛 그리고 마른 먼지를 온몸으로 맞으며 달렸습니다. 그때서야 문득 이 먼 베트남 땅에 와있는 제 자신을 실감하였습니다.

도착해서 만난 여름성경학교 어린이들을 보며 나의 몸짓과 표정 하나하나에 예수님의 마음이 담겨 전해지기를 바라는 간절함을 담아 찬양과 워십으로 사랑을 전하였습니다. 어린이들이 즐거워하며 따라 하는 모습을 보며, 그 마음 안에 복음의 씨앗이 자라길 기도하였습니다. 사역을 마치고 돌아오는 길에는 너무 긴장했던 탓인지 걷기도 힘들 만큼 발바닥이 아프고 온몸이 욱신거렸지만 새벽 1시가 넘도록 현지교회에 전달할 선물을 포장하고, 워십을 맞춰보고, 각자 맡은 역할을 점검하였습니다. 비록 몸은 힘들었지만, 모두가 하나님이 주신 사명에 감사하고 서로를 중보하며 위로를 건넸습니다. 그렇게 하루하루가 지나갔습니다.

선교사역의 가장 하이라이트는 단연 '복음팔찌'라고 이름 붙인 전도 사역이었습니다. 한국어를 베트남어로 다시 소수민족 언어로 3단계 통역을 하면서 진행되었는데, 갑자기 소나기가 퍼붓고, 수시로 전기가 끊어지는 악조건 속에서도 200명 가까운 현지인들이 흔들림 없이 자리를 지켜주었습니다. 드디어 복음의 능력이 선포되는 순간, 목사님의 구원초청에 서서히 한 명 두 명 앞으로 나오기 시작하였습니다. 그들은 무릎을 꿇고 두 손을 모으고 주님 앞에 자녀로 선 것입니다. 그 모습이 너무나 거룩하고 경건하여 감히 눈물을 흘리기도 어려울 정도였습니다. 우리들은 눈물과 땀으로 범벅된 서로의 얼굴을 바라보며 두 손을 잡고 기도하였습니다. 우리 모두 한마음으로 기도하고 주님을 경배하며, 하나님을 경험하는 은혜의 시간이 되었습니다.

'오늘 주님 앞에 나와 구원 받은 이 어린 영혼들이 잘 성장할 수 있도록 도와주세요.'
'하나님, 비록 우리는 떠나더라도 주님께서 이들과 함께 해주세요.'

평소에 목장모임을 통해 말씀을 나누며 땅 끝으로 가라는 예수님의 에 대해 나누었지만, 사실 피부에 와닿지 않았었습니다. 하지만, 선교지인 이 곳 베트남에서 복음을 전하고, 예수님을 영접하는 일들을 접하면서, 땅 끝을 향한 을 온 몸으로 순종할 수 있게 되었습니다.

이제 우리 목장의 기도제목에는 베트남을 위한 뜨거운 기도가 추가될 것입니다.

저는 특히 이번 선교는 담임목사님 말씀대로 오직 '막노동자' 정신으로 무장하여 현지 선교사를 돕는다는 자세로 출발하였습니다. 그런데, 오히려 그 분들로부터 섬김을 받으며 귀한 간증과 함께 한국에서 알지 못했던 것들을 알게 되었습니다. 선교에 대한 구조적인 이해와 전략이 필요하다는 사실도 깨달았습니다. 또한, 공동체 안에서 저의 부족함을 다시 한 번 깨닫게 해준 시간이기도 합니다. 출발 전에 세상 모르고 충분한 잠을 자도록 한 그 사건은 저에게 더 낮은 겸손과 섬김의 마음이 부족한 것을 알려주는 메시지였습니다.

부족함에도 칭찬과 격려를 아끼지 않은 우리 베트남 선교팀과, 보내는 선교사로 함께 준비해 주신 많은 분들, 그리고 기도후원자들께 감사드립니다. 무엇보다 언제나 저를 그 크신 사랑으로 감싸 안으시는 주님께 모든 영광을 올려드립니다.

사례(간증문)

러크나우에 빛으로 역사하시는
하나님을 만나다 ･･･････

박주은 집사

이번 여름, 저는 지금까지 한 번도 경험하지 못한 강렬하고 짜릿한 경험을 하였습니다. 무더위가 기승을 부릴 때는 더위가 빨리 지나가기만을 바라는 마음뿐인데, 일 년의 거의 대부분을 그런 무더위 속에 살아가야 하는 곳이 바로 인도입니다. 이번 MET 2012에 북인도 러크나우 지역 해외단기선교의 부름을 받은 자는 모두 아홉 명이었습니다. 짧은 기간이었지만 각자 가진 달란트를 정성껏 모아 현지사역을 돕기 위한 준비를 하였고, 드디어 많은 분들의 중보기도 속에 북인도를 향한 거룩한 여정이 시작되었습니다.

델리공항에 도착하니 윤에스더 선교사님을 포함한 세 분의 선교사님이 우리 팀을 뜨겁게 맞아주셨습니다. 선교사님이 사역하고 계시는 누르교회는 우리가 예상했던 것 보다 훨씬 더 열악했습니다. 팀원들의 마음 한 겹이 울컥해지는 것도 모른 채 선교사님은 우리가 러크나우 지역 어린이와 청소년 사역을 위해 준비해 간 것들을 보면서 너무나 기뻐하셨습니다. 다음 날 있을 두 차례의 여름성경학교를 위해 선교사님과 현지 사역자들, 그리고 우리 팀 모두는 늦은 시간까지 땀을 흠뻑 쏟으며 준비를 하였습니다.

놀랍게도 여름성경학교에는 오전과 오후 각각 삼백여 명에 가까운 아이들이 찾아왔습니다. 그들은 가만히 앉아있는 것조차 힘든 그곳에서 성경말씀에 귀 기울이고, 악보도 반주도 없는 찬송을 부르며, 성경 구절을 암송하느라 구슬땀을 흘리고 있었습니다. 척박한 북인도 땅에도 어느새 이렇게 복음의 씨앗이 무럭무럭 자라나고 있다니 참으로 가슴이 벅차오르지 않을 수 없었습니다. 이어서 우리 팀이 준비한 특송과 연주, 그리고 인형극을 통해 그들과 함께 그리스도 안에서 하나 되는 기쁨을 누릴 수 있었습니다.

주님께서 이 어린이 한 명 한 명의 영혼들을 소중히 여기시고, 당신의 자녀로 삼아주셨음을 느낄 수 있었습니다. 이 어린이들이 다가올 미래에 인도 땅을 부흥시킬 하나님의 일꾼이 되게 해달라고 기도하였습니다.

다음 날 우리의 나눔은 그레이스 아카데미에서도 계속되었습니다. 복음에 눈 뜬 아이들은 지혜와 명철로 반짝거렸습니다. 어느 아이 하나 소중하지 않을 수 없었습니다. 같은 시간 누르교회에서는 자매들을 위한 모임도 가졌습니다. 저마다 기도제목을 놓고 중보기도 요청이 계속 이어졌습니다. 우리는 다음 일정도 잊은 채 그들의 손을 잡고 땀범벅, 눈물범벅이 되어 뜨겁게 기도하였습니다.

'주여, 극심한 가난과 마음의 상처로 얼룩진 이들을 긍휼히 여기소서!'

러크나우를 뒤로 하고 곳곳에 세워진 여러 종교의 사원들을 돌면서 땅밟기 사역을 이어갔습니다. 세계인구의 1/6을 차지하는 인도는 전 세계에서 가장 많은 미개척, 미전도 종족을 가지고 있다고 합니다. 특히 북인도는 힌두교와 무슬림이 전체 인구의 98퍼센트이며, 러크나우는 힌두교인과 무슬림 사이의 갈등으로 인한 폭력은 거의 없지만, 수니 무슬림과 시아 무슬림 사이의 갈등은 심각한 편이라고 합니다. 이러한 이유로 북인도는 기독교 선교사역에서 중요한 의미가 있는 곳입니다.

영적으로 어둡고 황폐한 땅을 밟으면서 그 땅을 위한 실제적인 기도가 나왔습니다. 하나님께서 잃어버린 영혼을 소중히 여기시는데, 그 영혼들을 진심으로 품을 수 있었습니다. 이런 땅 밟기의 경험 때문에 한국에 돌아와서도 목장에서 인도를 품고 기도할 수 있었습니다.

단기선교 기간 내내 우리는 정말 많은 것을 보고 배울 수 있었습니다. 무엇보다 인도 땅 위에 빛으로 역사하시는 하나님을 만날 수 있었고, 북인도에 파송된 귀한 선교사님들을 통해 복음의 씨앗이 싹트고 있음을 확인하였습니다. 또한 인도의 무수한 영혼들을 주님의 사랑으로 품을 수 있게 되었고, 축복의 통로가 될 인도 땅을 위해 헌신하시는 선교사님들의 건강과 안전을 위해 늘 깨어 기도해야 함을 알았습니다.

온전히 주님을 위해 드렸던 짧은 선교기간 동안 우리 팀이 서로를 칭찬하고 격려하며 감사하면서 돌아올 수 있었던 데는 중보기도의 힘이 컸습니다. 우리가 평소에 목장에서 함께 하는 목장의 중보기도의 힘도 새삼 깨달았습니다.

우리는 작은 섬김으로 인도를 섬겼지만, 하나님께서는 크게 역사하셔서 인도를 변화시키실 것을 믿습니다.
모든 영광을 하나님께 올려 드립니다.

사례(간증문)

알바니아 단기선교
모든 것이 합력하여 이룬 선 ••••••

전진란

지금까지 신앙생활을 하면서 제게는 혼자서 해결할 수 없는 문제가 하나 있었습니다. 그것은 '모든 것이 합력하여 선을 이룬다' 는 하나님의 말씀을 경험하는 것입니다. 이것은 저의 오랜 기도제목이 되었고 실감이 나지 않는 말씀으로 남아있었습니다. 그러던 중 올 여름 분당3지구에서 발칸반도의 작고 가난한 나라 알바니아 단기 선교를 신청하게 되었습니다. 처음 가보는 해외단기선교에 대한 기대감은 매우 컸으며 열 세 명의 선교 팀이 구성된 후 3개월간 매주 한 번씩 모이는 기도 모임이나 두 번의 프로그램연습은 매우 즐겁게 진행되었습니다. 매일 밤 열시에 각자의 자리에서 선교를 위한 기도시간들과 또한 팀원들끼리 그룹 카톡에서 서로의 기도제목과 주님의 은혜를 나누던 시간들을 통해 팀워크가 더욱 아름답게 다져질 수 있었습니다.

작년에 이어 올해도 우리 분당3지구는 알바니아를 다녀왔습니다. 알바니아는 국민의 70퍼센트가 이슬람이고, 20퍼센트는 그리스 정교회, 10퍼센트는 카톨릭을 믿고 있는 복음적 상황이 매우 척박한 곳입니다. 경제적으로도 발칸 반도뿐 아니라 전 유럽에서 가장 가난한 나라였습니다. 젊은이들조차 꿈이 무엇인지 알지 못하는 그런 땅이었습니다. 이렇게 척박한 땅에 사는 선교사님 부부는 수도 티라나에서 두 시간 정도 떨어져 있는 알바니아 북부 슈코드라의 작은 마을인 키라스 지역에서, 이슬람의 문화 속에서 자라나고 있는 알바니아 어린이들을 대상으로 기쁨의 교회를 개척하셔서 섬기고 계셨습니다.

우리 선교 팀은 그곳 아이들을 위해 작년에 이어 올해도 여름성경학교 프로그램을 계획한 후 음악과 미술과 인형극과 복음마술, 전도폭발 복음전문, 아이들의 부모님들을 초대하는 지구촌 문화의 밤, 현지인 가정방문 등 여러 가지 프로그램들을 꼼꼼히 준비하였습니다. 이 프로그램들을 통해 아이들에게 예수님을 소개하고자 하였습니다. 선교사님은 작년에 우리가 기쁨의 집을 방문하여 복음을 증거하는 직접적인 사역을 보시고, 그동안 조심스럽게 접근하시려고 했던 선교사님의 사역에 자신감을 가지시게 되셨다고 말씀하셨습니다. 이번에도 이슬람 아이들이 알아듣기 쉬운 글 없는 전도 책과 전도폭발 복음전문을 통한 복음 제시를 하였는데, 아이들이 직접 복음을 들을 수 있는 좋은 기회가 되었습니다.

알바니아는 비록 이슬람권이지만 그래도 개인이 종교를 선택할 수 있는 어느 정도의 자유가 있어 복음을 전할 수 있었던 것이 감사합니다. 40도에 가까운 날씨와 싸우며 전기가 자주 끊어지는 악조건 속에서도 선교 팀원들 간에 서로를 향한 칭찬과 격려를 아끼지 않았던 모습들도 감동이 되었습니다. 여름성경학교와 함께 그곳 현지인들이 모이는 브래드린처치에서 우리 선교 팀이 알바니아어로 찬양을 했는데, 예배가 얼마나 감동적이었는지 모릅니다. 또 선교사님부부를 모시고 아직도 개신교 선교사가 한두 명에 불과하거나 한 명도 없다는 알바니아와, 발칸반도의 옛 유고연방이었던 몇몇의 작은 땅들을 밟으며 함께 기도했던 시간들이 가슴에 남았습니다.

가장 소중한 기억은 땀 흘리기를 두려워하지 않는 팀원들의 모습 속에서 진정한 섬김이 무엇인지 깨달았던 것입니다. 섬김이 섬김을 낳고 그 섬김 속에서 열 세 명의 팀원들이 누구도 자신을 드러내지 않고 온전하게 하나 됨을 느낄 수 있었습니다.

저는 비로소 제가 과거에 도무지 깨달을 수 없었던 말씀의 뜻을 가슴 깊이 깨달을 수 있었습니다.

"하나님 뜻대로 부르심을 입은 자들이 모든 것을 협력하여 선을 이루신다."

이번 선교를 통해서 이 말씀이 제게 아주 특별한 말씀이 되었습니다. 이 모든 일들을 가능하게 하시고, 보고, 참여하고, 깨닫게 하신 하나님께 감사드립니다.

요단 사역정신

"그러므로 너희는 가서 모든 민족을 제자로 삼아 아버지와 아들과 성령의 이름으로
침(세)례를 베풀고 내가 너희에게 분부한 모든 것을 가르쳐 지키게 하라
볼지어다 내가 세상 끝날까지 너희와 항상 함께 있으리라 하시니라"

1. **For God and Church**
   하나님의 영광과 그의 몸 된 교회의 영적 성장과 성숙을 위한 도서를 엄선하여 출판한다.

2. **Prayer-focused Ministry**
   기획 · 편집 · 제작 · 보급의 전 과정을 기도 가운데 진행한다.

3. **Path to Church Growth**
   건강한 교회를 세우는 축복의 통로로 섬긴다.

4. **Good Stewardship and Professionalism**
   선한 청지기와 프로정신으로 문서 사역에 임한다.

5. **Creating a Culture of Christianity by Developing Contents**
   각종 문화 컨텐츠를 개발함으로 기독교 문화 창달에 기여한다.